Rafael Sánchez Ferlosio
Esas Yndias equivocadas y malditas

Rafael
Sánchez Ferlosio

Esas Yndias equivocadas y malditas

Comentarios a la historia

Ediciones Destino
Colección
Áncora y Delfín
Volumen 724

Consell de Cent, 425. 08009 Barcelona
Primera edición: noviembre 1994
Segunda edición: diciembre 1994
ISBN: 84-233-2418-4
Depósito legal: B. 40.469-1994
Impreso por Limpergraf, S.L.
Carrer del Riu, 17. Ripollet del Vallès (Barcelona)
Impreso en España - Printed in Spain

Índice

1. *Requirimiento*

Ignoro si en el año 1525, o sea, 12 años después de su primera aplicación, la práctica, tan escandalosamente formalista, del «requirimiento» había caído en tal descrédito que hubiese precipitado en el desuso. Sea de ello lo que fuere, Hernán Cortés era mucho más escrupuloso y concienzudo que sus predecesores, y es difícil pensar que se contentase con cumplir formalmente, aun a sabiendas de que los destinatarios no lo oían o no lo entendían, el mandato del requirimiento. Cortés hacía las cosas con cuidado y con rigor; así en la carta V^a, donde da cuenta de su expedición a las Hibueras, nos relata un caso que, de hecho, comporta un ejemplo de aplicación del requirimiento por parte de Cortés.

Transcribo sus palabras: «Y ofrecióse que un español halló un indio de los que traía en su compañía, natural destas partes de Méjico [extranjero, por tanto, en la región que atravesaban], comiendo un pedazo de carne de un indio que mataron en aquel pueblo cuando entraron en él y vínomelo a decir, y en presencia de aquel señor [un pequeño cacique maya que se había presentado a los expedicionarios] le hice quemar, dándole a entender la causa, que era porque había muerto[1] [esto no concuerda con lo de más arriba: "que mataron en aquel pueblo cuando entraron en él", donde parece tratarse de una muerte en combate] aquel indio y comido dél, que era defendido por vuestra majestad, y por mí en su real nombre les había sido requerido y mandado que no lo hiciesen, y que así, por le haber muerto y comido dél, le mandaba quemar, porque yo no quería que matasen a nadie, antes iba por mandato de su majestad a ampararlos y defenderlos, así sus personas como sus haciendas, y hacerles saber cómo habían de tener y adorar un solo Dios, que está en los cielos, criador y hacedor de todas las cosas, por quien todas las criaturas viven y se gobiernan, y dejar todos sus ídolos y ritos que hasta allí habían tenido, porque eran mentiras y engaños que el diablo, enemigo de la naturaleza humana, les hacía para los engañar y llevarlos a condenación perpetua, donde tengan muy grandes y espantosos tormentos, y por los apartar del conoscimiento de Dios, porque no se salvasen y fuesen a gozar de la gloria y bienaventuranza que Dios prometió y tiene aparejada a los que en él creyeren, la cual el diablo perdió por su malicia y maldad, y que así mismo les venía a hacer saber cómo en la tierra está vuestra majestad, a quien el universo, por providencia divina, obedesce y sirve, y que ellos asimismo se habían de someter y estar debajo de su imperial yugo y hacer lo que en su real nombre los que acá por ministros de vuestra majestad estamos les mandásemos, y haciéndolo así, ellos serían muy bien tratados y mantenidos en justicia y amparadas sus personas y hacienda, y no lo hacien-

1. «Muerto» se ha usado hasta hace poco como participio de *matar*, en el pretérito compuesto: «yo lo he muerto»; hoy se prefiere «yo lo he matado».

do así se procedería contra ellos y serían castigados conforme a justicia».[2]

Cortés encarece el cuidado y la paciencia con que se extendió en estas y otras consideraciones, y no hay duda de que, a diferencia del modo formalista y rutinario con que en un principio había sido aplicado el «requirimiento»,[3] puso todo el escrúpulo del mundo en que el cacique se enterase bien de todo a través de los intérpretes, pero bien puede apreciarse en lo citado con qué astucia y qué sutileza Cortés usa la religión como instrumento de dominación: primero, el preámbulo aterrador del indio quemado vivo en presencia del cacique, enseguida la explicación del motivo de un castigo semejante y la doble subrogación por la que Cortés se subroga en el emperador, y éste, a su vez en la divinidad, en cuanto aquel «a quien el universo, por providencia divina, obedece y sirve», de suerte que los «muy grandes y espantosos tormentos» que amenazan a los que no se avienen a dejar los ídolos y ritos que hasta allí han tenido, como ha hecho el indio quemado vivo por practicar el rito de comer carne humana, vienen a confundirse, por una doble subrogación paralela con el tormento de morir quemado que ha padecido el indio.

La infracción del mandato de Cortés contra la antropofagia es infracción del mandato del emperador en quien Cortés se subroga e infracción del mandato de Dios en quien, a su vez, se subroga el emperador. La astuta coordinación subrogatoria de las tres autoridades confunde en uno el mandato contra la antropofagia, y así el castigo de morir quemado vivo a que Cortés condena al infractor aparece a los ojos del cacique confusamente relacionado o identificado con los «muy grandes y espantosos tormentos»

2. *Cartas de relación*, Carta V, 3 de septiembre de 1526.

3. Véase la Nota 1.

que aguardan a quienes no «dejan los ídolos y ritos que hasta allí han tenido».

La deliberación con que Cortés urde y dirige todo el episodio de forma tal que la religión le rinda el máximo provecho como instrumento de dominación viene ya sugerida por la palabra con que empieza el relato: «y ofrecióse». El verbo *ofrecerse* indica bien a las claras que el caso es considerado como ocasión oportunamente aprovechable para un propósito en principio ajeno a él. El pecado de antropofagia del indio ha venido *ello por ello* —como se dice en Extremadura y podría haber dicho el propio Hernán Cortés—, o sea, como de molde para lograr la sumisión del cacique maya y de su pueblo, y Cortés, con toda la agudeza y todo el tino del más perverso instinto de dominación, improvisa exactamente el espectáculo que conviene a sus designios, apurando hasta la última gota la posibilidad del caso que tan oportunamente se le ha *ofrecido*.

Naturalmente, no pretendo en modo alguno que esta descripción del uso de la religión como instrumento de dominación se corresponda con la representación patente a la conciencia de Cortés. Aunque no pueda pensarse que no fuese consciente de su pragmatismo —tal como lo evidencia la palabra «ofrecióse»—, de su orientación de las cosas con arreglo a unos fines, lo demás apenas llegaría tal vez a sospecharlo, tal como es propio de lo que me he limitado a llamar *perverso instinto*, que no precisa ninguna clara conciencia racional para alcanzar, certero como un tiro de ballesta, la diana del designio.

2. *El mal sin malo*

He establecido, por consiguiente, una dualidad de planos, esto es: el plano de lo claramente manifiesto a la conciencia de Cortés, como sujeto empírico, y el plano de una realidad ultraindividual, el universal histórico de la dominación, superior y oculto a esa conciencia, pero que dirigía, no obstante, el puro instinto ciego —especialmente receptivo en un hombre como Hernán Cortés—, de suerte que acertase en cada caso exactamente con *lo que había que hacer*.

Es esta dualidad de planos lo que el nominalismo del positivismo histórico se niega a reconocer, aceptando tan sólo la realidad del sujeto empírico y rechazando —tal como el dogma nominalista obliga— cualquier posible realidad u operatividad que no sea pura metáfora al universal.

No cabe duda de que, acostumbrados como estamos a unas instituciones de justicia que, contra la clamorosa evidencia estadística del condicionamiento sociológico de las conductas delictivas, inculpan y condenan como si el libre albedrío no fuese uno de los recursos más escasos entre los humanos; acostumbrados, digo, a este infantil reparto de papeles, bueno y malo, comprendo que a muchos pueda resultar tan arduo como turbador cualquier punto de vista que disminuya en algún grado la responsabilidad de los autores de tan tremendos e incontables crímenes como los que constituyen la trama dominante en la conquista y colonización de América, pero en esto consiste justamente el mayor espanto de la Historia Universal.

Para lo que trato de decir puede resultar ilustrativa la anécdota de aquel que le reprochaba a otro la ferocidad de su anticlericalismo, diciéndole: «¡Pero, hombre! ¿Cómo puedes envenenarte hasta tal punto la sangre con los pobres curas? Tendrán todos las puñeterías y mezquindades que tú quieras, las deformaciones de su ya de por sí deforme profesión, pero es injusto y cruel condenarlos como monstruos de maldad, porque ellos no son al fin más que unos infelices mandatarios; el único que es verdaderamente malo es Dios». El mismo cuento puede aplicárseles a los que frente a la famosa «historia escrita desde el punto de vista de los vencedores» pretenden oponer una «historia escrita desde el punto de vista de los vencidos».

Esta segunda sería, en cuanto historia, tan falsa e ingenua como la primera, a la que trataría de confutar, pues el nominalismo positivista igualmente implicado en las palabras «vencidos» o «vencedores», que entendería las cosas como si los sujetos empíricos fuesen los únicos protagonistas efectivos, escamotearía la percepción teórica fundamental: que el verdaderamente malo es Dios, o, lo que viene a ser lo mismo, la Historia Universal.

«La mediación dialéctica de lo universal y particular —dice Adorno en su *Dialéctica negativa*— no autoriza a una teoría que opte por lo particular, para pasarse de rosca, tratando lo universal como si fuese una pompa de jabón. La teoría se haría así incapaz de comprender tanto la funesta hegemonía de lo universal en lo establecido, como la idea de una situación que, haciendo descubrir a los individuos su verdad, despojaría a lo universal de su mala particularidad.»

La cosa es, pues, mucho más execrable y más fatídica que si pudiese dársele rostro y nombre humanos. Lo que, en cuanto representación consciente, llegó a ser incluso para los más perspicaces de sus sujetos empíricos nada llega a expresarlo más agudamente que el siguiente pasaje de sir Walter Raleigh, capaz de hacer —por una vez acaso con razón— las delicias de cualquier psicoanalista: «La Guayana es una tierra que tiene todavía intacta su virginidad; jamás saqueada, arada o trabajada; la faz de la tierra sin romper; la virtud y la sal del suelo sin gastar por el abono; las tumbas sin abrir para sacar el oro; las imágenes de los dioses aún por derribar de lo alto de los templos».

Como puede apreciarse, un desencadenamiento de

los peores instintos de profanación, de ultraje, de depredación. Pero el factor desencadenante, capaz de responder satisfactoriamente a la pregunta: «¿De dónde sale de pronto este delirio?», o sea, la esencia de lo que se pretende festivamente conmemorar en la Disneylandia sevillana de 1992, como una efeméride que tuviese algo que ver con lo que desearíamos que se considerase humano, tiene los rasgos informes de un mal sin malo, sólo con despreciables mandatarios, enajenados y como arrebatados de sí mismos por el furor de la dominación.

En una palabra, la pérdida, imperiosa para quien atienda al ruido de fondo de los testimonios, la pérdida de un sujeto empírico como último responsable a quien incriminar de tan ancha y tan larga tragedia —conforme a la confiada versión con que el nominalismo había logrado quitársela de encima— ha de encontrar tanto en apologetas como en detractores del descubrimiento, la conquista y la colonización la comprensible resistencia de quien se ve ante la turbadora situación de que todo, sin dejar de ser igualmente horrible y doloroso, es mucho más inexplicable, sobrehumano, infrahumano, gratuito, amén de mucho más sórdido, rastrero y miserable de cuanto pueda serlo incluso una leyenda negra, que, cuando menos, podría vanagloriarse por el mérito, ciertamente dudoso y discutible, de ostentar el tenebroso resplandor de la maldad.

Pero la capacidad teórica del conocimiento histórico quedaría lamentablemente castrada, al verse reducida al mero registro de los datos, feneciendo en su puro análisis, comparación y clasificación, y, en consecuencia, sin poder emitir una sola palabra crítica y, por ende, productiva y liberadora que decir.

El positivismo histórico desprecia, pues, como mitología, la presunción de que haya realmente «designios del Altísimo», «Historia Universal», que hacen a los hombres agentes o instrumentos de su ejecución. La afirmación nominalista de que los ojos no ven al Altísimo, de que no ven Historia Universal, de que no ven más que individuos humanos más o menos racionales o irracionales como agentes de la historia es empíricamente indiscutible, pero no es menos cierto que el movimiento, la acción y el protagonismo de esos mismos sujetos empíricos se doblegan a las consignas del universal, extrapolándolo y enajenándolo de sí y poniéndolo, como su propio dueño y señor, por encima de sus cabezas, hasta trocarlo en una fuerza real, superior y ya completamente sustraída al control de sus deseos y voluntades, a semejanza del Yahvé Sabahoz que desde el Sinaí puso Moisés sobre las cabezas del pueblo de Israel, para lanzarlo arrebatado en puro furor de dominación y de exterminio sobre la tierra de Canaán y sobre los pueblos que la habitaban. ¿Se atreverá algún nominalista a afirmar que si Yahvé Sabahoz no hubiese sido una fuerza real, aun nacida del hechizo de Moisés, ajena y superior a la pluralidad de los sujetos empíricos que formaban las 12 tribus de Israel, se habría llevado a cabo con una resolución y una eficiencia tan definitivas la conquista y dominación de Palestina?

Mientras sigan diciendo, contra toda evidencia, que el nombre de la patria es un mero *flatus uocis*, no sólo no lograrán nunca explicarnos como es que los sujetos empíricos que son los soldados individuales se dejan llevar *como un solo hombre* (tal como gustan de decir los oficiales y como el propio uniforme pretende sugerir), cantando ese sacrosanto *flatus uocis*, al matadero del campo de batalla, sino, lo que es peor, nunca afilarán el aguijón teórico preciso para despanzurrar la muy real diosa siempre sedienta de sangre que lleva por nombre lo que un nominalismo, ya sospechosamente pertinaz y resistente a la evidencia, sigue despachando como puro *flatus uocis*.

Pero mi objeción acerca de una «historia escrita desde el punto de vista del vencido» no se limita a su falsedad en cuanto historia planteada, a tenor de la intención que su propio nombre indica, como contrapolo a la «historia contada desde el punto de vista del vencedor», que, ciertamente, se caracteriza por hacer a los singulares sujetos empíricos humanos indiscutibles protagonistas de gloriosas hazañas, conforme a un modelo épico más bien tardío, ajeno al tono dominante en los cronistas del siglo XVI, y, a mi entender, surgido especialmente en los textos escolares del siglo XIX y principios del XX, elaborando los hechos conforme a un tratamiento que los dejaba ya dispuestos para saltar directamente al *comic*. Y, en efecto, el recuerdo escolar que los de mi edad tenemos de la enseñanza de la historia patria se puede superponer perfectamente a cualquier historieta ilustrada de tebeo.

Tal clase de presentación de las historias del Descubrimiento[4] y la conquista, comporta implícitamente un juicio de los hechos que parece en ciertos casos no acabar de atreverse a ser declaradamente ético, como si un resto de pudor lo retuviese en cierto lugar ambiguo, formalmente estético, pero sin renunciar a propugnarse tácitamente como ético. Por supuesto su categoría estética casi exclusiva es la de la «grandeza»; circunstancia que guarda, a mi entender, una concomitancia inevitable con lo que suele llamarse «historia contada desde el punto de vista del vencedor», o sea, con la historia concebida como misterio glorioso. Y en ese punto es donde considero que debería desplazarse el acento tan desafortunadamente colocado por quienes hablan de una posible «historia contada desde el punto de vista del vencido». El intercambio que, a mi entender, pondría el acento en el punto adecuado, no es el que pone al

4. Véase la Nota 2.

vencido en el lugar del vencedor, renunciando a menoscabar y poner en entredicho el orden mismo de comprensión en que la historia quiere despacharse como un acontecer siempre dotado de sentido humano, sino el que ponga las nociones «dolor»/«felicidad» en el lugar del par «miserias»/«grandezas».[5] A ello tendería, sin duda, por su propia intención, cualquier «historia contada desde el punto de vista del vencido», pero aún le faltaría privar de real protagonismo al sujeto empírico del vencedor, única forma de privar a la historia misma de su justificación por el *sentido*, mostrando cómo en el sentido reside, justamente, su malignidad, y correlativamente cómo el *sinsentido*, el no tener sentido, el ser fin en sí misma, es el atributo esencial de la felicidad; con lo que sólo la denuncia del sentido puede hacer justicia al sufrimiento. De otro modo, la grandeza agradecerá secretamente a su buena estrella el haber logrado salir, al fin y al cabo, bien librada de la venganza del dolor, que, en su ignorancia, no ha acertado a despojar su imagen de la compensación —estéticamente tan gratificante como cualquier otra— de poder seguir luciendo por los salones el no por negro menos elegante atuendo de la perversidad. De lo que puede ser un ejemplo, aunque sumamente mediocre, lo intentado por Saura en su película *El Dorado*.

3. *Dos actitudes*

De modo, pues, que, con respecto a la Historia Universal, empieza uno por tropezarse con dos actitudes de principio, que casi parecen psicológicamente determinadas por el carácter personal. La una es la que llamaré actitud estética, cuyo criterio o categoría principal es la de la grandeza de las hazañas de

5. Véase la Nota 3.

la historia y de sus creaciones. Antropológicamente inmersos en una historia en que el impulso de dominación hunde sus raíces en un ayer inmemorial, todos seguimos siendo sensibles a los valores de la dominación, pues al mismo tiempo que una voluntariosa ética se esfuerza por negarlos de boquilla, como cuando a los niños se les predica en la iglesia o enseña en las escuelas la mansedumbre, la condescendencia, la amistad, la generosidad, etcétera, terminada la clase, la sinceridad estética los llevará a los sangrientos goces predatorios de películas del oeste y, en general, el más manso de los hombres se recreará en las bellezas de la depredación, y los animales más prestigiosos y admirados seguirán siendo los que tengan pico de rapaz, colmillos de carnívoro, garras de halcón o zarpas de felino.

Tan honda parece ser tal preferencia estética primaria hacia los carnívoros depredadores que no ha de faltar quien diga que los hombres descubren a través de ella la envidia hacia lo que ellos, al menos en algún rincón de su alma y a despecho de todas las admoniciones pedagógicas, siguen queriendo ser. De modo, pues, que la mentalidad estética, que juzga de la historia según el criterio de valor de la grandeza, estaría, a tenor de esto, bien distante de ser superficial, hasta el punto de parecer antropológicamente prehistórica.

Tenga lo que tuviere de cierto esta sospecha, lo indicado, por sí o por no, respecto del otro criterio de valor que rige la mirada hacia la historia, será tal vez abstenerse de toda consideración de antigüedad, arraigo o fundamento antropológico, pues quienes optan por él juzgan, implícitamente, que no tienen obligación alguna de legitimar su opción en antiguallas o en sinceridades anímicas, ni menos pedir disculpas por su índole represiva o heterónoma, pues en cuanto a represión y heteronomía nada supera a lo que tal punto de vista toma por criterio frente al de la grandeza, esto es, al dolor en relación con quienes lo padecen.

Así que no hay que amedrentarse cuando el que lo sabe todo acerca de las almas viene a decirnos: «La compasión que dices sentir por los esclavos bajo el palo del esbirro no es en tu alma más que efecto de la represión de un superego heterónomo e impostor que invierte en compasión por los esclavos la admiración y envidia que en el fondo sientes por el esbirro que tú querrías ser».

4. *Totalitarismo diacrónico*

Pero al criterio de valoración estético no parece gustarle en muchos casos confesar el predominio total del sentimiento de *grandeza* que le inspiran las sangrientas hazañas en que se recrea, sino que lo escuda a menudo detrás de la coartada de la funcionalidad política, convalidando los más feroces atropellos como procedimientos dolorosos pero necesarios para las grandes creaciones de la historia; creaciones que para Menéndez Pidal serían por excelencia los imperios: «Los imperios», dice textualmente, «a pesar de las vitandas injusticias y calamidades de muerte inherentes a toda vida, son en la Biblia y en la teología cristiana el grandioso instrumento con que la providencia divina gobierna a los pueblos». Frase que, ciertamente, plantearía las más serias dificultades si hubiese que decidir quién acarrea mayor descrédito a la gran epopeya histórica de los españoles, si sus apologetas o sus detractores. Es curioso cómo pasa Menéndez Pidal por encima de lo que, con pintoresca expresión, llama «vitandas injusticias» y de lo que, con expresión todavía más pintoresca y hasta retorcida, llama «calamidades de muerte inherentes a toda vida», donde se diría que alude a lo que de vida, de realización vital, tendría, según él, la creación de un imperio. De ser así participaría a su manera de las concepciones hegeliana y marxista de la violencia y la muerte producida por unos hombres a otros hombres; para Hegel, la violencia es una necesidad del espíritu en la grandiosa epopeya de su autorrealización objetiva; para Marx, la violencia es la comadrona de la historia; o sea, la que ayuda a toda vieja sociedad a dar a luz —se supone que por un parto mortal para la madre— a la nueva sociedad que lleva en sus entrañas, o el «instrumento», según versión de Engels, «por medio del cual el movimiento se abre camino y hace saltar, hechas añicos, las formas políticas fosilizadas y muertas».

Aunque piense, indudablemente, en bien distinta clase de engendros de la historia, Menéndez Pidal concede, sin embargo, a la violencia, a la muerte de unos hombres por mano de otros hombres, un papel análogo al que se le concede en las concepciones de Hegel y de Marx: el de instrumento de creación histórica. Para Menéndez Pidal ya hemos visto que esa creación se encarna bajo la forma de los grandes imperios. Y la grandiosa tachunda wagneriana, que, a tenor de su concepción inconfesadamente estética (como en el fondo lo eran la de Hegel y, en alguna medida, incluso la de Marx), venía a ser para él la Historia Universal no podía detenerse ante las «calamidades de muerte», que por ser «inherentes a toda vida» tenía que acarrear para dar vida a sus grandes creaciones.

Es curioso observar cómo incluso quienes condenan el totalitarismo como forma de Estado, incriminándolo de estar dispuesto a sacrificar al individuo en beneficio de la totalidad, no sientan el mismo escándalo ni adviertan lo oportuno de análoga incriminación cuando no es en la sincronía de un régimen político estatuido, sino en la diacronía de un proceso histórico de formación de una entidad política, imperial o no, donde sin el menor reparo se llevan al matadero de la historia todos los individuos que requiera la construcción de la totalidad, en una especie de auténtico y más feroz totalitarismo histórico diacrónico.[6]

No hace falta ser demasiado malicioso para sospechar que el criterio, inconfesadamente estético, de la *grandeza,* como categoría dominante en la valoración de los hechos de la historia, necesita del estruendo de las armas y de la efusión de sangre, como imágenes sin las cuales permanecería en el limbo incoloro de lo abstracto el espíritu de dominación, que constituye el verdadero vino de quienes se embriagan en sentimientos de grandeza. Quiero decir que el referente real de la categoría emocional y estética de la grandeza al fin no es otro que el de la dominación y del poder.

5. *Apologetas descarados y vergonzantes*

Entre la vasta fauna de los apologetas de la grandeza histórica tampoco faltan quienes conceden, con solícita pero no solicitada generosidad, que ciertamente hubo grandes abusos, donde ya el mero empleo de la palabra *abuso* comporta un apartar a un lado lo que hubo de sobrante innecesario en el esfuerzo, lo que éste tuvo de excesivo; pero en el reconocimiento de algo que sobró se refrenda la necesidad de todo lo restante; en la condena de la parte correspondiente del abuso se absuelve, legitima y santifica la contraparte implícitamente aludida como *uso* de cuya justa y plausible medida sobresalga.

6. Esta idea de «totalitarismo diacrónico» está más desarrollada en mi ensayo «Mientras no cambien los dioses, nada ha cambiado», *Corolario* 1.º.

Otros, más avisados, ni sienten necesidad alguna de disculpas ni incurren en la ingenuidad de hablar de *abusos*, porque los reconocen tan inherentes al estilo de acción de la Historia Universal, tan necesariamente consubstanciales a la señorial generosidad de su epopeya, que les parecería hasta indigno de ella el detenerse en la mezquindad de escatimar esfuerzos; sus sentimientos de grandeza se avergonzarían de una Historia Universal atenta a calcular, como un tendero, el *minimum* de destrucciones, de laceraciones, de estragos, de tormentos y de muertes necesario para alcanzar sus altos fines; antes, por el contrario, gustan de imaginarla excesiva, desbordante, sobrada de virulencia y energía, de suerte que el abuso le sea connatural, como la única forma posible de concebir el uso de una manera acorde con su dignidad. Pocos han acertado a expresar esta concepción estética de la historia, como historia del impulso de dominación, como Ortega y Gasset en su clásico ensayo *El origen deportivo del Estado*:

«Por esto», escribe Don José, «la palabra que más sabor de vida tiene para mí y una de las más bonitas del diccionario es la palabra *incitación*. Sólo en biología tiene este vocablo sentido. La física lo ignora. En la física no es una cosa incitación para otra, sino sólo su causa. Ahora bien: la diferencia entre causa e incitación es que la causa produce sólo un efecto proporcionado a ella. La bola de billar que choca con otra transmite a ésta un impulso, en principio, igual al que ella llevaba: el efecto es en la física igual a la causa. Mas cuando el aguijón de la espuela roza apenas el ijar del caballo pura sangre, éste da una lanzada magnífica, generosamente desproporcionada con el impulso de la espuela. La espuela no es causa, sino incitación. Al pura sangre le bastan mínimos pretextos para ser exuberantemente incitado, y en él responder a un impulso exterior es más bien dispararse. Las lanzadas equinas son, en verdad una de las imágenes más perfectas de la vida pujante y no menos la testa nerviosa, de ojo inquieto y venas trémulas del caballo de raza [...] ¡Pobre la vida, falta de elásticos resortes que la hagan pronta al ensayo y al brinco! ¡Triste vida la que, inerte, deja pasar los instantes sin exigir que las horas se acerquen vibrantes como espadas! ¡Da pena cuando uno piensa que le ha tocado vivir en una etapa de inercia española y recuerda los saltos de corcel o de tigre que en sus tiempos mejores fue la historia de España! ¿Dónde ha ido a parar aquella vitalidad?»

Como puede observarse, el biologismo orteguiano, que, con el gusto perfectamente hortera de un aristocratismo dandy y deportivo —al que parece hacérsele la boca agua cada vez que repite «pura sangre»—, se entusiasma con la arrancada del caballo al acicate de la espuela como la imagen más perfecta de la pujanza vital, proyecta esta idea ya estética de vida o de vitalidad biológica sobre las representaciones de la historia, transfigurando en la imagen de los saltos del tigre o del corcel los arrebatos históricos del furor de sojuzgamiento y predominio, convalidando como generosa efusión y hasta eclosión de vida respecto de la historia precisamente lo que en ésta no es sino el más tenebroso y asolador desencadenamiento de la muerte. ¡Tan mala sombra puede llegar a proyectar la imagen de la biología sobre la historia!

Así, mientras los apologetas de escuela orteguiana encarecen la grandeza de la Historia Universal como suprema manifestación de la vitalidad más excelsamente humana, recargando desafiantemente las tintas de engreimiento, virulencia y afán de predominio de sus epopeyas, y poniendo así el acento más en el ejercicio, el esfuerzo y el empeño que en el logro, los otros, más cobardemente, se contentan con salvar a la Historia Universal por la bondad y la dignidad de sus últimos designios, sin perjuicio de ir pidiendo a diestro y siniestro las más rendidas disculpas por la indudable enormidad de los abusos que —según ellos— aun la más alta y más noble empresa humana se hallaría siempre abocada a perpetrar.

Estos son los que incurren en la abyección de echarles a indios, negros u otras cualesquiera gentes de color el brazo por la espalda, tratando de venderles su propio pasado de martirio y el reconocimiento de la legitimidad de sus autóctonos valores culturales a cambio de recabar su beneplácito para la común Historia Universal, como en aquel repugnante serial televisivo norteamericano que llevaba por título *Raíces* y que recogía la secular historia de una familia negra desde el ancestro capturado, puesto en cadenas y estibado en la sentina de un navío negrero, que lo arrancaba para siempre del África natal, hasta el descendiente finalmente libre, con su familia modesta, pero honrada y feliz, ya en los años de Martin Luther King, pretendiendo mostrar cuán inescrutables son los designios del Señor y por qué insospechables caminos y a través de cuántas fatigas, humillaciones y sacrificios había llegado finalmente a cumplirse en este último vástago, desde aquella mañana inmemorial de la captura en una remota playa de Guinea, el orgullo de haber contribuido a lo largo de diez generaciones a la creación de la gran nación americana.

En esta misma abyección —para la que, bajo el título «encuentro», no faltarán cultivadores en la celebración del V centenario— incurrirán cuantos acuden a echarles a los indios el brazo por la espalda, interesándose por sus tradiciones ancestrales y deplorando la grave pérdida y el irreparable deterioro que, bajo la desconsiderada férula de la cultura de los dominadores, han sufrido las esencias y valores constitutivos de su más prístina y genuina identidad.

5. *Oviedo*

Como se verá, entre las pocas citas que haga, predominarán las de la *Historia general y natural de las Indias* de Gonzalo Fernández de Oviedo; en primer lugar, por ser, a despecho de la muy diversa calidad de los informadores consultados para cada región, la más completa de todas las crónicas de la época; en segundo lugar por haber sido, con el cargo de veedor de la fundición del oro, testigo directo de cuanto ocurrió en Castilla del Oro, bajo la gobernación de Pedrarias Dávila, y en último, pero no menos importante lugar, por haber sido detractor de los indios, defensor de la conquista como cronista oficial del emperador, con el cargo de alcaide de la fortaleza de Santo Domingo, donde residió muchos años escribiendo su gran historia, y finalmente, víctima de Las Casas, que, siempre rencoroso con sus enemigos, lo infamó en su propia Historia y logró, con su enorme influencia, que se suspendiese tras el primer tomo la publicación de la de Oviedo, que no alcanzó a verla impresa en vida. A pesar de lo cual, la misma percepción de una prepotencia sobrehumana como la que Las Casas intuyó a través de su pasión contra los españoles, y que, sin embargo, nunca logró abstraer de los sujetos empíricos, es tal vez lo que Gonzalo Fernández de Oviedo se ve obligado a reconocer —aun con todo el acatamiento que le inspira su atribución a la divina voluntad— en hechos que, a sus ojos, rebasan todo alcance de humana comprensión. Así, bien puede sospecharse que es la misma desbordante sensación de algo insoportablemente superior lo que, no acertando a rebasar en Las Casas los límites de lo intuitivo, se desencadenó en él como expresivo y público furor, y lo que, sentido bajo la forma de una íntima experiencia deprimente y turbadora, Gonzalo Fernández de Oviedo no pudo pasar en silencio, viéndose impelido a darle voz y expresión en su relato, aunque no sin sentirse a la vez timoratamente obligado a disculparse de su propia ignorancia de mortal —que bien podría invertirse en disculparle su inescrutabilidad a la divina prepotencia—: «Yo veo —dice, pues, Fernández de Oviedo— questas mudanças e cosas de grand calidad semejantes no todas veçes anda con ellas la raçón que a los hombres paresçe ques justa, sino otra definición superior e juicio de Dios que no alcançamos; y como él es movedor de todo (o más servido de lo que subçede) e sin su voluntad ninguna cosa se puede concluir, tengamos por mejor lo que vemos efetuar, pues no se alcançan los fines para que se haçen las cosas; e de la providencia de Dios no nos conviene platicar ni pensar sino que aquello conviene».[7] El sentimiento de la superior prepotencia de la Historia Universal, como realidad determinante y operante en los sujetos empíricos, juramentados e incontenidos mandatarios, en su comportamiento de auténticos y enajenados posesos del furor de dominación, es lo que está en la base de la intuitiva cólera de Las Casas y de la turbadora experiencia que Fernández de Oviedo no puede silenciar. Tal reflexión sigue inmediatamente a la narración del episodio de Cortés contra Pámphilo de Narváez, que concluye así: «No quiero decir más en esto, por no ser odioso a ninguna de las partes; pero en mi juicio yo no hallo qué loar a Cortés en su desobediençia, ni a él le quedó nada por usar en sus cautelas, para se quedar en opinión y en officio ageno,[8] contra la voluntad de cúyo era e se lo dio y encomendó; ni a Pámphilo de Narváez le faltó la penitençia de su descuydo, ni a Diego Velázquez quiso la fortuna dexar de destruyrle, ni a Cortés desfavoresçerle para salir con su propóssito, como ha salido». [A esto sigue, tras

7. *H.ª gral. y ntral. de las Indias*, libro XXXIII, capítulo XII.

8. Véase el APÉNDICE II.

punto y aparte, el párrafo de la reflexión citada.] Hay que tener en cuenta que Oviedo no escatima elogios en su relato de la conquista de Nueva España, como la más admirable empresa de América, ni a su protagonista Hernán Cortés, aunque no deja de señalar los rasgos que todos le reconocen, como aquel, no recuerdo quien, que cuenta cómo le avisaron a Velázquez, diciéndole: «Mire, vuesa merced, que es extremeño», pues, al parecer, los extremeños tenían en aquel tiempo fama de doblez, frente a la lealtad que siempre se les atribuyó, con motivo o sin él, a los castellanos. Y el propio Oviedo, en cierto pasaje,[9] dice: «E assí, usando del tiempo con los unos e con los otros, mañeaba [Cortés] e a cada parte daba contentamiento, e les agradesçía sus avisos, e les hacía entender que cada qual dellos era creydo e no sus contrarios» y en otro lugar[10] «sintiendo Monteçuma que aquellos halagos de Cortés eran enforrados o dissimulaçión, para se enseñorear con buena maña de lo que no pudiera con manifiesta fuerça...», donde se aprecia cómo Oviedo, con toda su admiración hacia el héroe de Nueva España, no era ciego, en modo alguno, para lo que en la vida social cotidiana son despreciables defectos, pero que no eran sino virtudes para los ciegos designios de la dominación. Oviedo siente la contradicción de que el triunfador que, contra toda justicia, se alza por cabeza y guía de la empresa, con todas sus mañas y deslealtades, se salga con la suya, y alcance la cima de la gloria y el reconocimiento, en principio sin trabas, del emperador. La contradicción entre las virtudes sólidamente humanas de la lealtad, el respeto a la justicia, etcétera, que Cortés no ha vacilado en violar con su conducta una y otra vez y, por añadidura siempre con beneficio para el logro de sus fines, y esas virtudes justa-

9. Libro XXXIII, capítulo IV.

10. Libro XXXIII, capítulo VI.

mente inversas que han demostrado su perfecta idoneidad para las miras de la dominación, es la turbadora experiencia en que Oviedo siente desbordada la comprensión de su conciencia y se ve obligado a formular una especie de dispensa para cualquier violación de las virtudes reconocidas como tales con «otra definición superior e juicio de Dios que no alcançamos», distinta de «la raçón que a los hombres paresçe ques justa»; contradicción que al fin le induce a acatar, con renuncia a todo afán de comprensión, la estricta facticidad de la victoria: «tengamos por mejor lo que vemos efetuar, pues no se alcançan los fines para que se haçen las cosas, e de la Providençia de Dios no nos conviene platicar ni pensar sino que aquello conviene».[11]

Es notable tanto el esfuerzo de acatamiento que hace aquí Oviedo, como el hecho de que necesite expresarlo públicamente por escrito, como si inconscientemente estuviese ahuyentando los demonios que le susurran al oído el terrible pensamiento de la maldad de Dios, de la Historia Universal[12] y del furor de dominación en que enajena y arrebata a los sujetos empíricos, contra toda virtud y humanidad, y que, en verdad, más que una coartada o una dispensa para la conducta de los hombres, es una disculpa de la esencial maldad de Dios. Los terrores del infierno con que la prepotencia del Dios cristiano mantiene amenazados y sujetos a sus fieles no le permitieron al infeliz Oviedo desafiar al Señor de la Victoria, al creador de Imperios que había coronado de laurel las sienes de Cortés, con un desafío como el

11. Véase «O Religión o Historia» en *Ensayos y artículos*, Vol. II, págs. 319-320.

12. «Historia Universal» no es más que el nombre, presuntamente laico, con que la modernidad pretende camuflar su religioso acatamiento de la Suma Omnipotencia y Prepotencia del viejo e iracundo Señor del Sinaí, renacido con nuevo vigor y como el Ave Fénix, en la universalización actual del principio de dominación.

de Lucano a sus dioses, en aquel hexámetro en que puso por encima de ellos la virtud de Catón: «*Victrix causa Deis Placuit, sed uicta Catoni*».

7. *Cortés y Soto*

Desde luego, hay sujetos empíricos tan especialmente dotados para la depredación y el predominio que han causado en algunos la impresión, por lo demás perfectamente mítica y supersticiosa, de que la propia Historia Universal los ha elegido para sus más altos designios, como le pasó a Hegel cuando, en la más vergonzosa clarividencia de su vida, creyó ver en Napoleón al Espíritu Universal a caballo. Uno de esos sujetos podría ser, desde luego, Hernán Cortés. Y nada mejor que el «ofrecióse», que él mismo emplea para empezar a contar el episodio recogido al principio, nos descubre en toda su medida la rigurosa funcionalidad de una perspicacia permanentemente alerta a lo que en cada situación pueda *ofrecerse* como algo aprovechable para sus propósitos. Al instante advierte la posibilidad de explotar la falta cometida por el indio y la manera de montar sobre ella el espectáculo que le conviene. Es la penetrante mirada instrumental del pragmático perfecto: agudísima para captar al vuelo cuanto en las cosas pueda incidir en el sentido de sus intereses, ciega para cuanto haya en ellas de ajeno o indiferente a sus designios. Esa misma pragmática amoralidad puede advertirse también en su actitud hacia la antropofagia. Así, demostrándonos de paso cómo las tres grandes abominaciones: sacrificios humanos, antropofagia y sodomía, por las que los españoles justificaban su saña hacia los indios, incluso considerando que Dios mismo los castigaba a través de sus espadas, no eran más que pretextos o coartadas para el frenético ejercicio de la dominación, en la tercera de sus *Cartas de relación*, como guiñándole el ojo a Carlos V, a quien se dirigía, se permite al respecto de la antropofagia un cierto tono sutilmente festivo, cuando son sus aliados tlascaltecas los que la practican: «De manera que de esta celada se mataron más de quinientos [entiéndase aztecas], y todos los más principales y esforzados y valientes hombres; y aquella noche tuvieron bien que cenar nuestros amigos [entiéndase tlascaltecas], porque todos los que se mataron tomaron y llevaron hechos piezas para comer». Ni siquiera debió de pasársele por la imaginación la idea de que un desenfado semejante, hablando de la antropofagia, podía tal vez escandalizar u ofender los oídos de Carlos V, o parecerle irreverencia hacia su Católica Majestad[13] tanta franqueza en tan delicada materia, de puro obvia que, en su incondicionado pragmatismo, debía de reputar Cortés la opción de permitir la antropofagia en unos aliados que, de habérsela prohibido, le habrían retirado un apoyo absolutamente indispensable para la conquista de la capital azteca. Así, Cortés subordinaba la proscripción o el consentimiento de la antropofagia a la estricta conveniencia ocasional de la conquista, sin mayor sentimiento de escándalo moral. En una palabra, era o llegó a hacerse una prodigiosamente capacitada bestia predatoria, un perfectísimo instrumento de dominación, o sea, un hombre espeluznantemente funcional.

Pero si Cortés puede representar tal vez, frente a

13. Que los atrevimientos de Cortés no debían de producir precisamente delirios de entusiasmo en Carlos V podría probarlo el hecho de que cuando aquél le mandó una culebrina honorífica fundida en plata de Michuacán rebajada con cobre, pero muy bien labrada (que, según Gómara costó 24 000 pesos de oro) y con un Ave Fénix en relieve sobre esta leyenda: «Aquesta nació sin par / Yo en serviros sin segundo / Vos sinigual en el mundo», Don Carlos se la regaló enseguida a su secretario Cobos, seguramente para que la fundiese y se quedase con el valor del metal.

los demás conquistadores, el extremo de capacidad instrumental para los empeños del poder (si bien no hay que olvidar que, entrando con buen pie, la fortuna cabalga ya en parte sobre sí misma ni que el éxito exagera siempre los prestigios y los méritos), Hernando de Soto, por elegir alguno, podría ponerse como paradigma de lo opuesto, esto es, de la inhabilidad y del fracaso (siempre teniendo en cuenta el efecto de éste en el sentido simétrico contrario de exagerar de forma análoga el demérito); ambos son, sin embargo, desde uno y otro extremo, idénticos en cuanto encarnaciones de un único y el mismo impulso. Con respecto a la expedición de Soto, que, subiendo desde Florida, parece que alcanzó hasta la actual Carolina del Norte, la crónica de Oviedo dice así: «Preguntando el historiador a un hidalgo bien entendido que se halló pressente con este gobernador e anduvo con él todo lo que vido de aquella tierra septentrional que a qué causa pedían aquellos tamemes o indios de carga e porqué tomaban tantas mugeres, y essas no serían viejas ni las más feas; y, dándoles lo que tenían, porqué detenían los caçiques y prinçipales, y adónde yban que nunca paraban ni sosegaban en parte alguna: que aquello no era poblar ni conquistar, sino alterar e asolar la tierra e quitar a todos los naturales la libertad e no convertir ni haçer a ningún indio chripstiano ni amigo, respondió e dixo: que aquellos indios de carga o tamemes los tomaban por tener más esclavos o servidores, e para que les llevassen las cargas de sus mantenimientos e lo que robaban o les daban; e que algunos se morían e otros se huían o se cansaban; e assí avían menester renovar e tomar más; e que las mugeres las querían también para se servir dellas e para sus sucios usos e luxuria e que las facían baptiçar para sus carnalidades más que para enseñarles la fe, [donde parece que incluso como prostitutas las necesitaban cristianas, tal vez por un temor supersticioso al comercio carnal con paganas o incluso a quedar manchados para siempre por el coito con quienes en cualquier momento estaban expuestas a morir sin bautizar, dado que, tras el agotamiento de sus prestaciones sexuales nocturnas y servicios domésticos diurnos, tenían que seguir la expedición unidas unas a otras en collera, igual que los tamemes con sus cargas]; y que si detenían los caçiques e prinçipales, que assí convenía para que los otros sus súbditos estoviessen quedos e no les diessen estorbo a sus robos e a lo que quisiessen haçer en su tierra de los tales. Y que adónde yban ni el gobernador ni ellos lo sabían».

Hasta aquí Fernández de Oviedo, que, poco más abajo, tras una cita de San Agustín,[14] exclama: «Oid, pues, letor cathólico, y no lloreis menos los indios conquistados que a los chripstianos conquistadores dellos, o matadores dessí e dessotros; y atended a los subçesos deste gobernador mal gobernado, instruído en la escuela de Pedrarias [Soto llegó a las Indias, con sólo trece o catorce años de edad, como pajecillo del ya sesentón gobernador], en la disipaçión y asolaçión de los indios de Castilla del Oro, graduado en las muertes de los naturales de Nicaragua, y canoniçado [quiere decir, probablemente, doctorado en "cánones"] en el Perú, segund la orden de los Piçarros; y de todos essos infernales passos librado y ydo a España cargado de oro, ni soltero ni casado supo ni pudo reposar sin volver a las Indias a verter sangre humana». Hasta aquí Oviedo, donde los datos nos hacen preguntárnos qué otra moral podría aprender Soto, arrebatado para la dominación con apenas trece años. Al Perú, se lo llevaba Pizarro por primer ca-

14. «Esta vida es vida de miseria, caduca e incierta, vida trabajosa y no limpia, vida, Señor, de males, reina de los soberbios, llena de miserias y de espanto, que no es vida ni se puede decir sino muerte, pues que en un momento se acaba por varias mutaciones y diversos géneros de muerte» (*Meditaciones*, capítulo XXI).

pitán, y si no tuvo más que la tercera parte mayor en el reparto del tesoro fue porque el conquistador lo pospuso a su propio medio hermano Fernando, el único legítimo de toda la Pizarrada que el ya casi viejo Francisco se trajo de Trujillo con su gobernación.

En otro capítulo anterior sobre esta misma expedición, Oviedo escribe de Soto lo siguiente: «Este gobernador era muy dado a essa montería de matar indios, desde el tiempo que anduvo militando con el gobernador Pedrarias Dávila en las provincias de Castilla del Oro e Nicaragua, e también se halló en el Perú y en la prisión de aquel gran príncipe Atabáliba, donde se enriquesçió, e fue uno de los que más ricos han vuelto a España, porque él llevó e puso en Sevilla sobre çien mill pessos de oro, y acordó de volver a las Indias a perderlos con la vida, y continuar el exerçiçio ensangrentado del tiempo atrás que avía usado en las partes ques dicho...». Hasta aquí Oviedo, que unas líneas más abajo nos explica lo que ha querido decir con lo del «ejercicio ensangrentado» y por qué ha usado la palabra *montería*; dice, pues, así: «Ha de entender el letor que aperrear es haçer que perros le comissen o matassen, despedaçando el indio, porque los conquistadores en Indias siempre han usado en la guerra traer lebreles e perros bravos e denodados; e por tanto se dixo de suso montería de Indios».

De modo que digo yo que juzgan mal a los conquistadores quienes los incriminan indistintamente del vil materialismo de la codicia del oro; el oro fue en contados casos un móvil real; generalmente fue un pretexto para la hazaña por la hazaña y a lo sumo su trofeo, como lo prueba el que fueran muy pocos los casos de quienes, en vez de jugárselo y despilfarrarlo al día siguiente, supiesen apartarlo y acumularlo por despreciable amor hacia el dinero y la riqueza; lo que movió a la gran mayoría de los conquistadores fue, por el contrario, la pura inquietud espiritual de continuar el ejercicio ensangrentado de esa montería de aperrear indios.

8. *Los perros*

Ya que ha salido esta cuestión, diré que me extraña el hecho de que, frente a tanto como se ha encarecido la importancia de los caballos en las conquistas españolas —animales, al menos al principio, muy escasos, por su difícil transporte marítimo, útiles sólo en determinados terrenos—, se haya desdeñado, inexplicablemente, el papel que tuvieron que tener los perros, las jaurías de lebreles o de alanos (cruce de dogo y de mastina), animales todo terreno, insuperables para la persecución, menos dóciles que los caballos, pero portadores de sus propias armas y, por tanto, capaces de actuar solos, más dúctiles al adiestramiento, ladradores —factor psicológicamente decisivo— y, en fin, mucho menos vulnerables, de modo que su importancia en las conquistas pudo ser a menudo muy superior a la de los caballos, como lo prueba la presencia de perros en todo tiempo y lugar, ya desde el segundo viaje de Colón, según testimonio de su hijo Don Fernando, que sólo sería de oídas, siendo aún muy niño en la ocasión del hecho que relata: una batalla en La Española, en que un ala la llevaron los caballos y la otra las jaurías. Pero el uso de perros no se limitaba en modo alguno a las batallas —siendo, obviamente, ineficaces en las huestes muy numerosas—, sino muy a menudo para dar caza a indios fugitivos (a los que, por ser esclavos o encomendados de propietarios españoles, los perros solían volver a traer —según se les tenía enseñado— mordidos por la muñeca hasta sus amos, despedazando al fugitivo sólo cuando se resistía), ya sea para ajusticiar, lo mismo a prisioneros cogidos en combate, sin que mediase juicio previo alguno, que a caciques o señores indios condenados formalmente por sentencia, ya, en fin, para arrancar informaciones sobre oro, probablemente aterrorizando a los que asistían al despedazamiento de uno de sus compañeros entre las fauces de los perros —procedimiento preferido por Juan de Ayora, aunque para estas averiguaciones era más usual el tormento del fuego aplicado generalmente a las plantas de los pies, para que la información la diese el propio torturado.

Vasco Núñez de Balboa tuvo en Castillo del Oro un perro de nombre *Leoncico*, famoso por su denuedo, que le ganaba en las batallas la parte de un soldado y a veces hasta dos partes, que Balboa cobraba en oro o en esclavos, y tal vez fuese el jefe de la jauría con la que el mismo Vasco Núñez, tras la batalla de Cuareca, en que murió su cacique Torecha con 600 de los suyos, aperreó sin más ni más «cincuenta putos» —como dice Gómara, por invertidos—, que, al no haber combatido, se habían quedado en el poblado. Más tarde ya de vuelta de la Mar del Sur, a un cacique llamado Pacra, sospechoso de pecado nefando aunque heterosexual, tras someterlo a tortura para que confesase su pecado y para que revelase el lugar de los yacimientos de oro, una vez que hubo confesado el cacique lo primero y contestado que ignoraba lo segundo, pues ya se habían muerto los criados de su padre que lo sabían, y a él no le importaba el oro ni lo necesitaba, Balboa le echó los alanos, que en un momento lo despedazaron.

Pasando someramente la mirada por las crónicas antiguas, el rastro de los perros españoles se sigue desde la Pampa hasta la actual Carolina del Norte; en Cubagua, la islita de Cumaná famosa por sus perlas, en Venezuela, introducidos por los alemanes, merced a la concesión hecha por el emperador a los banqueros Welser y en las expediciones de Alfinger, Vascuña, Von Spira y Federman, que los introdujeron desde el Oeste, en 1539, en el Nuevo Reino de Granada —la Colombia actual—, poco después de que Belalcázar, teniente de Pizarro, a quien pronto traicionó, hubiese subido al menos hasta Cali con perros del Perú; en Santa Marta, en una expedición de Pedrarias de 1514, en Cartagena, en la expedición de Heredia de 1533, cuando ya era gobernación independiente de Castilla del Oro, y no digamos nada, para cualquier tiempo en el Darién, Panamá y Nicaragua; y, en fin, si por el Este llegaron a subir hasta la actual Carolina del Norte, por el Oeste llegaron más arriba de Guadalajara, ya en tiempos del virrey Mendoza, a raíz de la guerra de Mixtón, donde se aperrearon indios ya apresados, en el mismo campo de batalla, al tiempo que se inauguraba un procedimiento harto económico de ejecución sumarísima mediante arma de fuego, que consistía en atravesar con un solo disparo de cañón cuantos indios dispuestos en hilera tuviese la trayectoria de la bala la fuerza de ensartar.[15]

9. «*Becerrillo*»

El más famoso de los perros de las Indias fue *Becerrillo*, padre del *Leoncico* que Balboa se llevó al Darién. Criado en La Española fue llevado a la actual isla de Puerto Rico, «de color bermejo», nos cuenta Oviedo, «y el boço de los ojos adelante negro, mediano y no alindado, pero de grande entendimiento e denuedo [...] porque entre dosçientos indios sacaba uno que fuesse huydo de los chripstianos [...] e le asía por un braço e lo constreñía a se venir con él e lo traía al real [...] e si se ponía en resistençia lo haçía pedaços [...] E a media noche que se soltasse un preso, aunque fuesse ya una legua de allí, en diciendo: "Ido es

15. Véase la Nota 4.

el indio" o "búscalo", luego daba en el rastro e lo hallaba e traía». [...] «La noche que se dixo», sigue Fernández de Oviedo, «de la guaçabara o batalla del caçique Mabodomoca [...] acordó el capitán Diego de Salaçar[16] de echar al perro una india vieja de las prisioneras que allí se avían tomado; e púsole una carta en la mano a la vieja, e díxole el capitán: "Anda, ve, lleva esta carta al gobernador, que está en Aymaco", que era una legua pequeña de allí; e deçíale esto para que assí como la vieja se partiesse y fuesse salida de entre la gente, soltassen el perro tras ella. E como fue desviada poco más de un tiro de piedra, assí se hiço, y ella yba muy alegre, porque penssaba que por llevar la carta, la libertaban; mas, soltado el perro, luego la alcançó, y como la mujer le vido ir tan denodado para ella, assentóse en tierra y en su lengua començó a hablar, e deçíale: "Perro, señor perro, yo voy a llevar esta carta al señor gobernador", e mostrábale la carta o papel cogido, e deçíale: "No me hagas mal, perro, señor". Y de hecho el perro se paró como la oyó hablar, e muy manso se llegó a ella e alçó una pierna e la meó, como los perros suelen haçer en una esquina o quando quieren orinar, sin le haçer ningún mal. Lo cual los chripstianos tuvieron por cosa de misterio, segund el perro era fiero e denodado, e assí el capitán, vista la clemençia que el perro avía usado, mandóle atar e llamaron a la pobre india, e tornóse para los chripstianos espantada penssando que la avían enviado a llamar con el perro, y temblando de miedo se sentó, y desde a un poco llegó el gobernador Johan Ponçe; e sabido el caso, no quiso ser menos piadoso con la india de lo que avía sido el perro, y mandóla dexar libremente y que se fuesse donde quisiesse, y así lo fizo». De esta manera fue, pues, cómo la costumbre india de sentarse en el suelo ante un superior a quien se teme

16. Véase la Nota 5.

coincidió por azar con la actitud precisa para que la vieja india lograse salvar su vida frente al perro, y cómo los resortes instintivos que inhiben en los cánidos el impulso de agresión llegaron a dar una inopinada lección de piedad a las conciencias de hombres que se decían cristianos.

10. *Fusión de razas*

Resulta asombroso y hasta cínico que todavía haya quien sostenga la falacia histórica de que en América hubo fusión de razas y culturas. En lo que toca a la fusion de razas, a raíz del exabrupto de Fidel Castro, que tanto escandalizó, Carlos Robles Piquer (según citaba entre comillas el *Diario 16* del 17 de septiembre de 1985) no tuvo empacho en replicar lo siguiente: «Como es sabido, la empresa de España es una obra de mestizaje y cruce de sangres y, por tanto, una obra de amor y no de odio, como le gusta predicar a Fidel Castro».

En un sentido étnico, sólo se puede hablar de amor cuando hay *connubium*, es decir, simetría o bilateralidad en las uniones sexuales permitidas entre dos etnias o tribus, digamos A y B, o sea, tanto en el sentido varón de A con mujer de B, como en el sentido varón de B con mujer de A. El *connubium* es la relación fundamental que establece el reconocimiento de la igualdad étnica o tribal entre A y B. La asimetría, esto es, la unicidad de sentido de las uniones sexuales socialmente admitidas (sólo varón A con mujer de B, nunca varón de B con mujer de A), se opone explícitamente al *connubium*, como negación de la igualdad entre las dos etnias o tribus consideradas e indica además el orden jerárquico Superior-Inferior de la desigualdad, al coincidir siempre —salvo remotas excepciones de sociedades matrilineales— con el orden Varón-Mujer de las únicas uniones sexuales socialmente admitidas.[17]

El mestizaje americano se atuvo a una relación rigurosamente asimétrica; las únicas uniones sexuales que se dieron fueron las de varón blanco con mujer india. Y por mucho que en 1514 se autorizase el matrimonio entre españoles e indias (sin duda mucho más por reconciliar con la Iglesia y poner en paz con Dios a esos españoles en pecado de barraganía, que por dar alguna protección legal a las indias y a sus hijos frente a irresponsabilidades o abandonos de los amantes blancos), tal sacramentalización tuvo escaso éxito, pues el casarse con indias fue socialmente tenido por deshonroso, de modo que el mestizaje no puede recibir, étnicamente hablando, otro nombre que el de violación de los conquistados por los conquistadores, de los dominados por los dominadores, de los siervos por sus amos. La hembra blanca permaneció, étnicamente, virgen. ¿Dónde está, pues, la «obra de amor» de que habló Robles Piquer? ¿Acaso en el prostíbulo ambulante que la expedición de Soto llevó desde Florida a Carolina del Norte detrás de sí y cuya plantilla de indias tenía que ser constantemente renovada por otras de reemplazo, ya sea capturadas en entradas arma en mano, ya recibidas de manos de caciques más atemorizados que amistosos, por las muchas que iban muriendo en el camino, al seguir a los españoles uncidas unas a otras en colleras, tras el agotamiento de sus prestaciones sexuales nocturnas y sus servicios domésticos diurnos? Sin duda, este puede representar un caso extremo, del que pocos mestizos llegarían a nacer, pero es una medida de valor que no puede dejar de contar en el cálculo del término medio de lo que llegó a valer la mujer india para el varón español en esa «obra de amor» que para Robles Piquer fue el mestizaje.

17. Véase la Nota 6.

11. *El triunfo de la Cruz*

Al Santo Padre Juan Pablo II, don Carlos Votila, titular de esta modesta parroquia de Cracovia en que se ha convertido hoy la Cristiandad, no se le ocurrió mejor cosa que ir a decir que el descubrimiento, la conquista y colonización de América no habían sido un fracaso sino un triunfo del Cristianismo precisamente a Puerto Rico, donde, como es sabido, los habitantes taínos, junto con los de las otras grandes Antillas que ocupaban, se habían extinguido ya del todo hacia 1540. Se ha explicado tan rápida extinción de esta etnia entera, más que por las muertes producidas por los españoles o por la simultánea destrucción de sus configuraciones de vida y sociedad, por el contagio de enfermedades traídas por los invasores, contra las que los isleños carecían de defensas orgánicas.

Es muy verosímil que la obra de estos contagios tuviese la importancia que se le da, pero, por lo pronto, es muy difícil separar su poder mortífero de la dispersión y desarraigo de los individuos de sus comunidades y asentamientos primitivos, para ponerse al servicio de los cristianos. Así que, aunque éstos hubiesen desplegado un verdadero celo misionero en las Antillas, lo más que podrían decir sería: «Nuestra intención de ganar nuevas almas y nuevos pueblos para la Fe de Cristo no pudo ser mejor, pero no podíamos prever que las enfermedades acabarían tan rápidamente con nuestros catecúmenos, así que llegamos a tiempo para poco más que darles cristiana sepultura». La Cristianización de las Antillas vino, así, a reducirse a ponerle una Cruz a la fosa común de la entera progenie que, por la propia llegada de los cristianos, se extinguió.

Decir otra cosa es persistir en la concepción territorialista que la Iglesia aprendió del Estado, desde el gran contubernio de Nicea, en que la expansión del Cristianismo, más que ganar nuevos pueblos para la fe de Cristo, consiste en añadir nuevos territorios a la Administración Romana, con fundación de nuevas sedes episcopales y provisión de los correspondientes titulares, pues lo único que en realidad quedó definitivamente convertido al Cristianismo fue el puro territorio de las islas, trocado en cementerio de sus aborígenes. (Los Taínos, cuya población en La Española había censado Colón —con un sistema censitario probablemente erróneo— en un millón de almas, y Las Casas había estimado en 2 millones, cifras ambas inverosímiles por excesivas, dados los medios de vida y la extensión de la isla, que hacen creíble a lo sumo un censo del orden de unos 350 000 taínos a la llegada de los españoles, se habían reducido a 8 o 10 000 almas en 1518, mientras que hacia 1540 se cifraban en unos 500 los que quedaban en todas las Antillas, en tanto que los Lucayos, que nunca habían superado el censo de unos 50 000, habían desaparecido, acaso antes, de la faz de la tierra, gran parte de ellos por reventamiento de los pulmones tras inmersiones sucesivas en las pesquerías de perlas de la islita de Cubagua, adonde eran deportados desde las Bahamas, por su especial destreza para «nadar a somormujo», como entonces decían por «bucear» los españoles.)

Fernández de Oviedo comparte, *avant la lettre*, la concepción de Juan Pablo II cuando, a propósito de la extinción de los taínos en La Española, dice: «Ya se desterró Satanás desta isla; ya cesó todo con acabarse la vida de los más de los indios, y porque los que quedan dellos son ya muy pocos y en servicio de los chripstianos».[18] Donde claramente se ve cómo la cristianización del Nuevo Mundo no era ga-

18. Incluso, a juzgar por el tono de lo que leemos en el capítulo CCVIII de la crónica de Bernal Díaz del Castillo, se diría que para algunos prevalecía la idea de destruir las abominaciones de una religión perversa sobre la de propagar la Fe cristiana.

nar nuevas gentes para la fe de Cristo, sino más bien nuevos territorios para la Santa Madre Iglesia Católica, Apostólica, pero sobre todo, no lo olvidemos, Romana. Si es esto lo que Votila entiende por «triunfar el Cristianismo», no cabe duda de que, en América, lejos de fracasar, triunfó en toda la línea, no ya por las gentes que llegase a convertir, sino por la inmensidad de los nuevos territorios adquiridos, merced a los millones de paganos que la mera llegada de los españoles, sea por contagio de gérmenes, por tajo de espada o, sobre todo, por explotación, hizo morir. Pues, en estrictos términos territoriales, librar América del paganismo es hacer que desaparezcan de ella los paganos, para lo cual, la muerte es, indudablemente, mucho menos equívoca y más expeditiva que la siempre dudosa conversión. Es cierto, pues, que la Cristiandad acrecentó como nunca, desde la Edad Antigua, el territorio de la fe, aunque infinitamente menos el número de creyentes, pero las meras dimensiones territoriales y hasta las demográficas son criterios tan válidos para medir imperios como discutibles para evaluar religiones.

Aparte de que, a causa de tal despoblación, nos encontramos con que la colonización de América, en funesta combinación con los establecimientos portugueses del África Occidental y después también de la Oriental, desencadenó en plena égida cristiana, bajo el signo de la Cruz, el más intenso y extenso recrudecimiento de la esclavitud, con grados de inhumanidad desconocidos en la antigüedad pagana.

Tal como ya escribí en otra ocasión, «el fondo del Atlántico vio balizada la ruta de los vientos alisios con alineaciones de miles y miles de cadáveres de negros arrancados al África natal, para el destino horrendo de morir encadenados y hacinados en las sentinas de los navíos negreros, muerte, con todo, tal vez más piadosa que el calvario en que prolongarían sus vidas los supervivientes que alcanzasen la orilla americana. Y esto se dice aquí porque se hizo bajo el signo de la Cruz, y ha de incluirse en lo que se tiene por éxito del Cristianismo tras el descubrimiento. Por lo que hace a los indios, tal éxito ha de incluir también los centenares de millares de indios que el solo cerro del Potosí llegó a enterrar reventados bajo sus esportillas para henchir de plata durante siglo y medio las insaciables panzas de los galeones españoles. Pintada en el vasto lienzo de las gavias de esos galeones —como todavía hoy puede observarse en la que se conserva en el Museo de la Marina—, la *mater misericordiae* se convirtió en un verdadero *black jack* imperial, transfigurándose realmente en aquella «Inmaculada negra de pólvora y de sangre» del poema de Rafael Sánchez Mazas».[19]

12. *¿Encuentro o encontronazo?*

Un tópico frecuente sobre el Descubrimiento es el de decir que, con Colón o sin Colón, se produjo en el momento histórico preciso en que tenía que producirse, como si los acontecimientos históricos fuesen como las brevas en la higuera, que tienen su momento de madurez y su punto de sazón. Se alega, a tal respecto, no sólo el desarrollo tecnológico de la navegación, sino también no sé qué espíritu humanista, que, en realidad fue más bien la destrucción de toda moral pública o civil, y no digamos en cuanto a la ética internacional o derecho de gentes. Las condiciones tecnológicas no afectaron mínimamente al hecho de que el descubrimiento les pillase a los castellanos totalmente desprevenidos tanto intelectual como, en mucho mayor grado, moralmente, abriéndoles un horizonte que desbordaba todo lo concebible y conmensurable con su conocimiento y

19. «Nuestra Señora de los Austrias» (1919).

para su conciencia. Lejos de estar a la altura del novísimo panorama que se les presentaba, se vieron, por el contrario, tan atónitos, desbordados y arrollados como los indios mismos.

Lo paradójico y pintoresco del caso fue que las únicas reservas de humanidad (cosa que no hay que confundir con «humanismo») y de conciencia capaces de encarar la novedad con un mínimo de responsabilidad, de prudencia y de respeto, y, sobre todo, el único caudal de sentimientos universalistas que se requería, no estaban en el tan cacareado espíritu renacentista, sino en la tradición medieval de la escolástica tardía; los únicos que hicieron saltar la chispa del escándalo ante la barbarie desencadenada del renacentismo fueron los anticuados continuadores de Tomás de Aquino.[20]

El renacentista y humanista era el doctor Sepúlveda, que resucitaba, sin empacho, la doctrina aristotélica según la cual la conquista y dominación estaban justificadas si eran impuestas por un pueblo más culto sobre otro más inculto y bárbaro; el medievalista y retrógrado era Melchor Cano, discípulo predilecto de Vitoria, que negaba, en cambio, que la superioridad cultural confiriese ningún derecho de soberanía sobre el más primitivo, y que se preguntaba incluso si la configuración social de los españoles no sería destructiva para los indios, diciendo textualmente: «No conviene a los antípodas nuestra industria y nuestra forma política».

Esta era la delicada tradición capaz de ponerse, con su verdadero universalismo, a la altura del descubrimiento, al saber percibir la diferencia de los indios y respetarla. Encuentro entre distantes, sin previo y parsimonioso recorrido de aproximación, súbita inmediatez cara a cara entre diferentes, sin lenta y paulatina comparación, determinación y re-

20. Véase el APÉNDICE III.

conocimiento de las diferencias jamás puede ser encuentro sino encontronazo, con toda la brutalidad de un puro choque, que convertirá la diferencia en ciega e impenetrable otreidad. Pero la otreidad es fundamento de casi inevitable antagonismo, cuando no consecuencia de él.

La otreidad propone automáticamente jerarquía, como hemos visto a propósito de la asimetría sexual; la decisión corresponde siempre al contraste de las armas: quien vence es superior y quien es superior domina. Las leyes de Burgos de 1512, más que leyes, parecen denuncias, al prohibir literalmente llamar a los indios *perros* y darles palos.

Si algo resalta en el descubrimiento, no es, ciertamente, la armonía, que habría tenido que acompañar a la teoría del momento histórico, si hubiese sido cierta, sino la extrema discordancia, el desconcierto y el desorden más asoladores y, lo que es realmente lo malo, la más mortífera brutalidad. Porque quien, frente a lo imprevisto, no quiso o no supo detenerse ni un instante y se lanzó a la perentoria necesidad de improvisar sobre la marcha, no encontró a mano otros recursos ni otros expedientes que los de la pura superioridad de fuerza y armas. Hay quien, como Julián Marías, se asombra ante la velocidad de las hazañas de los españoles, de la rapidez con que crearon ese presunto imperio de Ultramar; poco mérito tiene quien llega de tan lejos arrollándolo y aplastándolo todo a su paso y estableciendo una soberanía nominal, que realmente no fue más que una dominación a coto ciego, por pura delimitación territorial de rayas fronterizas echadas desde fuera, desde la mera línea de la costa, antes de saber cosa alguna de las gentes y países que cada linde encerrase en su interior. Así lo prueba el que la dominación española se ciñese a las ciudades, a las minas, a los caminos que llevaban el metal hasta los puertos, y el que prevaleciese con relativa prontitud tan sólo allí donde había ya reinos relativamente grandes y bien organizados, como Tunja y Bogotá o imperios poderosos y administrativamente centralizados. Ciertamente, allí, por lo menos en el Imperio Azteca, hubo que hacer antes una verdadera guerra y ganarla, pero después no había más que sentarse en el trono del vencido y usurparle el poder sobre una población de súbditos que no se había dispersado ni disuelto. Pues es característico de los fenómenos de la dominación el que las unidades de población constituidas por una soberanía integral centralizada tiendan a conservarse como tal cuerpo de súbditos, sin disolverse o dispersarse, aunque el poder sea derrocado o usurpado, y siempre que no haya un intermedio de vacío, por un nuevo poder. La población de un imperio derrotado por un conquistador pasa, por lo común, íntegramente a manos de éste, sin deshacer su unidad.[21]

Por lo que atañe a lo demás, el imperio fue sólo un gran monstruo inadministrable e inadministrado, como lo prueban la pronta destrucción de la red de calzadas de los Incas —sobre todo porque sus pavorosas escalinatas eran útiles sólo a los peatones indios, pero impracticables para los caballos españoles—; la pertinacia de las sublevaciones indias, que se prolongaron hasta la independencia; el increíble olvido, durante muchos años, de que la hoy llamada Baja California no era isla, sino península, como había comprobado el propio Hernán Cortés, o diferencias entre las distintas zonas tales como la del hecho de que la imprenta, introducida en

21. Ejemplo egregio de ello es el Imperio Chino de Kubilai Kan, que inauguró la dominación mongol, aunque supeditándose a la cultura china preexistente y aun, en gran parte, a sus instituciones de poder. Claro está que, en este caso, la relación entre culturas era mucho menos diferente, amén de tratarse de dos pueblos que se conocían desde antiguo.

Méjico ya en el siglo XVI, no llegase a Venezuela hasta 1808.

La rapidez de dominación que tanto fervor produce en don Julián Marías está en la más directa proporción tanto con la más feroz y desconsiderada falta de reconocimiento humano de los pueblos posiblemente sometidos por simple inclusión en fronteras semejantes, como con la abstractiva ignorancia del acceso.

La mayor o menor rapidez o lentitud de la aproximación entre pueblos diferentes y extraños entre sí es una magnitud de extrema relevancia para los ulteriores resultados de la relación. La extrema rapidez de la aproximación entre desconocidos no puede desembocar más que en la brutalidad en la misma medida en que allana y contraviene la proporción debida que han de guardar entre sí el grado de proximidad y el de conocimiento. Esta proporción es la dimensión en que se funda el concepto mismo de respeto.

La inmemorial experiencia cotidiana de las relaciones interpersonales lo sabe todo acerca de la conveniencia de cuidar la constancia de *la proporción entre el conocimiento y la proximidad*. No guardar las distancias con una iniciativa, una actitud o un paso que anticipan la proximidad, sin un aumento equivalente del conocimiento, es lo que, en las relaciones interpersonales, se tiene por un paso en falso, por un atrevimiento, una indiscreción, una falta de tacto o una villanía.

Estas cosas sonaran a muchos a etiquetas de burgueses, que a menudo, en efecto, se cultivan por vana cominería, como superferolíticas gesterías de salón, pero son expresión de exigencias que remiten al mismo *filum* de sensibilidades y delicadezas que condicionan la posibilidad de mejorar y elevar todo trato interhumano y son infinitamente más imprescindibles y más vulnerables en el trato entre sociedades diferentes. El desconsiderado allanamiento que su ignorante omisión supuso en la instantánea irrupción de los españoles en medio de los indios, significaba un trato que suponía a aquellas almas lo bastante insensibles y poco delicadas como para resistir sin mayor daño el repentino embate de la proximidad más inmediata con los españoles, sin guardar ni la más remota proporción con el grado de conocimiento simultáneo. Lejos de haber encuentro alguno, lo que hubo fue un encontronazo, un choque brutal y destructor, un verdadero allanamiento, y por tal entiendo irrupción de la inmediatez en el espacio, en el trato, en el uso, en la disponibilidad y en el dominio, sin correspondencia alguna con un proporcional conocimiento y, por lo tanto, reconocimiento.

La diferencia, percibida desde el primer instante, no fue recorrida sino allanada. Quienes irrumpen bruscamente en lo distante, atropellando a largos trancos discontinuos los pasos intermedios, saltan del mismo modo, sin recorrer las transiciones intermedias de la aproximación, a la presencia inmediatade lo extraño; la diferencia de lo extraño, incomprendida, no analizada como tal diferencia, se presenta, así, como pura otreidad abstracta, impenetrable a cualquier intento de descomposición en factores diferenciales, a los que la propia inmediatez, violentamente producida de un golpe, no ha ajustado siquiera la retina, impidiendo no sólo la comprensión sino también la justa percepción, pues detectar la otreidad no es percibir ni distinguir lo diferente, sino acusar el choque producido en uno mismo por lo extraño, que justamente llamamos *chocante*, cuando no lo entendemos. Detectar no es percibir: el que percibe *cualifica*, el que detecta, solamente *extraña*.

Cuanto más diferentes entre sí hayan sido los partenaires de un encuentro, tanto más necesaria habría sido la lentitud de la aproximación, o —como dice Oviedo— «poco a poco calar y entenderse y entender la tierra»; y tanto más lo repentino de la inmediatez ha reducido toda diferencia a la abstracción de la pura otreidad.

La índole de los indios no fue otra que una invención refleja del trato improvisado in situ con respecto a ellos por los españoles. No es, en modo alguno, un fenómeno raro o novedoso este de concebir la índole y la condición del otro a partir de datos pertenecientes, no ya a él por sí mismo, sino al trato que nosotros le damos. «A ver, se preguntaba inconscien temente el español, ¿cómo trato yo al indio?; y se respondía: Pues, a palos, como a un perro. Luego el indio es un perro». Y, así como los antiguos inventaron el *bárbaro*, así los españoles, en beneficio de todo el ulterior colonialismo blanco, inventaron el *indígena*.

Así que ni siquiera me refiero a los rasgos reales de carácter que los indios pudiesen ir adquiriendo a consecuencia del trato que recibiesen de los españoles, sino a los rasgos gratuitamente atribuidos a los indios por los españoles, como la imagen virtual que devolvían a sus ojos en cuanto receptores del trato que ellos mismos les propinaban, como la representación congruente y necesaria que a los ojos del esbirro que lo apalea ha de adoptar el esclavo o el siervo apaleado.

13. *La envidia del imperio*

Lo que pretende este Quinto Centenario —junto con otros propósitos todavía más indignos y superficiales— es tal vez inventarse a quinientos años de distancia un Imperio Español que, bien mirado, no llegó a existir. Me explicaré: todo espectáculo necesita, para serlo, conseguir credibilidad ante los espectadores; si no es creído por los espectadores, el espectáculo no existe como tal; la tragedia del gran espectáculo, de la gran ópera wagneriana que hoy muchos querrían que hubiese sido el Imperio Español, es que no pudo llegar a ser creído por los espectadores de su tiempo, porque hubo todo un gallinero abarrotado de reventadores que, desde que se alzó el telón hasta que los alguaciles se vieron obligados a desalojar la sala, no dejaron de patear un solo instante. Con semejante pateo de los reventadores el espectáculo perdió toda posible credibilidad y se malogró como un niño nonato. Y así fue como el Imperio Español nunca existió. La secreta amargura de las posteriores generaciones hasta la propia de hoy es que a España nunca le fue reconocido con sincera convicción haber tenido imperio, como sí, en cambio, se le había reconocido antes a Roma y se le reconocería después a Gran Bretaña. Ante ellas los españoles vienen sufriendo silenciosamente una especie de envidia histórica, porque la envidia tiende a proyectarse sobre las cosas menos envidiables. Pero romanos e ingleses acertaron a cuidar sus representaciones imperiales y a seleccionar los espectadores; y así la infamia humana que fueron sus imperios consiguió ser creída y aplaudida como un espectáculo grandioso. ¿Por qué a nosotros —dicen los españoles—, que nos esforzamos tanto como ellos, que desencadenamos tanto furor, tanto tormento, tanta sangre y tanta muerte como ellos, no nos son concedidos en la Historia Universal análogos honores imperiales? Porque dejasteis —les contestan— que el gallinero se os abarrotase de rufianes, carentes de todo sentimiento de grandeza, renuentes a todo entusiasmo de dominación, insensibles a la sublimidad del sacrificio y el *pathos* de la sangre; por eso vuestra Gran Ópera Imperial acabó redundando en un fracaso estrepitoso. Y aun desde el principio dejasteis que el argumento mismo fuese discutido por esa partida de indocumentados, de perros callejeros,[22] de frailazos comedores de berzas cocidas con ajo y con sal. ¿Cómo queríais que con esa gentuza abarrotando el gallinero saliese adelante el sublime espectáculo histórico que viene a ser toda gran ópera imperial, comprensible tan sólo para espíritus egregios y elevados? Todo lo cual me sugiere que, en lugar de una festiva conmemoración, lo indicado sería, precisamente, resucitar la noble tradición de los reventadores del Imperio Español, hoy tan alicaída —que si los reventadores de obras malas siempre fueron saludables para el teatro, no digamos lo urgentes que serían para la historia—, y revolverlos de nuevo no sólo contra el Imperio Español y los anteriores y siguientes, tal como los pateadores de antaño se revolvieron contra el Romano y el Alejandrino, sino contra la propia Historia Universal.

Aunque el pateo de los reventadores llegó a ser de tal magnitud que en 1539 el propio emperador se vio obligado a intervenir encomendando al prior del convento de San Esteban de Salamanca que prohibiese toda discusión o predicación por parte de los dominicos sobre la cuestión de América y confiscase y entregase cualquier escrito referente a ella, el único logro de aquellos reventadores fue malograr el éxito del espectáculo en el crédito popular y desprestigiarlo ante la crítica, primero también la nacional, a juzgar por las palabras iniciales del propio Cervantes, en «El celoso extremeño», que debían de reflejar la opinión corriente de la calle sobre Las Indias;

22. *Domini canes*, «perros del Señor», se autodenominaron, haciendo un juego fonético, los dominicos, dando a la imagen, originariamente, un sentido más feroz; pero no sospechaban en cuánto más noble sentido —el de ladradores y no mordedores— llegarían a serlo desde que Tomás de Vío resucitó para América el iusnaturalismo tomista, que fue recogido por Montesinos, Las Casas, Bernardino de Minaya, y, sobre todo, Vitoria y Melchor Cano.

después, por una reacción patriótica de los españoles, sólo ante la crítica extranjera; pero este fue, decía, el único logro de los reventadores, pues, en todo lo demás, fue la Historia Universal la que venció, como lo muestra el que lograse implantar y afianzar esa imperial industria de dominación y sufrimiento que logró ser América y que aún siguió siendo, a veces incluso con más intensidad, después de disolverse el sedicente Imperio en diversas soberanías criollas independientes.[23]

No faltan quienes pretenden posible una actitud de neutralidad o de objetividad crítica, lo cual empieza por entrar en colisión con la propia noción de «Centenario» en cuanto connote la de «conmemoración».

Si una exposición como la que se presentó en Toledo, especializadamente dedicada a instrumentos de tortura de un ayer pretendidamente superado (aunque tal vez no tanto, si hay que juzgar por la turbación producida en algunos asistentes), suscitó protestas en Toledo por el «mal gusto» de mostrar al público, aun sin el menor afán de apología, sino todo lo contrario, tales objetos, es fácil imaginar el rechazo que suscitaría la infiltración de nada semejante en la gran Disneylandia sevillana de 1992, como podría ser cualquier sala dedicada a presentar, aun en muy disminuida proporción y con las consabidas salvedades de «abusos inevitables en toda gran empresa histórica», algunos aspectos «desagradables» del asunto. Y conste que no puede inspirarme la menor antipatía, sino todo lo contrario, la sensibilidad que está detrás del rechazo de la visión de «lo desagradable». Pero lo deseable sería que tal sensibilidad se convirtiese en repudio de la historia misma, y que se le proporcionase el medio y la ocasión de hacerlo, no que, por el contrario, ya ella misma, por

23. Véase el Apéndice V.

su propia cobardía, se pervierta en demanda de que le encubran con lindos colorines los horrores de la historia que puedan ofenderla, y que otros se la presenten ya convenientemente falsificada, transfigurada y masticada, mediante el expurgo de cuanto puesto ante sus ojos no podría sino provocarle un rechazo radical inapelable.

Pero, en segundo lugar, la historia no admite imparcialidades ni puntos intermedios. La historia es, por esencia, historia de la dominación; y el modelo de la dominación es la batalla; ésta, aunque sea pírrica, no tiene cantidad, sino tan sólo signo, esto es, carece de cualquier valor ajeno a la estricta alternativa de vencido o vencedor. En América, a despecho de todo el pataleo de los reventadores del siglo XVI, venció la dominación, venció la Historia y venció, por consiguiente, el mal. La actitud no admite ambivalencias, como las de quienes dicen «hubo de todo»; ni siquiera el rechazo puede ser relativo, tiene que ser radical. De poco vale que reconozcamos que, en efecto, «hubo de todo», que, por ejemplo Grijalva o Álvar Núñez Cabeza de Vaca se comportaron, al igual que otros muchos, como caballeros, que reconozcamos la santidad de Vasco de Quiroga, obispo de Michuacán, con la de cientos de hombres religiosos y sacrificados, llenos de la mejor voluntad; tal reconocimiento vale tan poco, a la hora de echar las cuentas con la historia, y en eso está precisamente el mal, como el reconocimiento paralelo, por parte de la facción apologética, de que hubo, sin duda, grandes abusos, «como es inevitable en toda gran empresa histórica». Ni en uno ni en otro caso lograrán superar su efectiva nulidad de particularidades empíricas o irrelevantes en el seno, prepotente y desdeñoso, de lo universal, que nos impone la triste disyuntiva, indeseablemente facciosa, del rechazo radical de la tragedia, o de su glorificación como efeméride digna de ser conmemorada.

Por lo demás, ¿adónde hemos llegado para que otra vez vengan a decirles a los españoles, con la misma engolada voz de antaño, cómo están hechos, o más bien cómo deben creer que están hechos, a qué estantiguas tienen que seguir dirigiendo sus plegarias, en qué fantasmas tiene que seguir cifrándose su orgullo? ¿Adónde hemos llegado para esta restauración de todo el horterismo patriótico orteguiano (ruborizantes ortegajos como el de «para lanzar la energía española a los cuatro vientos, para inundar el planeta, para crear un Imperio aun más amplio [...] y para ensayar otras muchas faenas de gran velamen» y no «para vivir juntos, para sentarse junto al fuego central, a la vera unos de otros; como viejas sibilantes en invierno» —de *España invertebrada*, cap. 4 «Tanto monta») en que el Imperio Español, no sólo vuelva a ser exonerado de toda sospecha crítica maligna, sino glorificado sin reservas, como epopeya de la Historia Universal, bajo las formas aun más bárbaras, más incultas, más actualizadamente regresivas y, en fin, de incalculablemente multiplicado poder y prepotencia, propias de la actual configuración publicitaria de la sedicente cultura «mediática» y aun del mundo mismo.

Toda conmemoración es, por naturaleza, apologética y, consiguientemente, no neutral, ni, mucho menos, crítica. Conmemorar una cosa comporta aprobarla y hasta glorificarla, y por añadidura que los conmemorantes se identifiquen con los conmemorados por una especie de mística vía transhistórica. Apenas la organización intentase introducir en ella un solo elemento crítico, el público sería el primero que lo rechazaría, argumentando, con entera lógica, que cómo se le invitaba a conmemorar festivamente sucesos que repugnan a la sensibilidad y a la moralidad —o hipocresía— actuales y vigentes y a identificarse de algún modo con autores de sucesos tales, a él, que mira con escándalo situaciones presentes bastante más benignas, como las que concurren en la Unión Sudafricana o en Israel.

Lo que no han acertado a percibir los promotores del indigno festival es que, una vez aceptada la opción estética de la *grandeza*, se abren de par en par, aun sin quererlo, las puertas a la peor literatura orteguiano-falangista, y a los más detestables ripios fascistoides del propio Antonio Machado, sobre «la España del cincel y de la maza / con esa eterna juventud que se hace / del pasado macizo de la raza». La celebración del Quinto Centenario reavivará todas las falacias de aquella retórica orteguiana del «proyecto sugestivo de vida en común», como —son sus palabras— «un proyecto incitador de voluntades, un mañana imaginario capaz de disciplinar el hoy y de orientarlo, a la manera en que el blanco atrae la flecha y tiende el arco», y en el que —sigo citando— «la vaga imagen de tales empresas es una palpitación de horizontes que funde temperamentos antagónicos en un bloque compacto». Pero ninguna de sus euforias estetizantes se vería tan desmentida por una somera lectura de las crónicas antiguas como la de que —vuelvo a citar literalmente— «en la colectividad guerrera quedan los hombres integralmente solidarizados por el honor y la fidelidad, dos normas sublimes». Si algo resalta escandalosamente en las crónicas de Indias es la extrema rareza del caso de dos conquistadores españoles, miembros, supongo, de una colectividad guerrera, que se llevasen bien, que no tuviesen inquinas y querellas entre sí, pues no puedo reconocer como amistades las frecuentes complicidades de interés frente a terceros. Resalta, por eso, como una excepción, la amistad afectuosa, confiada y perdurable que hubo entre Cortés y su capitán Sandoval o el emocionante recuerdo que Bernal Díaz del Castillo guarda de su amigo Cristóbal de Olea, de quien, en la crónica, tanto se preocupa de que no sea confundido con su semihomónimo Cristóbal de Olid —Olí, dice Bernal—, capitán degollado por rebelarse a Cortés. Y citaré, al respecto, el comentario que hace Fernández de Oviedo a propósito de una anécdota concreta: «Faltar un hermano a otro» —dice textualmente— «en tiempo de nesçessidad se ve pocas veçes, sino en aquestas partes, donde hay poca amistad entre los hombres». Es sorprendente que se siga encareciendo la conquista, donde, por faltar a toda virtud humana, hasta la lealtad de convivencia entre españoles se vio rebajada a sórdidas complicidades de truhanes. Es una lástima, pero incluso al respecto de las dos normas sublimes que Ortega atribuye a la colectividad guerrera, la epopeya española falla lamentablemente, y, a poco que se repasen las crónicas con un mínimo de exigencia y honradez, se verá cómo no puede proporcionar satisfacción alguna ni siquiera a los degustadores de la historia según la estética de la grandeza.

14. «*Ab ira tua*»

Estos degustadores de grandezas —acaso con la sola excepción del Hegel más genuino y radical— necesitarían, además, que hubiese, como en toda gran ópera wagneriana, cual la que ellos querrían que hubiese sido la del doblemente presunto Imperio Español, verdaderos protagonistas personales, sujetos libres, dueños de sí mismos, y auténticos autores de sus grandes hazañas, no meros agentes ejecutores, mandatarios o hasta puros posesos enajenados de su propio ser, como realmente fueron en uno u otro grado los conquistadores, instrumentos, en fin, de la Historia Universal.

Ira de Dios, azote de vesania y de martirio fue el desatado furor de dominación con que el huracán de la Historia Universal, reactivado por un descubrimiento que desbordó las conciencias de los descubridores tanto como dejó atónitas las de los indios, arrebató a los españoles en la conquista del imperio de ultramar, configurándolo desde el principio como una pura fábrica de sufrimientos y, como tal, renovado sin alivio, y a veces hasta agravado por un aumento de productividad, por el criollaje que se alzó con la herencia de los padres fundadores y que aún se cuida periódicamente de engrasarla aquí y allá como máquina de infelicidad y de injusticia, con arreglo al modelo de cuya construcción los inescrutables designios del Señor de los Ejércitos hicieron ejecutores a los españoles.

Fue uno de los menos simpáticos y más discutibles detractores de la imperial empresa quien, sin embargo, junto con Fernández de Oviedo (véase más arriba, parágrafo 6), más se aproximó a la intuición fundamental. Tiene razón Menéndez Pidal cuando lo acusa —como en su tiempo lo habían acusado algunos— de que su pretendido amor hacia los indios era mucho menor y menos evidente que su odio hacia los españoles.

El aborrecimiento por los españoles era, intuitivamente, aborrecimiento por la Historia Universal, supuesto que eran los españoles quienes, en su triunfante papel de ejecutores del furor de predominio, aparecían como la encarnación visible que ostentaba su representación. «Las Casas» —dice Menéndez Pidal— «quisiera[24] deshacer la historia universal, como quiere que se deshaga y vuelva atrás la historia indiana de España». Don Ramón se refiere aquí a la circunstancia de que Las Casas, sobre la falsilla de la aborrecida conquista hispana de Ultramar, no reparase en revolver sus iras contra el imperio Romano y el Alejandrino.

En efecto, Bartolomé de Las Casas estuvo a un

24. *Sic*, en lugar de «querría».

paso de que su intuición alcanzase el concepto que le correspondía, pero las concretas atrocidades de los españoles singulares fueron los árboles que no le dejaron ver el bosque, y éstos los particulares sujetos empíricos que retuvieron su intuición en los umbrales mismos del universal real: el principio de dominación en cuanto mal sin malos.

Mas no por eso sería justo dejar de hacerles el honor de aborrecerlos en imagen, tratándolos, así, como si hubiesen sido los sujetos libres, dueños de sí mismos, como los que, por quimérico que sea obstinarse en ello, habrían podido ser, precisamente con la intención póstuma, y aun en cierta manera paradójica, de redimirlos de no haberlo sido. Para Castilla del Oro, que, además del Darién y Panamá, incluyó hasta 1524 la posterior gobernación de Santa Marta y hasta 1532 la de Cartagena, Fernández de Oviedo estima, desde 1514 hasta 1542, una despoblación de dos millones de indios, entre matados por los españoles y deportados como esclavos, cifra indudablemente exagerada, como todas las que redondean en varios ceros, pero en modo alguno inverosímil para un lapso de 28 años. Sea como fuere, y a tenor de lo dicho más arriba, creo obligado citar uno de los párrafos finales de su relato de los hechos de Castilla del Oro, de los que ha sido durante no pocos años testigo de vista.

Después de enjuiciar, uno por uno, a los 45 capitanes que ha conocido allí, se detiene en los seis personajes principales: el gobernador Pedrarias Dávila, el obispo Juan de Quevedo, el alcalde mayor, licenciado Gaspar de Espinosa, y los tres cargos clásicos de la administración española: tesorero Alonso de la Puente, contador Diego Márquez y factor Juan de Tavira, para añadir después literalmente: «Pero no quiero ni soy de paresçer que se cargue toda la culpa a los seys ques dicho; ni tampoco absuelvo a los particulares soldados, que como verdaderos manigoldos o buchines o verdugos o sayones o ministros de Satanás, más enconadas espadas e armas han usado que son los dientes e ánimos de los tigres e lobos, con diferenciadas e innumerables e crueles muertes que han perpetrado tan incontables como las estrellas...».

Nota 1

El escrúpulo de Cortés contrasta fuertemente con el expeditivo formalismo jurídico y aun formulismo *ex opere operato* con que el requerimiento fue aplicado las primeras veces, o sea, a raíz de la gran expedición de Pedrarias Dávila en 1514 al rincón suroeste del Caribe, con la gobernación de Castilla del Oro —que entonces comprendía las demarcaciones de Santa Marta, Cartagena, el golfo de Urabá con el Darién y todo el istmo, desde el que Balboa había avistado la Mar del Sur y en cuya orilla Pedrarias fundaría muy pronto Panamá—, siendo a veces el propio Fernández de Oviedo el encargado de leerlo, en la versión literal redactada por el doctor Juan López de Palacios Rubios, sin preocuparse de la comprensión ni de la presencia ni aun de la mera distancia auditiva de los indios a quienes iba supuestamente dirigido, o sea como un mero trámite a evacuar para salvar la responsabilidad jurídico-moral de los españoles ante sí mismos, legitimando la opción de romper combate contra los indígenas. Tan clamoroso era el vacío formulismo de tal ficción jurídica —capaz no obstante, de franquearles el umbral de la legitimidad para el uso de las armas— que los propios fautores no podían por menos de tomarlo a risa; así el mismo Fernández de Oviedo lo referirá en su Historia (libro X, capítulo VII, páginas 31-32 del tomo III de la edición de Amador de los Ríos, Madrid, 1851-1855), con ocasión de un *recuentro* —en el que no dejaron de tener los perros su papel— donde el autor y personaje se representa bromeando con Pedrarias: «... en presençia de todos yo le dixe: "Señor, paresçeme questos indios no quieren escuchar la theología deste Requirimiento, ni vos teneis quien se la dé a entender; mande vuesa merçed guardalle, hasta que tengamos algún indio destos en una jaula, para que despacio lo aprehenda, o el señor obispo se lo dé a entender"...», para comentar, poco más abajo, en el mismo pasaje: «Yo pregunté después, el año de mill e quinientos e diez y seys, al dotor Palacios Rubios, porqué él avía ordenado aquel Requirimiento, si quedaba satisfecha la consçiençia de los chripstianos [..] e dixome que sí, si se hiçiesse como el Requirimiento lo dice. Mas paresçeme que se reía muchas veces, quando yo le contaba lo desta jornada y otras que algunos capitanes después avían hecho. Y mucho más me pudiera yo reir dél e de sus letras [...] si penssaba que lo que diçe aquel Requirimiento lo avían de entender los indios, sin discurso de años e tiempo [...]. Adelante se dirá el tiempo que los capitanes les daban, atando los indios después de salteados, y en tanto leyéndoles toda aquella capitulación del Requirimiento ...».

Nada de esto encontramos en el relato de Cortés, sino por el contrario la más cuidadosa diligencia por asegurarse de que la traducción sea hecha con el mayor y más paciente esmero hasta alcanzar suficiente convicción de que el catecúmeno se ha enterado de todo, siempre, naturalmente, en la discutible medida en que Cortés pudiese reputar satisfactoria. Pero aunque, a tenor de su relato, la idea siga siendo la de observancia del trámite del requirimiento, no se recurre ya, en absoluto, al texto oficial de Palacios Rubios, sino a una improvisación que Hernán Cortés, como hombre instruido, sabe hacer lo suficientemente elaborada, circunstanciada y circunspecta, salvo que con la asombrosa novedad respecto del texto de Palacios Rubios de puentear olímpicamente al Pontífice, pasando —en la sucesión jerárquica de las subrogaciones— directamente de Dios al Emperador y del Emperador a él, sin hacer la más mínima mención del Vicario de Cristo en la tierra, mención que, en cambio, en la versión oficial de Palacios Rubios no puede ser más extensa y más explícita:

> «De todas estas gentes Dios Nuestro Señor dio cargo a uno que fue llamado San Pedro, para que de todos los hombres del mundo fuese señor y superior, a quien todos obedeciesen, y fuese cabeza de todo el linaje humano, dondequiera que los hombres viviesen y estuviesen, y en cualquier ley, secta o creencia, y diole a todo el mundo por su señorío y jurisdicción. Y como quiera que le mandó que pusiese su silla en Roma, como en lugar más aparejado para regir el mundo, mas también le permitió que pudiese estar y poner su silla en cualquier otra parte del mundo y juzgar y gobernar todas las gentes: cristianos, moros, judíos, gentiles y de cualquier otra secta o creencia que fuesen. A éste llamaron Papa, que quiere decir admirable mayor padre y guardador, porque es padre y gobernador de todos los hombres. A este San Pedro obedecieron, y tomaron posesión Rey y superior del universo los que en aquel tiempo vivían; y asimismo han tenido a todos los otros que después de él fueron al Pontificado elegidos; así se ha continuado hasta ahora y se continuará hasta que el mundo se acabe. Uno de los Pontífices pasados que en lugar de éste sucedió en aquella silla e dignidad que he dicho, como señor del mundo, hizo donación de estas islas y tierra firme del mar Océano a los Católicos Reyes de Es-

paña, que entonces eran Don Fernando y Doña Isabel, de gloriosa memoria,[1] y sus sucesores en estos reinos, nuestros señores ...»;

ante lo cual uno se pregunta: ¿pues qué ha pasado aquí? Lo que ha pasado es simplemente que en el ínterin de 1514 a 1526, ha muerto el Rey Fernando de Aragón, consorte de Castilla, pero aún influyente, pese a los recelos de los nobles castellanos, y con la inefable escena de las *palmadillas* al duque de Nájera en la entrevista de Benavente del 1 de junio de 1506,[2] sobre todo después de la muerte, en septiembre del mismo año, de su yerno el Rey Don

---

1. Esta versión es, evidentemente, la de una copia reajustada después de la muerte de Fernando V, sin que haya razón para pensar que, en todo lo demás, no siga siendo el texto literal originario del doctor López de Palacios Rubios. (A menos que «de gloriosa memoria» se refiera solamente a Doña Isabel, pero quedando, en tal caso, algo confuso.)

2. «E antes que allí llegasen, desque fueron desembarcados, había habido contienda entre marido y mujer sobre regir y mandar los Reynos: que la Reyna y sus parientes, y quien bien la quería, querían que mandase y firmase juntamente con el Rey, ansí como hacía la Reyna Doña Isabel, de gloriosa memoria, con el Rey Don Fernando, su padre, y el Rey Don Phelipe, y los de su consejo, y los que mucho se adelantaron á lo recibir, parece que consintieron en aquel Consejo que la Reyna no firmase, ó viendo el Rey en aquella opinión, de la qual le debieran quitar, no lo quisieron contradecir. [...] y esto se vino á purificar y acabar en Benavente, y quedó que la Reyna Doña Juana no entendiese ni firmase en los negocios del regir, salvo el Rey tan solamente, puesto caso que los Reynos eran de la Reyna, é de su Patrimonio, é no del Rey Don Phelipe; é ansí se fizo ese poco de tiempo que el Rey Don Phelipe vivió de donde no poca turbación y enojo a la Reyna se siguió; y el Rey Don Phelipe proveyó que en ninguna manera la Reyna no viese a su padre, aunque viniese á su Corte, é ansí se fizo, é tuvo que nunca se lo dejaron ver; y el Rey Don Fernando estaba en Toro, mientras el Rey Don Phelipe en Benavente, é dende antes de se ver fueron é vinieron los Embaxadores é mediantes del un Rey a otro; porque el Rey Don Fernando demandaba la mitad de lo ganado é de lo que por justicia era suyo, é lo que la Reyna su muger le había mandado en su testamento, é lo que por Bulas del Santo Padre le era concedido por su vida, é los Maestrazgos, y

Felipe;[3] ha venido —de derecho con éste, pero de hecho sólo con su hijo— La Casa de Austria: «Cielo del águila bicéfala, / nubarrones llegan del norte ...», que

---

que se quedasen en buen hora con sus Reynos; y en fin, los Consejos del un Rey y otro se juntaron con compromisos de ambos Reyes; é vistas las divisiones é justicias que cada uno tenia, é lo que demandaba, ficieron la partición en esta manera: que el Rey Don Fernando oviese por suyo de lo acrecentado, el reyno de Nápoles, é la Reyna su fija el reyno de Granada, tal por tal. [...] quedó más que por todos los días de su vida el Rey Don Fernando llevase la mitad de las rentas de los Reynos de las Indias, de oro, perlas é esclavos, é otras cualesquiera cosas que rentasen; quedó más, que el Rey Don Fernando haya y tenga por los días de su vida en las Alcabalas de Castilla, diez cuentos de maravedís. E esto fecho y sentenciado por los del Consejo del un Rey y del otro, arbitros para ello elegidos, mandaron y sentenciaron que Rey Don Fernando saliese luego de Castilla, y la dejase libre y desembarazada al Rey Don Phelipe, e se fuese a sus Reynos de Aragón. Luego ambos Reyes consintieron la sentencia e estuvieron por ella, e el Rey Don Fernando se movió de Toro, e se fué a Benavente, e se vido y abrazó con el Rey Don Phelipe, é de allí se despidió de él é de los caballeros de Castilla que allí estaban, y abrazó al Duque de Nájera, al Conde de Benavente, é á otros en la partida cuando se despidió del Rey Don Phelipe, los quales algunos de ellos estaban armados de corazas debajo de los sayos, y el Rey motejándolo dijo al Duque de Nájera: Duque, Dios os dé paz, no solíades vos ser tan gordo; y otro tanto dijo al Conde de Benavente, y á otros á lo semejante, dándoles palmadillas en las espaldas; y allí en presencia de muchos Grandes echó la bendición á todos, é les encomendó que fuesen leales á su Rey, é se quitó de la cabeza un sombrero é el bonete, é quedando en cabello se humilló a todos, é se despidió é volvió las riendas á un caballo en que estaba, é se fué é partió de Benavente, é con él el Condestable su yerno, é el Duque de Alva su primo, é el Conde de Cifuentes é otros Caballeros é Prelados que lo amaban, é nunca de él se habían partido; é tomó su muger consigo, é su casa é familia, é no paró de reposo hasta que se entró en sus Reynos de Aragón...». (Andrés Bernáldez, *Historia de los Reyes Católicos Don Fernando y Doña Isabel*, cap. CCV). La jocunda malicia del Cura de Los Palacios reluce como nunca en el episodio del comentario del Rey al duque de Nájera, bajo cuyas ropas se veía abultar el coselete que lo hacía parecer «tan gordo» y de las «palmadillas» con que el Rey lo hizo resonar, «bon-bon», a lata hueca.

3. «Luego como el Rey Don Phelipe murió, fué muy grande el alboroto sin necesidad en algunos caballeros de Castilla, en aquellos donde el reposo y amor al padre ni á la hija no moraba, en

escribiría don Miguel de Unamuno; y en 1519, finalmente, ¡El Imperio! Sumándose a todos los privilegios pontificios otorgados a Fernando e Isabel, por Inocencio VIII para Granada y las Islas Canarias, por Alejandro VI y Julio II para América, León X, al conceder a Carlos el derecho a intervenir en la delimitación de las diócesis americanas, traspasa ya los límites del mero «patronato», para anticiparse a lo que más tarde se designaría como *regalismo* o *galicanismo*; coronada tal cima de atribuciones en el campo de la Religión, el añadido de la condición de Emperador no podría sino resucitar la doctrina de los dos poderes: El Pontificado y El Imperio, ambos, recuérdese bien, poderes divinos, aunque uno espiritual y el otro secular. El Emperador, y de modo especial en los dominios afectos a su patronato, y por ende aun más singularmente en los de ultramar, era ya directamente, sin pasar por el Pontífice, el Virrey de Dios, o como se decía literalmente «Vice-Dios».

Así, mucho antes de llegar al movimiento galicano o regalista de los Borbones franceses y españoles y sin necesidad de un cisma como el que dio a

---

algunos que pensaron que ya era la consumación del mundo, é que era vuelto el tiempo del Rey Don Enrique próximo, y de su fortuna, que el que más podía más tomaba, é cada uno era Rey de su tierra, é de lo que podía tomar de la Corona Real sin querer conocer Rey ni superior, y muy bien se señalaron los mancillados de este deseo por sus obras, *quia ex abundantia cordis os loquitur*; aunque algunos echaban la piedra y escondían la mano. Más Nuestro Señor en cuyas manos *sunt omnia jura Regnorum* y sabe los pensamientos y deseos de los corazones de los hombres y las aficiones injustas, no dió lugar á que, ni en poco ni en mucho, el propósito de aquellos se cumpliese, por constancia é clareza de los buenos, é lealtad é amor que mostraron á el padre é á la fija, é por inmovilidad que puso sobre los corazones de todos las Comunidades de Castilla y Andalucía, que todos decian "viva la Reyna Doña Juana y el Rey Don Fernando que él volverá"; é ni una almena de los realengos hizo vileza, nin consejo nin Comunidad fué escandalizado ni alborotado contra la corona Real, lo qual mas pareció por divino misterio que por humano reposo, según el aparejo había». (Andrés Bernáldez, *ibídem*, cap, CCVII).

luz a la Iglesia Anglicana, el Vice-Dios español hacía y deshacía en lo religioso casi tanto como en lo civil, aunque la concepción ideológica, o simplemente retórica, se arrimase más a los precedentes medievales, esto es, a las representaciones gibelinas de un Dante Alighieri. Todavía el doctor Solórzano Pereyra, ya casi a mediados del siglo XVII, escribe: «Y con añadir, que en fuerza de todo lo referido, hablando específicamente de la conquista de los Indios, de que tratamos, aunque hay algunos Hereges, que escriben de ella libre, y atrevidamente; y otros Católicos, que no tienen por muy subsistente la concesión pontificia; la contraria opinión tiene por sí otros, que son muchos más en número, y autoridad, que la fundan en razones muy eficaces. / Y parece, que ponerla en duda, *es querer dudar de la grandeza y potestad del que reconocemos por Vice-Dios en la tierra* [subrayado mío].[4] Y decir, que la Iglesia ha errado en tantas concesiones, como en varios siglos ha hecho, semejantes a la que Alejandro VI hizo a los Reyes Católicos, y aun por causas menos justas y urgentes». (*Política Indiana*, libro I, capítulo X, números 18 y 19). Tal era, pues, el principio por el que Cortés, en su requirimiento se permitió puentear al Pontífice, saltando directamente de Dios al Emperador y del Emperador a él.

Nota 2

Cuando se pone en marcha un puro engendro vacuo, retórico, rimbombante, publicitario, dispendio-

4. Si en este pasaje cabe la ambigüedad de que la referencia de «Vice-Dios» pueda remitirse lo mismo al rey que al papa, inequívoca es la concepción del rey como «Vicario de Dios» en el n.º 26 del capítulo II del libro IV de la misma obra, tal como se citará en el APÉNDICE III de este ensayo. Por lo demás, lo usual para el Pontífice es «Vicario de Cristo» y no «Vice-Dios».

so, profundamente inculto y corruptor, como este malhadado invento de la celebración del Quinto Centenario, no tiene nada de extraño que afloren las susceptibilidades más gratuitas, vacías y comineras, precisamente a tenor de aquel refrán que dice: «Cuando el diablo no tiene qué hacer, con el rabo mata moscas». De esta naturaleza es la querella suscitada a propósito de la palabra «Descubrimiento». Primero los criollos de las repúblicas hispanoparlantes de Ultramar y enseguida los propios metropolitanos de aquende-Atlántico se han puesto a protestar de esta palabra, con la tontería de que es impropia, porque, según ellos, da a entender que fueron sólo los europeos los que descubrieron a los indios y no también los indios a los europeos. La objeción lingüística de que un descubrimiento también puede ser mutuo no se defiende demasiado bien, porque es muy fuerte la presión semántica con que «descubrimiento», por derivar de un verbo transitivo, «descubrir», hace pensar en un descubridor y un descubierto. Pero el caso es que precisamente esa transitividad concuerda con las notas y el aspecto sensible de lo denotado: siempre hemos dicho y oído el verbo «descubrir» *bajo el entendimiento* —por decirlo en palabras cervantinas— de que son las naves las que descubren a las islas y no las islas a las naves. «Descubrir» o, mejor dicho, «descobrir» se usó en el siglo XV, y probablemente en las propias Capitulaciones de Santa Fe, en este sentido físico y sensible totalmente inocente; cientos de veces me parece haber leído «las islas descubiertas e por descobrir».[5] Desde las islas lo más que puede hacerse es «avistar» los barcos, nunca «descubrirlos», o sería

5. El primer documento en que, por lo que yo haya podido averiguar, aparece tal expresión es la «Capitulación de las Alcáçovas» entre los Reyes Católicos y Alfonso V de Portugal en 1479: «e qualesquier otras islas, costas, tierras, descubiertas e por descobrir, falladas e por fallar».

una manera no ininteligible pero sí, por lo menos, algo impropia o pintoresca de expresarse. Así que la palabra «descubrimiento» surgió, en principio, en este inocente sentido físico y sensible de la relación de un barco con una isla o una costa todavía desconocida para una determinada comunidad geográfica que compartía un conjunto de mapas y de cartas marineras, por muy celosos que pudiesen mostrarse en ocasiones navegantes rivales los unos con los otros en cuanto a intercambiar determinadas cartas concernientes a los siempre inciertos y contenciosos espacios liminares del mundo conocido.

Pero si a despecho de esta originaria ingenuidad de la palabra y sin andar mirando en la inutilidad del gasto que supone renovar una pura fachada por el caprichoso antojo de reinterpretarla atribuyéndole una agresividad o prepotencia que nunca tuvo ni pretendió tener, extrapolándola de la simple relación física y sensible de las naves con las islas, para cargarla a posteriori con una artificiosa intencionalidad malevolente, que es lo que hacen los que la denuncian e incriminan de «eurocéntrica», por cuanto ensalzaría a los europeos con el papel activo y arrogante de descubridores, al tiempo que rebajaría a los ultramarinos con el pasivo y desairado de meros descubiertos, entonces, si es que se acepta la cosa en estos términos, lo que hay que responder es que, en efecto, por suerte o por desgracia —y más bien por desgracia, una vez visto como han ido las cosas— así fue exactamente: lo eurocéntrico no está en la palabra; eurocéntricos fueron los acontecimientos, eurocéntrica, pavorosa, arrolladora y tenebrosamente eurocéntrica fue toda la empresa y siguió siéndolo la Historia Universal reinaugurada por el Descubrimiento de Colón. Si la querella se pone en estos términos, reinterpretando la palabra hasta prenderle fuego, entonces ya no es simplemente que no haya motivos suficientes para sustituirla; es que abundan razones para conservarla. ¿O es que repintar ahora la fachada va a renovar, como por un ensalmo, las horrendas entrañas de la casa entera? Si queremos reinterpretar «descubrimiento» como un término eurocéntrico, no hacemos más que encender en él una veracidad que originariamente no aspiró a tener; pues, en efecto, si como se pretende, «Descubrimiento» dice que hubo un europeo descubridor y un indio descubierto, no expresa sino la inauguración de todo un reparto de papeles, en que los *partenaires* jamás se intercambiaron el papel: el agente fue siempre el mismo personaje y el paciente, a su vez, fue siempre el otro.

Así como hubo un descubridor y un descubierto, hubo un conquistador y un conquistado,[6] un invasor y un invadido, un matador y un matado, un depredador y un despojado, un aperreador y un aperreado, un dominador y un dominado, un opresor y un oprimido, un violador y un violado, un explotador y un explotado, un legislador y un legislado, un destructor y un destruido, un protector y un protegido, un compadecedor y un compadecido y, aún hoy, un indigenista y un indígena; y, a lo largo de todo este reparto de papeles, que se inaugura con el de un descubridor y un descubierto, el agente fue siempre el europeo, y el paciente, a su vez, fue siempre el indio. ¿Conque «descubrimiento» suena mal por «eurocéntrico»? ¿No será la verdad, la historia, lo que suena y hasta hiede horrendamente mal? Así que si os empeñáis en que la palabra «Descubrimiento» sea eurocéntrica, con tanto mayor motivo tendréis que conservarla, puesto que no habréis hecho más que cargarla de una veracidad que se extiende a todo lo largo del contexto sucesivo.

6. Y no hay que olvidar que Colón no sólo fue el primer descubridor sino también, con sus siniestros hermanos, el primer conquistador.

Nota 3

Que la «grandeza» es una noción inequívocamente estética y en el peor sentido, o sea, el retórico, de lo estético, lo prueba su fraternal compatibilidad con la noción que, en principio, parece que debería ser su contraria. Así, los que se exaltan y emocionan al decir: «¡La Humanidad con sus grandezas y miserias!» (nunca, dicho sea de paso, hubo especie animal, vegetal ni mineral que se admirase y alabase tanto a sí misma como la especie humana, a menos que incluyamos la divina, al cabo mera proyección eterna y celestial del hombre mismo, que de este modo salva en el invento su irreprimible y compulsiva neurosis laudatoria, hurtando, en el fetiche de Dios —aun bajo el nombre falsamente laico de «Historia Universal»—, la propia categoría de lo laudable a los feroces y sangrientos asaltos de la duda) se están valiendo de un recurso tan barato y deleznable como archiconocido, y con arreglo al cual saben muy bien que, en clave de retórica, la compañía de las «miserias» no disminuye en nada las «grandezas», sino que, por el contrario, no hace sino resaltarlas y subirlas; es el viejo artificio retórico del gradiente de contraste, del *claroscuro*, tal como se lo designó en la preceptiva o la crítica pictórica, y el más facilón de los recursos, consistente en recargar las sombras, para hacer más vívidas las luces, pero siendo siempre las sombras las funcionalmente subordinadas —y por ende, anuladas en sí mismas— al servicio y a mayor gloria de las luces. Un personaje del *Decamerón* supo enunciarlo con sencillo acierto: *Infra molte bianche colombe agginge piu di bellezza un nero corvo che non faccia un cándido cigno.* («En un grupo de blancas palomas aporta más belleza un negro cuervo de cuanto aporte un cándido cisne».)

Nota 4

Parece ser que no hay precedente del uso de perros por parte de españoles, ni siquiera en luchas contra infieles, antes de emplearlos en todo tiempo y lugar y con tal abundancia contra los indios de América. Como una prueba, no definitiva, pero sí de bastante peso, está el hecho de que no fueran usados en la Guerra de Granada (1481-1492) —ni contra las revueltas posteriores del Albaicín, Güéjar, Lanjarón, Andarax (1500), Sierra Bermeja (1501), etcétera—, guerra contra infieles e inmediatamente anterior al Descubrimiento y la Conquista. Para demostrar esto último, hay que dar un rodeo por la documentación concerniente a don Antonio de Mendoza, primer virrey de Nueva España, cargo del que tomó posesión a finales de 1535. Este virrey era hijo segundo de don Íñigo López de Mendoza, II conde de Tendilla y I marqués de Mondéjar, que tuvo parte, aunque no preponderante (ya que, si no recuerdo mal, los protagonistas principales fueron el marqués de Cádiz y el Señor de Aguilar, hermano mayor del futuro Gran Capitán) y sólo hacia el final, en la conquista de Granada, si bien después se le dio el cargo de alcayde de la Alhambra y capitán general del nuevo reino y, como tal, tuvo el mando supremo en las campañas de represión (o «pacificación», si se prefiere) contra los recientes súbditos sublevados.[7] Su hijo Antonio nació en Alcalá la Real, o sea ya en el propio Reino de Granada, y en 1490, dos años antes, por tanto, de que terminase la guerra de conquista. Se crió, pues, en la propia Granada y, curiosamente, tuvo por preceptor al humanista Pedro Mártir de Anglería, que su padre se había traído de Italia en 1487 y que fue uno de los primeros historiadores del Descubrimiento y la Conquista de las Indias, amén de inventor, en el

7. Véase APÉNDICE III.

título latino de una de sus obras *(De orbe nouo)*, de la desventurada expresión «Nuevo Mundo». Pero vengamos a nuestro asunto. En 1543, cuando don Antonio de Mendoza llevaba ya ocho años de virrey de Nueva España, a causa de determinadas quejas (quejas de mala fe, según los defensores de Mendoza, incoadas por la presunta malquerencia de sus enemigos, al frente de los cuales ponían al propio Hernán Cortés, entonces ya marqués del Valle y aposentado en su encomienda, o más bien feudo, de Cuernavaca —que comprendía en 1536 hasta 13 corregimientos—), las autoridades metropolitanas decidieron hacer una investigación sobre la conducta del virrey, o sea la célebre «Visita secreta de Tello de Sandoval». Así, el 21 de junio de 1546, Sandoval presentaba el resultado de sus pesquisas, concretado en una lista de 44 cargos contra Antonio de Mendoza. El famoso cargo número 38 dice así:

> Ítem. Que después de haber tomado el peñol de Mizton, en su presencia y por su mano[8] se mataron muchos indios de los que se tomaron del peñol, a unos poniéndolos en rengle y tirándoles con tiro de artillería que los hacían pedazos, y a otros aperreándolos con perros, y a otros entregándolos a negros para que los matasen, los cuales los mataban a cuchilladas, y a otros ahorcaron. Y asimismo en otras partes se aperrearon indios en su presencia.

La colección de documentos de Lewis Hanke (*Biblioteca de autores españoles*, tomo CCLXXIII, Madrid, 1976), de la que he transcrito el cargo que acabo de citar, recoge, de los documentos emitidos por la parte de Mendoza en sus actuaciones de defensa contra el visitador, solamente el «Interrogatorio preparado por Mendoza para la visita que se le hizo», según lo

8. *Sic* en la colección de Hanke (B.A.E. tomo CCLXXIII, pág. 118), pero debe de ser errata por «mando».

intitula Hanke, de fecha 8 de enero de 1547, pero no los descargos del virrey (documento del que, sin embargo, da en el apéndice la referencia: Archivo General de Indias, Justicia 259, folios 28-73v.); de este «interrogatorio», los números que afectan al cargo 38, son los siguientes:

> 187. Ítem, si saben, etc., que si en la pacificación de los indios y seguimiento de ello se hizo justicia de algunos indios de los rebelados, dándose nuevo género de muerte, fue necesario porque sonase el castigo, teniendo respeto a que cuando los ahorcaban lo tenían en tan poco, que ellos mismos se subían a la escalera y se echaban el lazo y tentaban si estaba firme el palo de que se habían de colgar, y ellos mismos se arrojaban y colgaban. Digan lo que saben, etc.

> 188. Ítem, si saben, etc., que la justicia que se hizo de dichos indios después de ganado el peñol del Miston, convino hacerse por los grandes delitos que dichos indios habían hecho contra Dios Nuestro Señor, siendo bautizados e industriados en las cosas de la fe, y por los estragos y muertes que habían hecho en los religiosos y españoles e indios amigos. Porque fuese castigo y ejemplo para lo de adelante y los indios que así se justiciaron fueron pocos y de los más perjudiciales y dañosos en dicho levantamiento y guerra. Digan lo que saben.

Lo que interesa en estos dos números del interrogatorio es la justificación de la vesania de los procedimientos empleados mediante el argumento de que, en vista de la indiferencia y hasta la colaboración con el verdugo con que los indios arrostraban el morir ahorcados, el «nuevo género de muerte» denunciado en el cargo 38 de Tello de Sandoval «fue necesario porque sonase el castigo» y, según el número 188, «porque fuese castigo y ejemplo para lo de adelante». Pero como el virrey, conocedor sin duda de las formas del derecho, tenía forzosamente que saber que la justificación *en nombre de la eficacia del escarmiento* de haber introducido tan truculentas innovaciones en los procedimientos de ejecución no podía ser, en modo alguno, una respuesta jurídicamente admisible, únicamente los descargos nos sacarán de dudas sobre el caso, deshaciendo el equívoco y disipando nuestra perplejidad. Tan sólo en la ya clásica biografía de don Antonio de Mendoza escrita por el profesor norteamericano Arthur Scott Aiton (*Antonio de Mendoza, First Viceroy of New Spain*, Duke University Press, Duham, North Carolina, 1927) he podido encontrar,[9] en nota a pie de página (página 158), citadas en castellano, las frases pertinentes al asunto entresacadas de los descargos del virrey. Así a la cuestión en torno a la extremadamente problemática juridicidad de la apelación a la mayor eficacia del escarmiento «para lo de adelante», esto es, «para en adelante» —lo que implica una función preventiva de nuevas rebeliones en la opción— el descargo del virrey consiste en sacar simplemente de los términos de la justicia las vesánicas ejecuciones perpetradas —que, por lo mismo, dejarían de ser «ejecuciones» propiamente dichas—, diciendo que ha procedido «como se haze en españa con los erejes e ynfieles que la gente los acuchillan e matan en el camino *sin que sea a cargo de la justicia*» [subrayado mío]. Y más adelante insiste en la intención puramente instrumental de los terroríficos procedimientos adoptados, o sea en su estricta funcionalidad técnica, por remitirnos a la noción de «tecnicidad» de Schmitt (véase APÉNDICE II): «el aperrear algunos yndios de los más culpados y ponellos a tiro convino hazerse para escarmiento y más temor de los yndios [...] la muerte en la horca ellos se la

9. Lamento que por mi total inexperiencia como investigador, me sea imposible citarlos directamente del A.G.I., de donde Lewis Hanke da la arriba citada referencia.

davan de su propia voluntad en estas partes [...] y en el rreyno de granada [él lo sabe muy bien, por el recuerdo de su propia infancia] se acostumbra a cañaverear y apedrear [ojo: *apedrear*, con el sentido de «lapidar», que es matar a pedradas, no *aperrear*, que es hacer morir destrozado entre los dientes de los perros] muchos moros de los que an rrenegado nuestra santa fe». No cabe duda de que si hubiese habido aperreamientos en la Conquista de Granada y en las ulteriores campañas contra los moros sublevados en las que el propio padre de Mendoza fue capitán general, Don Antonio, en sus descargos, habría mencionado el aperreamiento de moros en primerísimo lugar, y no dos maneras de matar, como el acañavereamiento[10] (una suerte de muerte tormentosa mediante cañas que no he conseguido averiguar concretamente cómo se aplicaba) y la lapidación, de las que no tengo noticia de que llegaran a usarse en Ultramar. El que el aperreamiento no se emplease en Granada no debe necesariamente hacer pensar en una mayor nobleza o menor crueldad de aquellas guerras, pues basta recordar que también los moros conocían el perro y lo criaban, y como «donde las dan las toman» a ninguna de las dos partes le convenía empezar; mientras que los indios ni tenían perros ni los conocieron hasta el segundo viaje de Colón.[11] Así pues, a no otros que a los Colones es a quienes se debe honrar por el sanguinario mérito

10. De la crónica de los Reyes Católicos de Hernando del Pulgar es de donde recordaba yo un caso de acañavereamiento, que ahora he vuelto a localizar: «Después que la ciudad (Málaga) fue entregada, el Rey mandó acañaverear doce christianos que se tomaron dentro de la cibdad, los que se pasaron a los moros e les informaban de las cosas del real». (Parte tercera, capítulo XCIII).

11. Parece que sólo el pequeño grupo de los indios *tiubus* consiguió hacerse muy temprano con una jauría propia, a partir, según se cree, de una perra preñada que se le perdió a Caboto en el Río de la Plata por los años 1525-1530.

de haber introducido en las Indias tan siniestra novedad.[12]

Nota 5

Parece ser que el dueño de este famoso perro *Beçerrillo* o *Beçerrico*, como también lo llama Oviedo, fue un Diego de Salazar, de quien el propio Oviedo nos cuenta lo siguiente (libro XVI, capítulo VI de su *Historia general y natural de las Indias*):

> «Viendo pues Johan Ponçe de León, que gobernaba la isla [la isla de Boriquén o Sanct Johan de Puerto Rico, actual Puerto Rico], lo que este hidalgo avía hecho en estas dos cosas tan señaladas que he dicho, le hizo capitán entre los otros chripstanos e hidalgos que debaxo de su gobernaçión militaban, y otros fueron mudados; e aunque después ovo mudança de gobernadores, siempre Diego de Salaçar fue capitán e tuvo cargo de gente hasta que murió del mal de las buas [así llamaban entonces a la sífilis]. E aunque estaba muy doliente lo llevaban con toda su enfermedad en el campo, e dó quiera que yban a pelear contra los indios; porque de hecho penssaban los indios que ni los chripstianos podían ser vençidos ni ellos vençer donde el capitán Diego de Salaçar se hallase, e lo primero que se informaban con toda diligençia era saber si yba con los chripstianos este capitán. En la verdad fue persona, segund lo que a testigos fidedignos y de vista yo he oydo, para le tener en mucho; porque demás de ser hombre de grandes fuerças y esfuerço, era en sus cosas muy comedido e bien criado e para

12. Hernando Colón, *Historia del Almirante*, capítulo LXI: «... a 24 de Marzo de 1495 salió [el Almirante] de la Isabela dispuesto para la guerra [...] y sólo llevaba consigo [...] doscientos cristianos, veinte caballos y otros tantos perros lebreles [...] dieron los caballos por una parte y los lebreles por otra, y todos siguiendo y matando, hicieron tal estrago que en breve fue Dios servido tuviesen los nuestros tal victoria...».

ser estimado dó quiera que hombres oviesse, e todos le loaban de muy devoto de Nuestra Señora. Murió después de aquel trabajoso mal que he dicho, haciendo una señalada e paçiente penitençia, segund de todo esto fuy informado en parte del mesmo Johan Ponçe de León y de Pero López Angulo y de otros caballeros e hidalgos que se hallaron presentes en la isla, en la mesma saçon que estas cosas passaron, y aun les cupo parte destos e otros muchos trabajos».

Nota 6

Este es uno de los puntos en que hay más divergencia entre las leyes y los hechos. Según la nota marginal a la ley II del título I del libro VI de la *Recopilación de las leyes de los reynos de las Indias* (Editada por Julián de Paredes, Madrid, 1681 —aunque la aprobación del rey, y, por tanto, su fecha de vigencia sea del 4 de mayo de 1680, por lo que comúnmente se la designa como «Recopilación de 1680»), folio 180, recto y verso, el *connubium* (o sea, la nupciabilidad bilateral: varón de A o B con mujer de B o A) entre indios y españoles fue ya autorizado por Fernando V en 1514 y refrendado —tal vez porque entretanto se hubiese interpuesto alguna revisión al respecto— por Felipe II en 1556, al cual quizá se debe la explicitación de la bilateralidad específica del *connubium*: «... Y mandamos que ninguna orden nuestra [esto es, del Rey de España en general, no del propio Felipe II en particular, que precisamente empezaba a reinar ese año mismo], que se huviere dado, o por Nos fuere dada, pueda impedir, ni impida el matrimonio *entre los Indios e las Indias con Españoles o Españolas* [subrayado mío] ...». Parece muy probable que tan escrupulosa explicitación responda a una preocupación por las circunstancias sociales que se daban de hecho. Aparte de la mera violación ocasional como práctica general de toda soldadesca, la primera forma de convivencia más o menos estable entre varones españoles y mujeres indias fue la de amancebamiento o *barraganía*, que en cierto modo restauraba como mera fórmula consuetudinaria algo que había tenido reconocimiento legal en la Baja Edad Media: el *concubinato*, forma popular de unión conyugal jurídicamente reglamentada (semejante tal vez al *usus*, que, con la *emptio* y la *confarreatio*, forma la terna de las formas del matrimonio romano), pero que, por no ser indisoluble, o sea, por admitir legalmente el divorcio, no fue del gusto de Isabel la Católica, que hizo obligatorio el matrimonio religioso para todas las clases sociales. Con todo, en América, la barraganía fue la forma de convivencia dominante entre indias y españoles, sin que fuese ocasión de desdoro social para éstos, mientras que, a despecho de la temprana aceptación por las leyes, todos los autores se muestran contestes en que el matrimonio entre varón español y mujer india era, salvo excepciones, socialmente vergonzoso. Baste para ello citar a Solórzano Pereyra (*Política indiana*, Madrid, 1647), quien al hablar de los mestizos, dice: «Pero porque lo más ordinario es, que nacen de adulterio o de otros ilícitos, y punibles ayuntamientos, *porque pocos Españoles de honra hay* [y esto, nótese bien, todavía siglo y medio después del Descubrimiento], *que casen con Indias o Negras* [subrayado mío], el qual defecto de los natales [supongo que quiere decir de los *nacidos* de semejantes uniones ilícitas] les hace infames, por lo menos *infamia facti* ...» (libro II, capítulo XXX, número 21). Si esto era así para las uniones de varón español con mujer india, ya podemos suponer lo que sería para lo inverso. De hecho, el propio Solórzano, en el número uno del mismo capítulo y libro, lo tiene tan poco en cuenta que, a diferencia de las leyes, ni tan siquiera le viene a las mientes la posibilidad del caso: «Declarado ya lo perteneciente al estado, y condición de los indios, quiero rematar este libro, diciendo algo de los que nacen en las Indias de Padres Españoles [quiere decir "padre y madre"] que allí vulgarmente los llaman *Criollos*, y de los que proceden de Españoles, e Indias, que se llaman *Mestizos*, o de Españoles, y Negras, que se llaman *Mulatos*». Como se ve, en ambos casos, da por supuesto exclusivamente el varón español, y, correlativamente, de raza india o negra siempre la mujer. La explicación de este olvido la encontramos en el número 32 del mismo capítulo y libro, que pertenece ya a los añadidos que le puso Francisco Ramiro de Valenzuela al reeditar la obra de Solórzano en 1736-1739:

> «Los mestizos es la mejor mezcla que hay en Indias, y son los hijos de Españoles, e Indias; *y también lo serán si un Indio se casase con una Española, aunque esto sucede rara vez*» [subrayado mío].

De modo que aunque el *connubium*, o la nupciabilidad bilateral, estaba ya en las leyes desde 1514, no sólo seguía siendo, al menos hacia 1647, socialmente poco honroso el matrimonio entre varón español y mujer india, sino que casi otros cien años más tarde el matrimonio de un indio con una española era, al parecer, todavía sumamente insólito. Este carácter sexualmente unidireccional de las uniones inter-raciales (frente a la bidireccionalidad del *connubium*) es lo que justifica calificar al tan celebrado «mestizaje» de violación étnica del vencido por el vencedor.

APÉNDICE I.
La Peregrina

Terrible animal debió de ser el perro (único, esta vez, al parecer), que llevaron Gaspar de Morales,[1] primo del gobernador Pedrarias, y un joven capitán llamado Peñalosa, pariente de doña Isabel de Bobadilla, mujer de Pedrarias, enviados por éste con 150 hombres —según Gómara— o sólo con 60 —según Las Casas— a las islas perlíferas que había descubierto Núñez de Balboa en el golfo de San Miguel, llamadas por los indios islas Terarequí, y a la mayor de las cuales había bautizado Balboa como Isla Rica. Llegado, pues, Gaspar de Morales a la costa del Pacífico, como no hallaron más que cuatro canoas, dejó a Peñalosa, con la mitad de los hombres, en el señorío de un cacique llamado Tutibra, y él se fue, con los demás, al pueblo de otro cacique, llamado Tumaco, que los recibió bien y los quiso convidar y hospedar «pero no se lo consintió —enlazo ya con

1. «El capitán Gaspar de Morales, criado e primo de Pedrarias, que fue a la mar del sur e a la Isla Rica de las Perlas, passo a ella e ovo muchas perlas allí, e mucho oro en las provinçias e caçiques por donde anduvo.»

el texto literal de Las Casas— el ansia de las perlas que esperaban haber, que los llevaba y mandaba; así, luego, el día siguiente, saltó Gaspar de Morales con la mitad de los españoles en ciertas canoas grandes y Francisco Pizarro en otras con los demás, los cuales dende a poco navegando, no quisieran, por cuantas perlas había en el mundo, haber allí entrado. [...] Levantóse tanto la mar, de que vino la noche, que todos pensaron perecer, y las canoas una de otra apartadas, que no se vieron, cada uno de ellos creía ser los otros anegados. Por grande ventura, finalmente aportaron a la mañana todos a una de las islas, que son muchas, lo cual tuvieron por milagro que Dios hacía por ellos, como por personas que tanto le servían en andar en aquellos pasos santos.[2]

»Hallaron la gente della toda en solemnes fiestas ocupada, y porque tenían de costumbre, cuando aquellas fiestas celebraban, estar todas las mujeres sin verse con los maridos apartadas, y los maridos lo mismo sin ellas a otra parte, y los españoles llegaron por la parte donde ellas estaban, no hicieron menos que tomallas todas y captivallas y atallas. Hácese mandado a los maridos, los cuales como leones bravos, vienen con sus varas tostadas, porque no tienen ni usan flechas, y dan en los españoles muy de presto y dellos hirieron algunos, pero no les hicieron heridas de lombardas. Sueltan el perro que llevaban y va a los indios y en ellos hace terrible estrago; huyen los tristes asombrados de tal género de armas, y aunque muchos murieron y pensaban morir, pero por la rabia de ver llevar sus mujeres y hijas tornaron a ir tras los españoles, tirando varas, por librallas; ninguna cosa les aprovechó sino para morir más de los que restaban. De allí fueron estos pecadores a la isla más grande, donde tenía su asiento y casa real el rey y señor de aquellas islas, o al menos de

2. Uno de los mil veces reiterados sarcasmos de Las Casas.

las más, el cual, sabiendo que venían, o porque había sido ya informado del estrago que en aquella primera isla dejaban hecho, o por la fama de sus ordinarias crueldades, salió con su gente a les defender la entrada en su isla, o, por ventura, después de entrados, echallos; el cual hecho huir, con el perro desgarrados algunos de los suyos, no por eso dejó de tornar cuatro veces con la gente que más podía recoger, probando si pudiera desterrallos de su tierra o matallos.

»Intervinieron los indios que llevaban los españoles consigo, chiapenses y tumachenses, amigos, diciéndoles que los españoles eran muy fuertes y que todo lo sojuzgaban [...] y con estos ejemplos y persuasiones hubo de venir a ellos pacíficamente. Metiólos en su casa, la cual dijeron que era maravillosamente hecha y muy más que otras de caciques señalada; hizo sacar una cesta de vergas muy lindas hecha, llena de perlas que pesaron 110 marcos, todas muy ricas, y entre ellas una que pocas parece haberse hallado en el mundo tan grandes ni tales era como una nuez pequeña (otros dijeron que como una pera cermeña)». Francisco López de Gómara la describe así: «De treinta y un quilates, hechura de cermeña, muy oriental y perfectísima». Así permaneció, al parecer, Gaspar de Morales, con sus compañeros, unos cuantos días, en la hospitalidad de este cacique, a quien bautizó bajo el nombre de Pedrarias, por el gobernador, y durante ese tiempo debió de proceder también a lo que dice Oviedo con las siguientes palabras textuales: «E por escuresçer el descubrimiento que avía fecho de aquella mar e islas Vasco Núñez de Balboa, començó a tomar possesiones por auto de escribano, assí en las islas como en otras partes, pidiendo testimonio en nombre de Sus Alteças e del gobernador Pedrarias Dávila; e mudó el nombre de la isla, e llamóle Isla de Flores, porque assí se lo avía mandado el gobernador». Hasta aquí Oviedo, y retorno, saltando una página, al texto de Las Casas: «... mientras estos andaban salteando por las islas y tardaron en la de aquel señor de todas ellas, Peñalosa y los que con él quedaron en el pueblo de Tutibra hicieron las obras a los vecinos de él y los otros pueblos que siempre han acostumbrado a hacer, y principalmente son andar tras de las mujeres y escudriñar y robar cuanto pudiesen. Fueron parez que tales los agravios que rescibieron, que acordaron de matallos a ellos allí, y después a Gaspar de Morales y a los suyos en el camino cuando volviesen, para lo cual se conjuraron los caciques que alrededor había que por agraviados se tuvieron. Andaba con el Gaspar de Morales un cacique llamado Chiruca, con un hijo suyo mancebo, mostrando mucha afición a los españoles, o por amor verdadero (pero no sé por qué merecimiento), o por miedo, o por especular sus costumbres, fingidamente, como yo más creo, para después, cuando se ofreciese oportunidad, dar en ellos.

»Llegados, pues, y desembarcados de las canoas en la tierra firme, Gaspar de Morales envió a un Bernardino de Morales con 10 hombres a llamar al Peñalosa y a los que con él había dejado en Tutibra, para se ir todos, parez que por otro camino al Darién. Estos llegaron al pueblo de un cacique que había por nombre Chuchama, de los conjurados, el cual los rescibió bien y dióles de comer, mostrándose muy amigo; pero a la noche, estando bien durmiendo, hizo poner fuego a la casa donde dormían, y en ella quemó dellos y achocaron los que por el fuego huyendo salían. Súpolo luego el cacique Chiruca, que estaba con Gaspar de Morales y su compañía, y fue avisado cómo los conjurados ya cerca venían, por cuya causa o porque él era en el conjuro o de miedo de los españoles no se le imputase algo, huyóse con su hijo aquella noche; pero luego que los hallaron menos, enviaron tras ellos españoles y indios, de los que llevaban por amigos, que también los seguían de miedo; alcanzáronlos y por el rastro habidos, trujéronlos presos a padre e hijo. Pusiéronlos luego a tormentos, que es su primer remedio, los cuales les daban y dan hoy gravísimos, azomándoles el perro que les daba sus dentelladas bien recias: descubrieron los que en Chuchama se habían muerto y la gente que venía sobre ellos. Fue grandísimo el miedo que cayó en Morales y en todos ellos, sabido los que eran muertos, esperando verse también ellos en aquel peligro. Usó, empero, deste aviso: que el cacique Chiruca enviase a llamar secretamente a cada uno de los caciques que venían, que eran 18 o 19, so color que les querían avisar de cosas antes que acometiesen, protestándole, que si en esto no fuese fiel, que lo habían de echar luego al perro; él lo hizo así por miedo, sin osar pensar en el contrario, por irle más que juramento. En viniendo cada uno, echábanlo en la cadena, que era un instrumento tan usado entre los españoles, que nunca andaban sin ella, para prender indios y hacer esclavos, y en ella iban los que les llevaban las cargas porque no se huyesen, porque aquellos eran sus acémilas donde quiera que mudaban el pie.

»De aquella manera y con aquella industria hobo a las manos todos los caciques, sin que se sintiese cosa dello hasta que estaban todos presos. En este tiempo, allegó Peñalosa con su compañía, que debía escaparse antes de saber y incurrir el peligro, con que mucho Gaspar de Morales y los suyos cobraron esfuerzo, teniéndolos ya por perdidos; acordaron de salir contra los que venían, que no estaban muy apercibidos esperando a sus caciques. Llevó la delantera Francisco Pizarro, y dando en ellos al cuarto del alba, diciendo Santiago, cuando vino del todo la luz del día contaron muertos sobre 700. Habida esta victoria, Morales mandó aperrear todos los 18 caciques (con Chiruca, que fueron 19) para diz que meter miedo en toda la tierra.»

Hasta aquí el texto literal de Las Casas, que cuenta luego cómo Morales dilata su expedición por la costa del mismo golfo de San Miguel, hasta las tierras de un cacique llamado Birú (del que luego derivarían los españoles el nombre del Perú, que dieron al imperio de los Incas, situado cientos de kilómetros más al Sur), dejando asolados y saqueados muchos pueblos, aunque el cacique vuelve a juntar su gente y, retomo ya el texto literal de Las Casas, «viene a ellos terriblemente; y con tanto esfuerzo pelearon, que por gran parte del día no pareció quien vencía; pero al cabo había la derrota de caer sobre los tristes, como suele, por la ferocidad del perro, y por las ballestas y por las espadas que a los desnudos cortaban por medio, y así huyeron; viendo Gaspar de Morales que aquel cacique y sus vasallos eran gente recia, no osó esperarlos más, sino volverse al pueblo de Chiruca, dejado, así como está dicho, predicado el Evangelio.[3] Las gentes de los 19 caciques aperreados, viéndose así privados de sus naturales señores, y el muchacho, hijo de Chiruca, sin su padre, acordaron de juntarse para esperar los españoles, cuando del Birú tornasen, si pudiesen matallos». Hasta aquí el texto literal de Las Casas, a quien dejamos, para seguir con el de Fernández de Oviedo, que nos cuenta más detalladamente la conclusión del episodio, y dice así: «E teniendo assentado su real [se refiere a Gaspar de Morales y los suyos] en la ribera de un río vieron mucha gente de indios que venían de guerra a cobrar, si pudiessen, sus mujeres e hijos e parientes, que este capitán les llevaba robados; y el capitán ovo su consejo con Andrés de Valderrábano e con un mançebo, que se deçía el capitán Peñalosa, pariente de la muger de Pedrarias, e acordaron de degollar en cuerda todos los indios que estaban pressos e atados, no perdonando muger ni niño

3. Nuevo sarcasmo típico de Fray Bartolomé.

chico ni grande de todos ellos, imitando la crueldad herodiana, para que los indios que venían de guerra contra ellos se detuviessen allí, viendo e contemplando aquel crudo espectáculo; e assí se puso por la obra, e degollaron desta manera sobre noventa o çient personas. Pero en fín, este crudo ardid fue causa de quedar los chrisptianos con las vidas; porque entretanto que los indios se detuvieron a mirar e llorar los muertos, e tan extraño caso, el capitán Gaspar de Morales con su gente se puso en salvo, e se fue su camino a más que andar. En fin, él llegó al Darién, donde fue tractado e dissimulado con él, por primo e criado del gobernador, sin castigo ni pena ni otra reprehensión, de cosa que mal oviesse fecho en su viaje, en el qual ovo muchas perlas, e entre ellas una de hechura de pera, que pessó treinta e un quilates; por la qual, puesta en almoneda, dio un mercader, llamado Pedro del Puerto, mill e dosçientos pessos de oro, e fue suya. E la tuvo una noche o dos, e con mucho trabaxo; e acordándose que avía dado tanto por ella, no hacía sino sospirar e se tornó quassi loco. E cobdiçiándola el gobernador, tuvo forma de dar por ella los mesmos dineros, puesto que [aunque] algunos quisieron decir que todo avía seydo cautela. Esta perla es aquella mesma que se dixo en el libro XIX, capítulo VIII, que la Emperatriz, nuestra señora, de gloriosa memoria, la compró después a doña Isabel de Bovadilla, mujer del gobernador Pedrarias Dávila». Hasta aquí Fernández de Oviedo. Según el padre Las Casas, la emperatriz pagó por ella 4 000 ducados, y es la que todavía hoy puede verse, en el museo del Prado, pintada al cuello de la emperatriz doña Isabel de Portugal, en el magnífico retrato que le hizo Tiziano.

(Los textos literalmente citados pertenecen a la *Historia de las Indias* de Bartolomé de las Casas, libro III, capítulos LXV y LXVI y a la *Historia general y natural de las Indias* de Gonzalo Fernández de Oviedo, libro XXIX, capítulo X.)

APÉNDICE II. «Mire vuesa merced que es extremeño»

El episodio inicial de lo que tanta turbación y escándalo produjo en el alma de Fernández de Oviedo es el que, extraído de las *Cartas de relación* de Hernán Cortés[1] (carta primera), transcribo íntegro a continuación:

> «Después de se haber despedido de nosotros el dicho cacique y vuelto a su casa en mucha conformidad, como en esta armada venimos personas nobles, caballeros hijosdalgo celosos del servicio de Nuestro Señor y de vuestras reales altezas, y deseosos de ensalzar su corona real, de acrecentar sus señoríos y de aumentar sus rentas, nos juntamos y platicamos con el dicho capitán Fernando Cortés, diciendo que esta tierra era buena y que, según la muestra de oro que aquel cacique había traído, se creía que debía de ser muy rica, y que según las muestras que dicho cacique había dado, era de creer que él y todos sus indios

1. B.A.E. Tomo vigesimosegundo, *Historiadores primitivos de Indias*, colección dirigida e ilustrada por don Enrique de Vedia, imprenta y estereotipia de M. Rivadeneyra, Madrid, 1852, tomo primero, pág. 8.

nos tenían muy buena voluntad; por tanto, que nos parecía que no convenía al servicio de vuestras majestades, y que en tal tierra se hiciese lo que Diego Velázquez había mandado hacer al dicho capitán Fernando Cortés, que era rescatar todo el oro que pudiese, y rescatado, volverse con todo ello a la isla Fernandina, para gozar solamente dello el dicho Diego Velázquez y el dicho capitán, y que lo mejor que a todos nos parecía era que en nombre de vuestras reales altezas se poblase y fundase allí un pueblo en que hubiese justicia, para que en esta tierra tuviesen señorío, como en sus reinos y señoríos lo tienen; porque siendo esta tierra poblada de españoles, demás de acrecentar los reinos y señoríos de vuestras majestades y sus rentas, nos podrían hacer mercedes a nosotros y a los pobladores que de más allá viniesen adelante. Y acordado esto, nos juntamos todos en concordes de un ánimo y voluntad, y hicimos un requerimiento al dicho capitán, en el cual dijimos que, pues él veía cuánto al servicio de Dios Nuestro Señor y al de vuestras majestades convenía que esta tierra estuviese poblada, dándole las causas de que arriba a vuestras altezas se ha hecho relación, que le requerimos que luego cesase de hacer rescates de la manera que los venía a hacer, porque sería destruir la tierra en mucha manera y vuestras majestades serían en ello muy deservidos, y que así mismo le pedimos y requerimos que luego nombrase para aquella villa que se había por nosotros de hacer y fundar alcaldes y regidores en nombre de vuestras reales altezas, con ciertas protestaciones en forma que contra él protestamos si así no lo hiciese. Y hecho este requerimiento al dicho capitán, dijo que daría su respuesta al día siguiente: y viendo, pues, el dicho capitán cómo convenía al servicio de vuestras reales altezas lo que le pedíamos, luego otro día nos respondió diciendo que su voluntad estaba más inclinada al servicio de vuestras majestades que a otra cosa alguna, y que, no mirando al interese que a él se le siguiera si prosiguiera en el rescate que traía presupuesto de rehacer los grandes gastos que de su hacienda había hecho en aquella armada, juntamente con el dicho Velázquez, antes, posponiéndolo todo, le placía y era contento de hacer lo que por nosotros le era pedido, pues que tanto convenía al servicio de vuestras reales altezas; y luego comenzó con gran diligencia a poblar y a fundar una villa, a la cual puso por nombre la rica villa de la Veracruz, y nombrónos a los que la de antes suscribimos por alcaldes y regidores de la dicha villa, y en nombre de vuestras reales altezas recibió de nosotros el juramento y solenidad que en tal caso se acostumbra y suele hacer, después de lo cual, otro día siguiente entramos en nuestro cabildo y ayuntamiento; y estando así juntos enviamos a llamar al dicho capitán Fernando Cortés y le pedimos en nombre de vuestras reales altezas que nos mostrase los poderes y instrucciones que el dicho Diego Velázquez le había dado para venir a estas partes; el cual envió luego por ellos y nos los mostró, y vistos y leídos por nosotros, bien examinados, según lo que pudimos mejor entender, hallamos a nuestro parecer que por los dichos poderes e instrucciones no tenía más poder el dicho capitán Fernando Cortés, y que por haber ya expirado no podía usar de justicia ni de capitán de allí adelante. Pareciéndonos, pues, muy excelentísimos príncipes, que para la pacificación y concordia dentre nosotros y para nos gobernar bien convenía poner una persona, para su real servicio que estuviese en nombre de vuestras majestades en la dicha villa, y en estas partes por justicia mayor y capitán y cabeza, a quien todos acatásemos hasta hacer relación dello a vuestras reales altezas para que en ello proveyesen lo que más servidos fuesen, y visto que a ninguna persona se podría dar mejor el dicho cargo que al dicho Fernando Cortés, porque además de ser persona tal cual para ello conviene tiene muy gran celo y deseo del servicio de vuestras majestades, y ansimismo por la mucha experiencia que destas partes y islas tiene, de causa de los cuales ha siempre dado buena cuenta, y por haber gastado todo cuanto tenía por venir, como vino, con esta armada en servicio de vuestras majestades, y por haber tenido en poco como hemos hecho relación, todo lo que podía ganar y interese que se le podía seguir si rescatara como tenía concertado, le proveímos, en nombre de vuestras reales altezas, de justicia y alcalde mayor, del cual recibimos el juramento que en tal caso se requiere; y hecho como convenía al servicio de vuestra majestad, lo recibimos en su real nombre en nuestro ayuntamiento y cabildo por justicia mayor y capitán de vuestras reales armas, y ansí está y estará hasta tanto que vuestras majestades provean lo que más a su servicio convenga. Hemos querido hacer de todo esto relación a vuestras reales altezas por que sepan lo que acá se ha hecho y el estado en que quedamos».

La estratagema de Cortés aquí descrita podría servir de ilustración paradigmática a la noción de «tecnicidad» de Carl Schmitt, según los siguientes pasajes de su libro *La Dictadura* (versión castellana de José Díaz García, Alianza Editorial S.A., Madrid, 1985): «Esta triple dirección hacia la dictadura (aquí se emplea esta palabra en el sentido de una especie de ordenamiento que no se hace depender por principio del asentimiento o de la comprensión del destinatario ni espera su consentimiento), integrada por el racionalismo, *la tecnicidad* [subrayado mío] y la ejecutividad, señala el comienzo del Estado moderno. El Estado moderno ha nacido históricamente de una *técnica* [subrayado mío] política. Con él comienza, como un reflejo teorético suyo, la teoría de la razón de Estado, es decir, una máxima sociológico-política que se levanta por encima de la oposición de derecho y agravio, derivada tan sólo de las necesidades de la afirmación y la ampliación del poder político». (págs. 43-44). «La abundante literatura de la razón de Estado [...] en la que la práctica del poder político se manifiesta en *la pura consecuencia de su tecnicidad, sólo conoce en verdad, incluso allí donde se inclina ante la santidad del derecho, las representaciones del derecho que están vigentes de hecho* [subrayado mío], las cuales, precisamente porque pueden ser un poder efectivo, pertenecen también a la situación de las cosas» (pág. 44, más abajo).

Analicemos, pues, las tres jornadas de la admirable comedia transcrita más arriba del texto literal de las célebres *Cartas de relación.*

Jornada primera:

a) Consideración de las antes ignoradas condiciones de la tierra: buena calidad de la tierra, abundancia de oro y muestras de buena voluntad por parte de los indios («situación de las cosas», en palabras de Schmitt).

b) Consideración de que para el servicio del soberano, o sea para «ensalzar su corona real» y para «acrecentar sus señoríos y [...] aumentar sus rentas» («necesidades de la afirmación y ampliación del poder político», en palabras de Schmitt), «*no convenía* [... y subrayado mío] que en tal tierra se hiciese lo que Diego Velázquez había mandado hacer al dicho capitán Fernando Cortés, que era rescatar todo el oro que pudiese y, rescatado, volverse con todo a la isla Fernandina».

c) Consideración de que lo que *convenía* (siempre para «acrecentar los reinos y señoríos de vuestras majestades y sus rentas» o sea, en palabras de Schmitt ya citadas en b, «necesidades de la afirmación y ampliación del poder político») «era que en nombre de vuestras reales altezas se fundase y poblase allí un pueblo *en que hubiese justicia*» [subrayado mío, es decir, con entidad jurídica formal propia].

d) Decisión y acción de requerir a Cortés «que luego cesase de hacer rescates de la manera que los venía a hacer» y que «nombrase para aquella villa que se había por nosotros de hacer y fundar alcaldes y regidores en nombre de vuestras altezas»,

e) conminándole incluso a ello «con ciertas protestaciones *en forma* [subrayado mío: o sea, con los debidos requisitos reglamentarios] que contra él protestamos si ansí no lo hiciese». Nótese aquí cómo la iniciativa de reconsiderar la conveniencia de los planes primitivos no se hace partir del capitán Cortés, sino que es puesta en boca de sus subordinados, como un requerimiento de éstos dirigido a aquél, con exigencia de respuesta.

Jornada segunda:

a) Cortés se ha tomado la noche para meditar y decidir y a la mañana siguiente responde «diciendo que su voluntad estaba más inclinada al servicio de vuestras majestades que a otra cosa alguna». De nuevo «las necesidades de afirmación y ampliación del poder político» (Schmitt) se anteponen a cualesquiera otras consideraciones. Y, en consecuencia,

b) «comenzó con gran diligencia a poblar y a fundar una villa, a la cual puso por nombre la rica villa de la Veracruz, y nombrónos a los que la de antes suscribimos por alcaldes y regidores [...] y en nombre de vuestras reales altezas *recibió de nosotros el juramento* [subrayado mío] y solenidad que en tal caso se acostumbra y suele hacer, después de lo cual,»

Jornada tercera:

a) «otro día siguiente, entramos en *nuestro* [subrayado mío] cabildo y ayuntamiento». Este es el paso y el punto decisivo: al poder militar, *creador de derecho* (W. Benjamin) corresponde fundar la ciudad, darle nombre y designar a sus magistrados, pero, una vez fundada la ciudad, se ha creado un *lugar jurídico*, es decir, un espacio carismáticamente dotado de *ius loci*, de ahí que la entrada física del cabildo en pleno en *su* ayuntamiento, en el sentido de edificio físico, sea el acto sacramental de una auténtica toma de posesión de la autoridad adscrita al *ius loci* dimanante del lugar jurídico fundado. Ya no se trata del mando de un hombre sobre otros, como en la milicia o la marina, sino de la autoridad en que se encarna el derecho del lugar.

b) En nombre de ese derecho y desde *su* ayuntamiento, el cabildo «estando así *juntos* [subrayado mío: el carácter de «junta» es esencial a la índole jurídica del municipio] enviamos a llamar a dicho capitán Fernando Cortés [ahora son ellos los que, en nombre del *ius loci* de cuya autoridad están investidos, pueden reclamar la presencia ante sí de quien quiera que se halle dentro de los términos jurisdiccionales del lugar] y le pedimos en nombre de vuestras reales altezas que nos mostrase los poderes y instrucciones que el dicho Diego Velázquez le había dado *para venir a estas partes*» [subrayado mío: «estas partes» que ayer era tierra de nadie o costa de salvajes, pero que hoy son toda una ciudad con jurisdicción sobre quienquiera esté entre el número de sus vecinos].

c) «el cual [Cortés] envió luego por ellos y nos los mostró, y vistos y leidos [¡ahora tienen autoridad para bastantear los poderes del mismísimo Cortés, que ayer mismo los había nombrado y les había tomado juramento!] por nosotros [...] hallamos [...] que por los dichos poderes [...] no tenía más poder [...] y [...] no podía usar de justicia ni de capitán de allí adelante». En esta inversión total de la relación de autoridad entre Cortés y la junta capitular de la Villa Rica de la Vera Cruz, a través de la cual se hace posible el paso que le sigue (d) y que es el término y coronación al que todo el proceso se orientaba es donde hallamos la ilustración más ejemplar del pasaje de Schmitt citado más arriba: «la pura consecuencia de [la] tecnicidad [en la que la razón de Estado] sólo conoce en verdad, *incluso allí donde se inclina ante la santidad del derecho* [subrayado mío], las representaciones del derecho que están vigentes de hecho, las cuales, precisamente porque pueden ser un poder efectivo, pertenecen también a la situación de las cosas».

d) «Pareciéndonos, pues, [...] que para la pacificación y concordia dentre nosotros y para nos gobernar bien convenía poner una persona [...] en nombre de vuestras majestades en la dicha villa y en estas partes por justicia mayor y capitán y cabeza, a quien todos acatásemos [...] y visto que a ninguna persona se podía dar mejor el dicho cargo que al dicho Fernando Cortés [...] le proveímos, en nombre de vuestras reales altezas, de justicia y alcalde mayor, *del cual recibimos el juramento* [subrayado mío] que en tal caso se requiere; y [...] lo recibimos [...] en nuestro ayuntamiento y cabildo por justicia mayor y capitán de vuestras reales armas ...». Lo subrayado aquí encima expresa el momento que completa la operación: mientras en la jornada segunda es el cabildo, nombrado por Cortés, el que presta juramento, y Cortés quien lo recibe, ahora, en la tercera jornada, es Cortés quien jura el cargo para el que ha sido nombrado por el cabildo —que por el juramento anterior ante el propio Cortés tiene ahora atribuciones para ello—, y el cabildo el que ahora le toma juramento, convalidándole y ratificándole así la autoridad de justicia mayor y capitán general. Ha sido, pues, la constitución de un municipio la que en el *ius loci* inherente a éste ha fundado un poder jurídico con capacidad bastante para dar por nulos los poderes personales otorgados por Diego Velázquez a Cortés y para proveerle ahora de poderes nuevos legitimados por la sola autoridad municipal, autoridad que ya no se remite a la del gobernador de la isla Fernandina (es decir, Cuba) sino directamente a la del soberano.

En todo ello es sumamente interesante señalar la extraordinaria vitalidad histórica del originario municipio romano, que sobrevivió bastante bien durante toda la monarquía visigoda, resistió —tal vez, en algunos momentos, semisumergido como un guadiana—, y reafloró vigorosamente en la Baja Edad Media, favorecido cada vez más por el poder real en su lucha por aumentar su hegemonía sobre el estamento nobiliario, y especialmente con la transformación del *derecho personal,* otorgado por el rey, de los ciudadanos francos («francos de carta»), que fueron el primer núcleo de la burguesía medieval, libre respecto de los nobles y directamente vinculada al rey, en el *derecho local* de las «villas francas», merced al cual se constituyeron los «caballeros ciudadanos» —prácticamente equiparados a la nobleza menor aldeana de los hidalgos—, que dieron al municipio libre su máximo esplendor. Esta conversión del *derecho personal* de la primera burguesía de los individuos «francos de carta» en *derecho local (ius loci)* cumplía para los reinos españoles, el célebre dicho alemán: «*Stadtluft macht frei*» («El aire de la ciudad hace libre»), de manera que el poder de las nuevas *villas francas,* o ciudades libres, venía a ser como un vigorosísimo renacimiento del antiguo municipio romano frente a la ya decreciente nobleza estamental. Estos «caballeros ciudadanos», de cuyo apoyo se valió el rey para alcanzar su definitiva hegemonía sobre la nobleza, y de quienes, ya en el siglo XV, el Arcipreste de Talavera, designándolos como «caballeros burgueses», decía irritado: «tanta es su soberbia que non caben en el mundo»,[2] fue-

2. Todos los datos aportados hasta aquí sobre la burguesía medieval están tomados del admirable estudio de Luis G. de Valdeavellano, *Orígenes de la burguesía en la España Medieval,* Espasa Calpe, S.A., Madrid, 1969.

ron, con toda probabilidad, junto con los ya muy mermados hidalgos, el núcleo principal de los conquistadores y colonizadores de América, y a ellos pertenecía, casi seguramente, el propio Hernán Cortés, como tal vez lo indique el hecho —más propio de caballero ciudadano que de hidalgo viejo— de que su padre lo enviase a estudiar leyes a Salamanca, y, si bien parece que apenas llegó a hacerse bachiller, hay que reconocer que sus disipadas noches de estudiante putañero no fueron, ciertamente, estorbo suficiente para impedirle que aprendiese con suprema agudeza exactamente lo que necesitaba, pues la magistral perfección de la comedia jurídico-política representada en la Villa Rica de la Vera Cruz reside justamente en el modo incomparable en que el más crudo y desnudo instinto de dominación logra llevar a cabo sus designios de poder precisamente a través del más escrupuloso y extremado respeto del rigor de las formalidades del derecho. Y en este punto, no me parece aventurado decir que, en el caso de Cortés, la *tecnicidad* de Schmitt se manifiesta en el modo en que las formas jurídicas pueden ver reconducida, incluso sin manifiesta distorsión, su propia y específica función reguladora y delimitadora hacia el sentido advenedizo de una función instrumental regida por un fin político exterior premeditado.

Pero la vieja mentalidad caballeresca de Fernández de Oviedo estaba cerrada a cualquier capacidad de comprensión para hechos que, como los de Cortés, encarnaban, en toda su deformidad, el siniestro «espíritu de los tiempos nuevos» —generador del Estado Moderno—, y no podía más que renunciar a explicárselos, atribuyéndolos humildemente a «otra definiçión superior e juicio de Dios que no alcançamos» y claudicando expresamente ante la divinidad con estas, ya citadas, palabras: «y como él es movedor de todo (o mas servido de lo que subçede) e sin su voluntad ninguna cosa se puede concluir, tengamos por mejor lo que vemos efetuar, pues no se alcançan los fines para que se haçen las cosas; e de la providençia de Dios no nos conviene platicar ni pensar sino que aquello conviene». Hegel no se resignará a esta incomprensión y racionalizará los actos de la sangrienta Clío con la invención *ad hoc* del «Espíritu Universal» y de la «astucia de la razón», pero el resultado viene a ser el mismo: la claudicación, salvo que con el agravante de que, según suele decirse de las medicinas amargas, «con azúcar es peor».

APÉNDICE III.
Corona de bulas, corona de espinas

Al parecer Lorenzo el Magnífico le dijo en cierta ocasión al papa Inocencio VIII, que «aunque un papa pudiese tener todo el poder que se quisiera, con todo, no siendo inmortal ni pudiendo hacer su cargo hereditario, no tenía otros medios de perpetuar su nombre más que los honores y los beneficios que otorgase en vida a sus consanguíneos». Tal era el principio del nepotismo papal, que, por lo demás, tenía ya alguna tradición en tiempos del papa Gian Battista Cibo. Pero de hecho el nepotismo se demostró eficaz incluso a efectos de la sucesión en el solio pontificio, aunque el *nepos* tuviese que esperar dos o más cónclaves en el cardenalato para acceder a aquél. Así, entre los doce papas que hubo en el período que aquí interesa, o sea de 1455 a 1549, nos encontramos con dos Borja, dos Piccolomini, dos Della Rovere y dos Medici, e intercalados entre ellos Pietro Barbo (Paulo II), Giambattista Cibo (Inocencio VIII) y Adriano de Utrecht (Adriano VI), para acabar con Alejandro Farnesio (Paulo III); de doce papas, pues, nada menos que cuatro fueron sobrinos de un papa anterior.

De estos cuatro sobrinos o *nepotes*, acaso el más brillante, aunque no, ciertamente, el más querido, fue Rodrigo de Borja, que era hijo de una hermana de Alfonso de Borja (Calixto III, por nombre papal), Isabel, pero Borja también por su padre, Jofre de Borja, necesariamente de parentesco más remoto con Alfonso. Nacido en Játiva en 1432, fue probablemente destinado a la Iglesia a la edad mínima canónicamente exigida, o sea a los 6 años. Siendo Alfonso de Borja todavía cardenal y su sobrino Rodrigo ya canónigo de Valencia, el año 1449, el primero solicita y obtiene del papa Nicolás V que Rodrigo pueda ausentarse de su diócesis, para residir primero en Roma con él y después en Bolonia, en cuya universidad desea que complete sus estudios. El 8 de abril de 1455 Alfonso de Borja se vio exaltado a la Cátedra de Pedro y tomó el nombre papal de Calixto III; desde allí arriba no esperó a cumplir un año de pontificado para erigir cardenales *in pectore* a sus sobrinos don Luis Juan del Milá y a nuestro Don Rodrigo; pero, más importante todavía, apenas había cumplido el segundo año cuando, tras otras varias prebendas y misiones, nombró a éste Vice-Canciller de la Iglesia, es decir, el segundo de a bordo en la Barca de Pedro. Esto fue decisivo, porque, aunque Calixto III murió al año siguiente, Rodrigo de Borja fue confirmado en el cargo por otros cuatro papas sucesivos (Pío II, el primer Piccolomini, Paulo II, el veneciano Pietro Barbo, Sixto IV, el primer Della Rovere, e Inocencio VIII, Giambattista Cibo, genovés como su antecesor), hasta su propio pontificado en 1492. Pero, aunque no careciese en absoluto de precedentes, el nepotismo de Calixto III fue particularmente odiado en Italia y en Roma, por serlo, en general, los súbditos de la corona de Aragón, a quienes los romanos llamaban «los catalanes», ya que predominantemente catalana fue, desde el «¡Desperta ferro!» de los almogávares en el siglo XIII y principios del XIV, la presencia de dicha corona en Italia.[1] Con todo, ya fuese por su habilidad maniobrera en los cuatro cónclaves que precedieron a su propio pontificado, en los que siempre acertó a montarse, a veces a última hora y decidiendo manifiestamente la elección, en el carro del vencedor —acreditando con ello a su favor la gratitud de éste—, ya porque fuese realmente competente en el cargo de vice-canciller, el caso es que Rodrigo de Borja conservó este puesto durante los 34 años que siguieron a la muerte de su tío Calixto III. Para

---

1. Por eso, don Julián Marías «padesce allucinación», como diría El Brocense, cuando en su artículo «¿Cuántas divisiones tiene el papa?» (*El País*, 6 de agosto de 1978), defendiendo que el castellano se llame «español», alega el testimonio de Bembo, que refiriéndose a la corte de Alejandro VI dice: «*Poiché le Spagne a sevire il loro Pontefice a Roma i loro pópoli mandato aveano, e* Valenza [subrayado mío] *il colle Vaticano occupato avea, a' nostri uomini, e alle nostre donne oggimai altre voci, altri accenti avere in bocca non piaceva, che Spagnuoli*»; ¿cómo sabe Marías que con «*voci*» y «*accenti*» «*Spagnuoli*», Bembo se estuviese refiriendo al castellano y no más bien al catalán, o a ambos, por lo menos? En la corte de Alejandro se hablaba indistintamente catalán o castellano, pero el papa mismo era llamado, entre otras cosas, «el intruso catalán». Ítem más, en cuanto al reino de Nápoles, aunque su última conquista por la corona de Aragón hubiese sido hecha por un rey —Alfonso V— cuyo padre había inaugurado una dinastía castellana, las lenguas de los documentos oficiales eran tanto el castellano como el catalán, a despecho que en Cataluña se conservase la tradición de usar el latín como lengua de la documentación cancilleresca hasta el siglo XVI. Por lo demás, un testimonio extranjero como el de Bembo es el que puede hacer menos fe sobre el nombre de una lengua; más bien podría apoyar precisamente que llamar «español» al castellano es un extranjerismo y que en castellano el castellano se llama castellano. Cuando, por otra parte, los que defienden que se llame «español», dicen que lo otro «sería ignorar la historia», no se puede replicar sino que, lingüísticamente, es precisamente lo contrario: la denominación de una lengua por su oriundez es, justamente, la más espontánea, tradicional y recibida en todas partes, como lo prueba el hecho de que tres lenguas universales sigan designándose por su oriundez: el latín, el árabe y el inglés. En fin, aun siendo duque de Romagna, el hijo de Alejandro VI, el tristemente famoso César Borgia, fue siempre llamado «il Duca *Valentino*», o sea «valenciano».

lo que concierne a nuestro caso, puede tener importancia su misión a España como vicario *a latere* de Sixto IV en 1472-1473, única vez en que volvió a su país y a su diócesis de Valencia —de la que entretanto, a pesar de su ausencia, había sido hecho arzobispo— desde su partida en 1449 hasta su muerte. La misión tenía, en principio, como fin declarado el de pedir un subsidio para una cruzada contra el Turco. La clerecía castellana, reunida por delegaciones diocesanas en Segovia, terminó otorgándolo, pero no sin obtener, a su vez, el privilegio a perpetuidad de que el obispo y el cabildo de cada diócesis del reino de Castilla pudiesen proveer dos canongías por su propia cuenta cada vez que se diesen las vacantes. En realidad esto es bien poca cosa, y además solamente entre eclesiásticos, pero tal vez pueda citarse como precedente de la ulterior proliferación de bulas ya directamente otorgadas al poder secular que acabarían configurando y coronando el famoso *patronato* o *patronazgo* religioso de los reyes de Castilla y después de España, verdadera corona de espinas para tres progenies: los judíos, los moros y los indios. Pero parece ser que el legado arregló además otras cosas en los reinos de España, aunque de un par de ellas ni dan cumplida cuenta los cronistas ni los autores modernos se declaran contestes al respecto. Confirmó la dispensa pontificia que, por su consanguinidad a través de sus abuelos Don Enrique III y Don Fernando «el de Antequera», necesitaba el matrimonio de Isabel de Trastamara con Fernando de Aragón, cuya anterior bula de dispensa, fuese o no por invención calumniosa de los parciales de la Beltraneja, había sido puesta en entredicho.[2] Y, al menos según Prescott, reconcilió con Juan II de Aragón a los barceloneses, todavía indispuestos contra él por

2. Hay quien ha atribuido la falsificación de esta dispensa al propio rey don Juan II de Aragón, padre de Fernando.

la sospechosa muerte del príncipe de Viana, ocurrida once años antes. Apaciguó en cierto modo —y esto ya según las crónicas de Diego Enríquez y Hernando del Pulgar— las relaciones entre Enrique IV y los preconizados príncipes Isabel y Fernando; paces que fueron un tanto superficiales, por cuanto el rey se dejaría pronto tentar para una nueva conjura, cosa que tuvo importancia para González de Mendoza —ya tal vez confirmado como cardenal por gestiones del legado don Rodrigo de Borja—, pues habiendo hecho desistir al rey de semejante intento se ganó sin duda el favor de Isabel y Fernando.

En fin, para acabar con los precedentes de lo que interesa, conviene recordar que en 1473, segundo y último año de la legación pontificia de Rodrigo de Borja, hubo en Andalucía una gran matanza de conversos, presuntos o verdaderos judaizantes, que empezó en Córdoba, se extendió a Jaén, donde costó la vida al condestable Miguel Lucas de Iranzo, quien por haber defendido a los conversos fue asesinado en misa por los cristianos viejos, que, quitado el estorbo, consumaron la matanza y el despojo, y prosiguió en Andújar y en otras poblaciones andaluzas, sin que al final se hiciese averiguación alguna ni castigase a nadie.

Pues bien, apenas cinco años después, y siendo ya arzobispo de Sevilla don Pedro González de Mendoza, Cardenal de España —también llamado «El Gran Cardenal»—, empezó en aquella ciudad un nuevo movimiento contra los conversos, presuntos o verdaderos judaizantes. Tanto el continuador anónimo de la crónica de Hernando del Pulgar como Andrés Bernáldez, el cura de Los Palacios, vienen a remitir la tragedia de aquellos hombres a la actuación de San Vicente Ferrer entre 1390 y 1415, actuación —esto no lo dicen ellos, pero habría de decirse cincuenta años más tarde con respecto a las conversiones de Ultramar— realmente imprudente e irresponsable, pues con sus bautismos por aspersión, tras conversiones prácticamente forzadas, ya que, según Bernáldez, pronto fueron acompañadas por asaltos y expolios de las juderías —no promovidos por Vicente Ferrer, pero sin duda involuntariamente suscitados en los cristianos viejos por sus flamígeras predicaciones—, acabó por conformar esa triste grey de los conversos, de cuya ambigua figura pública o representación social Hernando del Pulgar y Andrés Bernáldez se complementan en dejarnos el retrato tal vez más fidedigno, según debió de configurarse ante el pensar, el sentir y aun el percibir de los cristianos viejos:

> «Los quales con grand ignorancia e peligro de sus ánimas, ni guardaban una ni otra ley; porque no se circuncidaban como judíos según es amonestado en el Testamento viejo. E aunque guardaban el Sábado e ayunaban algunos de los ayunos de los judíos, pero no guardaban todos los Sábados, ni ayunaban todos los ayunos, e si facían un rito no facían el otro. De manera que en la una y en la otra ley prevaricaban; e fallose en algunas casas el marido guardar algunas cerimonias judáicas, e la mujer ser buena christiana, y el un fijo ser buen christiano, y el otro tener opinión judáica; e dentro de una casa haber diversidad de creencias, y encubrirse uno de otros [Pulgar].»
>
> «... las costumbres de la gente común de ellos ante la Inquisición, ni más ni menos que era de los propios hediondos judíos, y esto [lo] causaba la continua conversación que con ellos tenían, ansí eran tragones y comilones, que nunca perdieron el comer a costumbre judáica de manjarejos, e olletas de adefina, manjarejos de cebollas e ajos, refritos con aceite, y la carne guisaban con aceite, ca lo echaban en lugar de tocino e de grosura por escusar el tocino; y el aceite con la carne es cosa que hace muy mal oler el resuello; y ansí sus casas y puertas hedían muy mal a aquellos manjarejos; y ellos eso mesmo tenían el olor de los judíos por causa de los manjares y de no ser baptizados. Y puesto

caso que algunos fueron baptizados, mortificado el carácter del baptismo en ellos por la credulidad, e por judaizar, hedían como judíos... [Bernáldez].»[3]

Parece que el movedor de este nuevo «bolliçio» —como se decía en aquel tiempo— fue un dominico, fray Alonso de San Pablo, probablemente otro exaltado, por no decir más, ya que Bernáldez lo llama «segundo fray Vicente» (por San Vicente Ferrer); el caso es que, hallándose en Sevilla la reina Doña Isabel y el rey consorte Don Fernando, tomó cuerpo y figura, bajo la autoridad del arzobispo, el cardenal Mendoza, lo que muy pronto sería el primer gran privilegio en materia religiosa directamente vinculado al poder real. En efecto, tras las gestiones en Roma encomendadas por la reina al obispo de Osma don Francisco de Santillán, Sixto IV otorgó, no sin cierta resistencia inicial, la bula *Exigit sincerae* del primero de noviembre de 1478 por la que se creaba la Santa Inquisición, con inquisidores nombrados directamente por la reina y, cosa aun más relevante, independientes de las autoridades diocesanas de la localidad donde se estableciese cada tribunal. De esta manera, habiéndose subrogado por una institución oficial la persecución popular que desde las conversiones en masa y prácticamente forzadas de San Vicente Ferrer había dado lugar a diversas oleadas de matanzas de conversos como la ya referida de 1473, apareció, tanto entre cristianos viejos como entre moros o incluso judíos, la grey social de los llamados «malsines», verdadera red de espías espontáneos y denunciantes a veces calumniosos, por envidias u odios personales, como atestigua Hernando del Pulgar ya respecto de 1485 y en Toledo, donde el Santo Tribunal apenas llevaría tres años funcionan-

3. Veáse: «Discurso de Gerona», *Ensayos y artículos*, Vol. II, pág. 287.

do: «E porque en este caso de la heregía se recebían testigos moros e judíos e siervos e homes infames e raeces, e por los dichos destos tales eran presos algunos e condemnados a pena de fuego, se fallaron en esta cibdad algunos judíos homes pobres e raeces que por enemistad o por malicia depusieron falso testimonio contra alguno de los conversos, diciendo, que los vieron judaizar. E sabida la verdad la Reyna mandó que fuesen justiciados por falsarios, e fueron apedreados e atenazados ocho judíos». La familia de los conversos o «cristianos nuevos», prácticamente forzados por la predicación de San Vicente acompañada de cruentos asaltos y saqueos de las aljamas, ya fuesen cristianos fingidos, ya indecisos o ambiguos —como el propio Pulgar los presenta en el retrato citado más atrás—, ya incluso sinceros (cosa harto verosímil al cabo de dos o tres generaciones) —según esta segunda cita— fue por tanto la primera sobre cuyas cabezas cayó la corona de espinas que las bulas que fueron adornando las coronas de los reyes de España constituyeron para tres progenies sucesivas, y siempre por el mismo sistema: una conversión apresurada y superficial o hasta forzada, por no decir sumarísima, con multitudinarios bautismos por aspersión, que al hacerlos irreversiblemente cristianos los exponía en adelante, a poco que cualquier indicio real o imaginario ofreciese pretexto para ello, a la acusación de apóstatas o herejes de la fe cristiana, cosa ya bien distinta y muchísimo más grave que ser todavía judío, musulmán o pagano y por la que podían ir a dar con sus huesos en la espantosa muerte de la hoguera, por no hablar de la tortura y el secreto del procedimiento.

El también genovés Giambattista Cibo, habiendo sucedido en 1484 a Sixto IV, y bajo el nombre papal de Inocencio VIII, en el solio de San Pedro, con ocasión de ciertas desavenencias que tenía con Nápoles, ya nuevamente separado de Sicilia y de la Corona de Aragón y puesto, por testamento de Alfonso el Magnánimo bajo la soberanía de su hijo bastardo Ferrante, se quejó de éste ante Don Fernando, ya, a su vez, rey de las Coronas unidas —aunque sólo, por así decirlo, «en régimen de usufructo»— de Castilla y Aragón, el cual, teniendo ya enviado o mandado enviar, de acuerdo con la reina, para rendir al nuevo papa el debido acatamiento, a un castellano, le encomendó también reconciliar a Roma con su medio primo el rey Ferrante, que, por su parte, le había pedido apoyo, incluso militar, contra el pontífice. El enviado era don Íñigo López de Mendoza, II conde de Tendilla y futuro marqués de Mondéjar, personaje, tanto por sí como por su familia, sumamente importante en la sucesión y el entrelazamiento de los hechos concernientes al caso que aquí estoy levantando. Por precarias que acabasen revelándose, a no mucho tardar, las paces convenidas en Italia, con todo, Inocencio VIII, tal vez agradecido a la gestión del conde, o merced a la sola habilidad diplomática de éste, que, según tácita sugerencia de las instrucciones reales, supo venderle por Cruzada la ya empezada conquista del reino nazarí, engastó en la Corona de Castilla la segunda gran gema de privilegios específicamente eclesiásticos, primera piedra del famoso «patronato» o «patronazgo» religioso de la monarquía española: la bula *Orthodoxae fidei* del 13 de diciembre de 1486, por la que los reyes adquirían el derecho de nombrar, bajo la fórmula de *presentación*, obispos, dignidades y canongías de las nuevas diócesis que se fundasen no sólo en el reino de Granada sino además en las islas Canarias, también todavía en proceso de conquista —aunque ya los reyes hubiesen dispuesto levantar y dotar en Gran Canaria su primera catedral. Verosímilmente a la misma gestión, dado que su crónica la refiere al mismo año, alude Hernando del Pulgar en el capítulo LXIV de la Tercera Parte, donde dice: «Otrosí, conociendo el Papa que esta guerra era tan sancta e para ensalzamiento de la fe cathólica, e considerados los gastos e trabajos que en ella se habían, embió su bula para que toda la clerecía pagase otra [*sic*, lo que hace suponer un precedente] décima este año de todas las rentas de las iglesias e monesterios e otras personas eclesiásticas, la qual fue tasada por el Cardenal de España en cient mil florines de Aragón», aunque, por comportar una dispensa a la autoridad eclesiástica ordinaria —de cuyas rentas los pontífices solían ser celosos defensores— probablemente tuviese que ser, aun respondiendo a una demanda de los reyes, mediante otra bula diferente, para ajustarse a las formas de la separación jurisdiccional. Comoquiera que sea, si la frase de Hernando del Pulgar, al referirse a la empresa granadina casi explícitamente bajo el concepto de Cruzada, nos muestra ya por qué camino la corona de espinas va a acabar trenzándose en torno de las sienes de un segundo pueblo con el apoyo de la *Orthodoxae fidei*, el propio texto de ésta, por su parte, deja escapar cierto giro lingüístico consistente en doblar y sumar en dos formas distintas una misma raíz verbal, donde al instante el oído reconoce una anticipación de lo que, con otro verbo diferente, oirá, a la vuelta de no muchos años, como un sonsonete mil veces repetido entre las expresiones, que a través de nuevas bulas seguirán trenzando la corona de espinas de la conversión y de la hoguera por apostasía, para llevarla esta vez de parte a parte del Atlántico a los desconocidos pueblos de Ultramar: cuando la letra de la *Orthodoxae fidei* suena de pronto «las ciudades, lugares y castillos conquistados e por conquistar»,[4] ¿no estamos oyendo, como en premonición, los lúgubres tambores del

4. «... *ad quorum civitatum, locorum et castrorum adquisitorum et quae adquirire in futurum*».

redoble sin tregua y sin piedad de «las islas e tierras firmes descubiertas e por descobrir»?[5]

Para mayor entrelazamiento de las cosas las unas con las otras, fue justamente el conde de Tendilla, que logró del papa la *Orthodoxae fidei,* quien se trajo de Florencia al humanista —o sea, para entendernos, a uno de esos que llaman de ese modo— Pedro Mártir de Anglería, que, con sus *Decades de orbe nouo,* sería uno de los primeros historiadores del Descubrimiento y la Conquista, y a quien el conde, alcaide de La Alhambra y capitán general del nuevo reino tras la toma de Granada, tomaría como preceptor para sus hijos, algunos de los cuales —y aun el hijo y el nieto del primogénito— nos darán que hablar.

Tanta fue la importancia que enseguida cobró el reino de Granada en la política integradora de los Reyes Católicos, que, bien apoyados por la *Orthodoxae fidei,* la constituyeron en arzobispado, poniendo por prelado al jerónimo fray Fernando de Talavera, hombre prudente que, al parecer, se limitó a predicar la conversión de los moros —que, según los capítulos de la rendición, no podían ser forzados a aceptarla—; pero esta situación duró tan sólo siete años, en medio de los cuales, habiendo muerto (1495) el cardenal Mendoza, que en 1492 había pasado del arzobispado de Sevilla al de Toledo, con la condición aneja de «Cardenal Primado», Doña Isabel se apresuró a designar para arzobispo —el capelo, dependiendo de Roma, llegaría más tarde— a su confesor Jiménez de Cisneros, quien, no bien tuvo ocasión de poner los pies en Granada, acompañando a los reyes en su visita de julio de 1499, juzgó blando y poco expeditivo el celo religioso del arzobispo Talavera y, con el propósito o pretexto de ayudarlo, pidió a los reyes

5. Véase la Nota 2 de este mismo texto, nota a pie de página de la pág. 66.

permiso para quedarse algún tiempo en Granada, cosa que sólo Doña Isabel debió de concederle de buen grado, pues, al parecer, según testimonios de la época, Don Fernando temía a Cisneros, ¡por violento! Y no se equivocaba, ya que con su intervención se fraguaron los inicios de la larga desgracia de los moros —y no sólo de los granadinos, sino también de los mudéjares de Castilla y, por tanto, del resto de Andalucía—, que desde las primeras revueltas de 1500 y 1501 y pasando por la cruenta guerra de 1568-1570 y la subsiguiente primera expulsión, se prolongaría con altibajos hasta la expulsión definitiva de 1610.

Diego Hurtado de Mendoza, al parecer quinto hijo varón del ya citado conde de Tendilla y nacido entre 1500 y 1505, escribió, como es notorio, —aunque aún se le discute la autoría, si bien no tanto como la de *El Lazarillo de Tormes*— la *Guerra de Granada,* donde cuenta la de 1568-1570, que tuvo por capitán general a su sobrino don Íñigo López de Mendoza (pues, por lo visto, Doña Isabel había dispuesto reservar esta capitanía general a los sucesivos condes de Tendilla, siempre que hubiese heredero directo masculino, lo que pudo mantenerse por tres generaciones hasta el segundo don Luis Hurtado de Mendoza, V conde de Tendilla y IV marqués de Mondéjar, que murió en 1604 sin dejar hijo varón). En los prolegómenos de la obra, Don Diego se ve obligado a resumir los antecedentes desde la toma de Granada, pasando por las capitanías de su padre, el primer don Íñigo López de Mendoza (que se retira, ya anciano, del cargo en 1512, y recibiendo, en premio a sus servicios, el título de marqués de Mondéjar) y de su hermano, el primer don Luis Hurtado de Mendoza, para empezar al fin con la de su sobrino, el segundo don Íñigo López de Mendoza, que en 1560, e igualmente en vida de su padre, toma en sus manos la capitanía general, con el título anejo de conde de

Tendilla —no el de marqués de Mondéjar, que sólo le corresponde a la muerte de Don Luis—, quien, como tal, será el protagonista de la guerra y de la historia escrita por el tío.

Pues bien, al referirse Hurtado de Mendoza a la intervención de Cisneros en 1599, dice: «Tomose concierto, que los renegados o hijos de renegados tornasen a nuestra fe, y los demás quedasen en su ley por entonces», y uno se extraña ante este tratamiento con los renegados y se pregunta quiénes puedan ser y cómo pueden haber sobrevivido a la rendición de Granada, conociendo, por la crónica de Hernando del Pulgar (véase la Nota 4 de este mismo texto, nota a pie de página n.º 10), la muerte con tormento que los cristianos renegados habían recibido, por orden de Don Fernando, en la guerra de conquista, pero la ciudad misma no se logró por toma sino por capitulación. Y hemos de acudir al más extenso y minucioso cronista de la guerra de Las Alpujarras, don Luis de Mármol Carvajal (*Rebelión y castigo de los moriscos del reino de Granada*, Biblioteca de autores españoles, tomo XXI; *Historiadores de sucesos particulares*, colección dirigida e ilustrada por Cayetano Rosell, tomo 1, págs. 123-365; Imprenta y estereotipia de M. Rivadeneyra, Madrid, 1852), para conocer la extrema benignidad de las famosas Capitulaciones de Santa Fe,[6] cuyas tres piezas (a saber, las capitulaciones con Boabdil, del 25 de noviembre de 1491, las capitulaciones con la ciudad, del 28 del mismo mes y año, y la carta suasoria y a la vez conminatoria,[7] del 29, que las acompaña) el cronista

---

6. Así, en plural, creo —si es que no lo he soñado— haber leído que se las llama, a riesgo de confundirlas con las firmadas con Colón en la misma ciudad campamento.

7. Esta carta nos ofrece una muestra paradigmática del «pragma de la amenaza», con la característica «proyección de la responsabilidad sobre el amenazado», tal como se describe en el ensayo «Cuando la flecha está en el arco, tiene que partir» —en

nos transcribe a la letra y por entero; y, al comentar la reacción de los granadinos ante la carta del 29, no deja de encarecer, como es más que cierto, la singular lenidad de las capitulaciones: «Mas la carta fue de tanto efeto, que entre miedo y vergüenza no pudieron dejar de hacer lo capitulado por Abí Cacem el Maleh, especialmente viendo, como en efeto veían, que a gente vencida ningunas condiciones se podían dar más honrosas ni con menos gravamen...». Si ello es debido a una sincera actitud de prudencia y templanza, como yo me inclino a creer, por parte del rey Don Fernando —y, en todo caso, más que de la reina, según la notable diferencia de criterio que, especialmente en punto de religión, se les suele atribuir— o al *pragmatismo*, como hoy se diría, astuto y hasta alevoso, por el que más tarde despertaría la admiración de Maquiavelo, nadie podría decirlo, pero el caso es que el tenor de las capitulaciones fue establecido, al parecer, por los vencidos y aceptado, acaso sin enmienda, por los vencedores, al menos a juzgar por las siguientes palabras del propio Mármol Carvajal: «Y aunque lo que trataban [los moros] era *con demasiada importunidad* [subrayado mío], los vencedores, que ninguna cosa querían más que acabar de vencer, se lo concedieron todo». Los dos capítulos que expresamente se referían a la libertad de religión y a la posibilidad de conversiones decían literalmente como sigue:

Ensayos y artículos, Vol. II, parágrafo 15—, en las siguientes palabras: «Ved agora lo que es vuestro provecho, y libertad vuestros cuerpos de muerte y captiverio. Y si pasado el dicho término no hubiéredes venido a nuestro servicio, *no nos culpareis, sino a vosotros mesmos* [subrayado mio], porque os juramos por nuestra fe que pasado [se sobrentiende el «término», que era de 20 días], no os admitiremos ni oiremos más palabra sobre ello. *En vuestra mano está el bien o el mal: escoged lo que os pareciere...* [subrayado mío]».

«Que no se permitirá que ninguna persona maltrate de obra ni de palabra a los cristianos o cristianas que antes de estas capitulaciones se hobieren vuelto moros; y que si algún moro tuviere alguna renegada por mujer, no será apremiada a ser cristiana contra su voluntad, sino que será interrogada en presencia de cristianos y de moros, y se seguirá su voluntad; y lo mismo se entenderá con los niños y niñas nacidos de cristiana y moro.»

«Que ningún moro ni mora serán apremiados a ser cristianos contra su voluntad; y que si alguna doncella o casada o viuda, por razón de algunos amores,[8] se quisiere tornar cristiana, tampoco será recebida hasta ser interrogada; y si hubiere sacado alguna ropa o joyas de casa de sus padres o de otra parte, se restituirá a su dueño, y serán castigados los culpados por justicia.»

Aun antes de la intervención de Cisneros —y siguiendo el texto de Mármol Carvajal—, ya «algunos prelados y personas religiosas» habían pedido a los reyes «con mucha instancia que [...] diesen orden en que se prosiguiese con mucho calor en desterrar el nombre y la seta de Mahoma de toda España, mandando que los moros rendidos que quisiesen quedar en la tierra se baptizasen, y los que no se quisiesen baptizar vendiesen sus haciendas y se fuesen a Berbería...». A lo que los reyes —y es de creer, por lo que más abajo se verá, que, más bien Don Fernando que Doña Isabel— no quisieron acceder, pues, «aunque estas consideraciones eran santas y muy justas, sus altezas no se determinaron en que se usase de rigor con los nuevos vasallos, porque la tierra no estaba aún asegurada ni los moros habían dejado de todo punto las armas; y si acaso venían a rebelarse con

8. ¿Qué documento de guerra o siquiera diplomático puede haber presentado jamás una consideración de delicadeza semejante hacia circunstancias humanas personales, tan en contraste, por lo demás, con la violencia que advenía?

opresión de cosa que tanto sentirían, sería haber de volver a la guerra de nuevo. Y, demás de esto, teniendo, como tenían, puestos los ojos en otras conquistas, no querían que en ningún tiempo se dijese cosa indigna de sus reales palabras y firmas...».

Pero, para acabar de ver quiénes eran «los renegados e hijos de renegados» que, según Hurtado de Mendoza, Cisneros se había propuesto convertir, retrocedamos a las crónicas contemporáneas a la rendición de Granada. Y así, en la del —por lo demás, muy poco acreditado— continuador anónimo de Hernando del Pulgar leemos: «...e quedose en Granada el arzobispo de Toledo Don Fray Francisco Ximénez, que después fue Cardenal. El qual con buen celo quísose informar de todos los moros *que en qualquier manera venían de linage de christianos* [subrayado mío], y hacíalos traer ante sí, y por buenas palabras y presumpciones procuraba con ellos que se convirtiesen [...] y los que se convertían en esta manera amercedábalos y gratificábalos, y a los que no se querían convertir echábalos en la cárcel; e trabajaba con ellos por todos los medios posibles que se convirtiesen, *y pareció que esto tocaba a muchos moros* [subrayado mío] y se escandalizaron dello...» Por su parte, el mucho más acreditado «cura de Los Palacios», Andrés Bernáldez, escribe: «...y quedó el Arzobispo de Toledo con el de Granada dando forma en el convertimiento de la ciudad, *y buscaron todos los linajes que venían de christianos* [subrayado mío] y convirtieron y bautizaron muchos de ellos y los moros tuvieron esto por muy mal...». La averiguación de linaje (en todo análoga, aunque en sentido inverso, a la que tal vez ya empezaba a recaer y arreciaría mucho más en los siglos XVI y XVII sobre los judíos conversos o «cristianos nuevos», con los famosos «estatutos de limpieza de sangre») nos revela, así pues, que los «renegados o hijos de renegados» de Hurtado de Mendoza incluían también —por designarlos con término analógico— «mahometanos nuevos» de segunda, tercera y acaso aun más remota generación, y la indignada reacción, de la que participaron indistintamente los «mahometanos viejos» —ejemplares en esto frente a la anticristiana actitud de los cristianos viejos hacia los judíos conversos— se comprenderá fácilmente no sólo por su credo, sino también porque a tenor de la insinuación del continuador anónimo de Hernando del Pulgar que más arriba he subrayado («y pareció que esto tocaba a muchos moros»), si es que la interpreto bien, tales «mahometanos nuevos», conforme se previene además en los títulos de las capitulaciones transcritos más atrás, debían de haber contraído ya muchos parentescos con los de linaje moro.

Pero incluso antes de esto —al menos según Mármol Carvajal, si es que no altera el orden de los hechos, lo que, por lo remoto en este punto de su testimonio, nada tendría de inverosímil—, a más se había atrevido el violento Jiménez de Cisneros, pues, por lo visto, tan sólo en un principio soportó supeditarse a los modales mansos y respetuosos iniciados por el arzobispo de Granada, fray Fernando de Talavera, para la conversión de los propios moros de linaje. «El medio que tuvieron los prelados para negocio tan importante —escribe Mármol Carvajal— fue mandar llamar a los alfaquís y morabitos de más opinión entre los moros, y con ellos solos en buena conversación disputaban, y les daban a entender las cosas tocantes a la fe cristiana, no con fuerza ni con violencia, sino con buenas razones y sentencias; y trataban el negocio con tanta modestia y mansedumbre, que habiendo disputado gran rato con ellos, los enviaban contentos, dándoles vestidos y otras muchas cosas porque no se extrañasen de volver otras veces a las disputas.» El caso es que algunos de ellos, halagados por trato semejante, «reprobando su seta [es decir, «secta»], *deseando asimesmo gozar de la li-*

bertad con los vencedores [subrayado mío], comenzaron [...] a tomar los documentos de la fe y a enseñarlos al pueblo, amonestando que era vanidad la seta de Mahoma, y que les convenía abrazar la fe de Jesucristo. Estas amonestaciones fueron de tanto efeto, que dentro de pocos días vinieron muchos hombres y mujeres a pedir el santo baptismo con autoridad de sus propios alfaquís, y en un solo día se baptizaron más de tres mil personas; y fue tanta la priesa, que no pudiéndolos baptizar a cada uno de por sí, fue necesario que el arzobispo de Toledo los rociase con hisopo en general baptismo...». ¡De nuevo, pues, los gregarios y sumarísimos bautizos por aspersión, al estilo Vicente Ferrer, que tan fatídicos habían sido para la progenie de los judíos y que ya probablemente habían empezado en Ultramar, o estaban a punto de ello, para perdición de la progenie de los indios! Pero la santa, católica y apostólica violencia de Cisneros —que hasta entonces, acaso por respeto a la mansedumbre del arzobispo titular, había soportado verse reprimida— acabó por estallar no bien se vio enfrentada a la escandalizada y dolida reacción pública de algunos notables del Albaicín ante tales conversiones; y así, «mandó prender los que entendió eran más contradictores de las cosas de la fe». De entre ellos, el denodado empeño de Cisneros se centró especialmente sobre «uno llamado el Zegrí Azaator, hombre principal y dotado de buen entendimiento cuanto a las cosas morales, aunque por otra parte arrogante y soberbio, por ser de linaje de los reyes de Granada. Este contradecía reciamente que los moros no [*sic*, como doble negación enfática] se convirtiesen, y don fray Francisco Jiménez determinó, dejada aparte toda humanidad, de traerle por fuerza al yugo de Dios, pues no aprovechaban buenas razones con él...». De modo, pues, que, habiendo soltado probablemente a todos los demás tras conminarlos a guardar silencio —aunque nada nos dice Mármol Carvajal—, a este Zegrí Azaator lo retuvo con grillos «en una estrecha prisión», encerrando con él a un capellán «para que con cuidado le metiese por camino [...]; y dentro de pocos días, fuese por fuerza, o lo más cierto, por inspiración divina» [aquí el cronista pone toda su buena voluntad para dar al caso un *happy end* decorosamente cristiano], pidió el bautismo.

Sin embargo, fuese cual fuese el orden de los hechos (primero los renegados y después los moros de linaje, o viceversa, según la exposición de Mármol Carvajal), la explosión en que más pronto o más tarde habían de redundar las temerarias acciones de Cisneros sobrevino a causa del intento de detención de la hija de un renegado. En efecto, al arzobispo de Toledo no se le ocurrió cosa mejor que mandar a prender a esta mujer al Albaicín por mano de un tal Sacedo, criado suyo, acompañado por un alguacil real, Velasco de Barrionuevo. Cuando ya la traían presa por la plaza de Bib el Bonut, la mujer «comenzó a dar grandes voces, diciendo que la llevaban a ser cristiana por fuerza, *contra los capítulos de las paces* [subrayado mío]; y juntándose muchos moros, y entre ellos algunos que aborrecían aquel alguacil por otras prisiones que había hecho, comenzaron a tratarle mal de palabra; y como les respondiese soberbiamente, a furia de pueblo pusieron las manos en él y le mataron [...]; y mataran también a Sacedo, si no le librara una mora debajo de su cama, donde le tuvo escondido aquel dia y parte de la noche, hasta que pudo enviarle seguro a la ciudad».

Así empezó la sublevación del Albaicín, que duró hasta diez días —del 18 al 28 de diciembre de 1499— y en la que los alzados llegaron a salirse hasta Granada para asaltar la casa de Cisneros, quien se hizo fuerte en ella y resistió valientemente el cerco, negándose a ser sacado o a salir para ponerse a salvo, por no abandonar a su gente en el peligro. Hurtado de

Mendoza da a su padre, el conde de Tendilla, capitán general del reino de Granada, todo el mérito del apaciguamiento, y es cierto que trató de subir una primera vez al Albaicín con voz de paz, pero hubo de volverse sin lograr arreglo, porque los moros le apedrearon la adarga, lo que era entre ellos señal de rompimiento; y cuando los apelaban con el nombre de los reyes «daban color a su negocio, diciendo que el Albaicín no se había alzado contra sus altezas, sino en favor de sus firmas» (Mármol Carvajal), aludiendo, evidentemente, a los compromisos de las Capitulaciones sobre no ser forzados a dejar su fe; pero Mármol Carvajal dice que fue el arzobispo de Granada el que subiendo al Albaicín, hasta la plaza de Bib el Bonut, acompañado por un capellán, portador de una cruz, y por algunos criados desarmados, y «con tan buen semblante y rostro tan sereno como cuando iba a predicarles las cosas de la fe» (Mármol Carvajal, que en toda la narración del episodio, encareciendo la actitud de Talavera, lanza, por el contraste, una tácita pero evidente censura hacia Cisneros), consiguió apaciguar a los alzados; y sólo después de él volvió a subir el conde de Tendilla, prometiéndoles que el arzobispo y él «les alcanzarían el perdón y la gracia de sus altezas, pues se debía entender, como ellos decían, que más se habían alzado en favor de sus reales firmas que con voluntad de hacer novedad; y que demás desto, les serían guardadas sus capitulaciones». O sea, como bien se echa de ver, una total desautorización de las actuaciones de Cisneros. En cuanto a éste, ya desde el tercer día de la revuelta había tratado de escudarse ante los reyes adelantándose a enviarles a Sevilla un mensajero con un pliego de su mano que adobaría sin duda los sucesos conforme a su versión; pero habiéndosele emborrachado el mensajero —un esclavo canario que le habían recomendado por formidable corredor—, fueron otros informes los primeros que acerca del asunto recibieron los reyes en Sevilla; «y como el Rey Católico —sigue contando Mármol Carvajal— no vio carta del arzobispo de Toledo, entendió que por su causa había sucedido tan gran desorden, y culpándole, se enojó también con la Reina, diciendo que había sido causa de que viniese aquel hombre a Granada, que había alborotado y puesto en condición [*sic*; o falta algo o hay que sobrentender «*tal* condición» o «condición *de perderse*»] el reino que tanto había costado conquistar...». Pero Cisneros, al enterarse, por carta del secretario de los reyes, del fracaso de su mensajería, expidió por delante a un compañero de orden, fray Francisco Ruiz, ante cuya relación los reyes, «perdieron parte del enojo que tenían, aunque mucho más se aplacaron después cuando el propio arzobispo llegó; el cual con su mucha elocuencia y discreción[9] lo allanó todo [...], disculpándose con tan buenas razones, que los Reyes quedaron satisfechos, y él en mayor gracia con ellos». No he creído ociosos tales pormenores, para ilustrar no sólo las diferencias entre Don Fernando y Doña Isabel tanto respecto de Cisneros como de cuanto tocase a la religión, sino también la superioridad intelectual y temperamental sobre los reyes de aquel sin duda agudísimo y honesto, aunque, para desgracia de tantos miles de hombres, tenebroso y violento franciscano, que por tales prendas acabaría siendo llamado «el tercer rey de España». Pese a todo lo cual, seguramente por imposición de Don Fernando, parece ser que por Granada no volvió a recalar nunca jamás.[10]

---

9. «Discreción» venía a valer entonces por lo que hoy designaríamos como «buena labia», o sea una suerte de mesurada y penetrante agilidad expresiva y fuerza de convicción en el hablar.

10. Otra de las agresivas y desafiantes acciones de Cisneros en Granada fue la *Bücherverbrennung* de libros requisados: «Les tomó gran copia de volúmenes de libros árabes de todas facultades, y quemando los que tocaban a seta, mandó encuadernar los otros, y los envió a su colegio de Alcalá de Henares, para que los pusiesen en su librería». (Mármol Carvajal.)

Pero el roto dejado no tenía ya posible compostura: al parecer, cuarenta notables de la sublevación del Albaicín, que había durado del 18 al 28 de diciembre de 1499, lograron huir, y en enero de 1500 llevaron la antorcha de la rebelión a Güéjar, Lanjarón y Andarax. La de Güéjar fue reprimida por el conde de Tendilla, la de Lanjarón por el rey Don Fernando y la de Andarax por el condestable de Navarra, Luis de Viamonte, conde de Lerín. Las versiones de los cronistas no están contestes con la de Hurtado de Mendoza en cuanto a la crueldad del padre de éste en Güéjar: según Don Diego, el conde hizo pasar a cuchillo a los defensores y a los moradores; según la del continuador anónimo de Hernando del Pulgar —más creíble, por ser contemporáneo— los rendidos fueron llevados a Granada y puestos a la venta; Bernáldez no da detalles al respecto. El continuador de Pulgar detalla mucho sobre la toma de Andarax: «Este día se tomó una parte principal de la dicha Andarax, y en la otra parte, que es algo más fuerte, se recogieron los moros, donde había mucho número, porque se habían recogido a la dicha Andarax, y como el lugar más principal y más fuerte, muchos moros y moras de otros lugares de las dichas Alpujarras. Y esa noche se capituló que otro día de mañana se entregasen todos los dichos moros y se tornasen christianos, y quando fue el día segundo a las nueve oras habiendo los moros entregado las armas conforme a lo capitulado, algunos christianos del exército se soltaron por robar y entrar en donde estaban los moros, y se comenzaron a revolver unos con otros, y como se sentió en el exército, fueron muchos allá y mataron muchos moros y moras en número de más de tres mill ánimas, que en la sola mezquita murieron más de seiscientos,[11] que estaban

11. Mármol Carvajal no habla de desmanes de los soldados y pone al propio conde de Lerín por sujeto de la frase «voló con pólvora la mezquita mayor, donde se habían recogido las mujeres y niños de aquellos lugares».

allí recogidos, que fue cosa de muy grand lástima en todos los demás moros y moras que fueron presos y se soltaron libremente, y se tornaron christianos conforme a lo que se capituló con el Rey Cathólico, y el saco que allí se hizo fue muy grande, porque muy grand parte de las riquezas de las Alpujarras estaban allí recogidas, y después acá la Alpujarra está pacífica». Me he detenido en este pasaje con la intención de que se considere qué se podía esperar de una conversión colectiva conseguida en semejantes circunstancias. La incongruencia entre la frase final («después acá la Alpujarra está pacífica») y la primera del párrafo que inmediatamente sigue, aunque se refiera a una región algo más meridional, no sólo puede ser muestra de lo que digo, sino que apoya también, por otra parte, la sospecha de los críticos de que esta continuación anónima de Hernando del Pulgar probablemente es obra de distintas plumas: «En el año de quinientos e uno luego seguiente, se rebelaron muchos moros nuevamente convertidos en la Sierra Bermeja...».

Pero no adelantemos el curso de los hechos. La sublevación de Güéjar, Lanjarón y Andarax concluyó, al parecer, el 7 de marzo de 1500. El cura de Los Palacios, que apenas da detalle de los episodios, nos cuenta su final de esta manera: «e tomó por partido [habla del rey] todas las Alpujarras, e dejó a buen recaudo todas las fortalezas [...] e dejó orden como predicasen a los moros la santa fee e bautismo, e los convirtiesen por ciencia e buena razón, e les ficiesen saber como la voluntad suya e de la Reyna era que todos fuesen christianos [...] e dende a pocos días prosiguiendo lo susodicho los dichos Arzobispos [aquí Bernáldez no está conteste con Mármol Carvajal, según el cual Cisneros fue retirado de Granada inmediatamente después de la sublevación del Albaicín] y la clerecía de Granada, convirtieron la ciudad y bautizaron más de setenta mil personas grandes e chicas en Granada y su comarca, de manera que en toda la ciudad no quedó ninguno por bautizar». Todavía, pues, en marzo de 1500, al menos según nos los presenta el pasaje de Bernáldez, no puede decirse que la conversión y el bautismo —aun a despecho de la referencia a la voluntad de los monarcas, que en ningún caso, tiempo ni lugar podrá evitar tener siquiera un punto de ominosa, si es que no incluso de conminatoria— fuesen omnímoda y declaradamente constrictivos. Por conversión forzosa, sin embargo —y, por tanto, contraria a la Capitulación de 1491, que concedía a los granadinos conservar su credo—, la tuvieron, según Mármol Carvajal, y si es que no la trastrueca con la de 1502, los propios moros, pues reclamaron contra ella ante el Sultán de Turquía, el cual respondió con la amenaza de comportarse de igual modo con los muchísimos cristianos que vivían, respetados en su fe y su culto, en los dominios del imperio. (Estas embajadas tuvieron un precedente casi totalmente análogo, salvo que los mensajeros del «Gran Soldán», dos franciscanos del Santo Sepulcro, se dirigieron primero a Roma, de donde el papa los remitió, con un breve, a los Reyes Católicos, en 1489, según Hernando del Pulgar —capítulo CXII de la tercera parte de su crónica—, que refiere también cómo los reyes, aun manteniendo, en su respuesta al sultán, su derecho a la dominación política sobre el reino de Granada, encarecían su respeto hacia las libertades civiles y hacia la religión islámica de sus nuevos súbditos, lo que bien pudo constituir un compromiso que reforzase la inicial actitud de tolerancia religiosa, prometida en las Capitulaciones de Santa Fe, de 1491.) Es curioso que esta vez el mensajero enviado por los reyes ante la Sublime Puerta fuese ni más ni menos que Pedro Mártir de Anglería, ya por entonces, casi seguramente, preceptor de los dos hijos mayores del conde de Tendilla: Don Luis, futuro sucesor de éste en la capitanía general del Reino de Granada, que tenía entre 12 y 13 años, y Don Antonio, futuro primer virrey de Nueva España, que andaría por los 10.

Pero aunque, como se verá, no es por capricho el haberme demorado hasta aquí en tales detalles, abreviemos. Tras las ya referidas conversiones de la capital, los arzobispos de Sevilla y de Granada y los obispos de Málaga, Guadix y Almería enviaron predicadores de la fe cristiana a otras comarcas del reino de Granada, donde fueron muy mal recibidos por los moros, que mataron a algunos y singularmente a dos clérigos de Alcalá con muerte de tormento. A raíz de lo cual, —volviendo a transcribir de Andrés Bernáldez—, «en el mes de Enero del año de 1501, estando la corte en Granada, alborotáronse los moros de Sierra Bermeja e de las comarcas de Ronda, e alzáronse para se defender o pasarse allende [esto es, *allende* el mar, o sea a Marruecos o Argel], antes que no ser christianos, e por temor que habían fecho muchos daños e muertes en los christianos, e habían matado entonces a los dos clérigos de Alcalá Antón de Medellín e Alonso Gascón en Daiden, e los quemaron, después de los haber muerto atados a sendos árboles a cañaveradas e pedradas...». Fue, pues, sin duda, este levantamiento con la subsiguiente represión, en la que murió con otros ochenta caballeros don Alonso de Aguilar, Señor de Aguilar y hermano mayor del Gran Capitán (hecho a partir del cual los cristianos debieron de ser tan poco amigos de adentrarse por aquellos andurriales que, según Mármol Carvajal, en septiembre de 1570 fueron hallados todavía insepultos y «blanqueaban calaveras de hombres y huesos de caballos amontonados»), lo que acabó por decidir a los Reyes Católicos a librar la pragmática del 12 de febrero de 1502, por la que la conversión forzosa se dictaba no sólo para los moros de Granada, sino también para los mudéjares de los reinos de León y de Castilla —y por ende de todo el resto de Andalucía—, concediendo, al parecer, un plazo de tres meses para exiliarse de España los que quisiesen seguir siendo mahometanos, por lo menos a tenor de los *Anales breves* de Lorenzo Galíndez Carvajal, no según Bernáldez, cuya crónica omite —o da tal vez por sobrentendida— la opción del exilio y se limita a decir: «... habido su consejo [el Rey y la Reyna], mandaron de hecho que todos los moros del reyno de Granada, e todos los moros mudéjares de Castilla e Andalucía, dentro de dos meses fuesen christianos e se convirtiesen a nuestra Santa fe Cathólica e fuesen baptizados, so pena de ser esclavos del Rey y de la Reyna los que fuesen realengos, e los de los señoríos esclavos de los señores, e predicándoles en toda Castilla donde los había, y en el reyno de Granada, y cumpliose el plazo de los dos meses en el mes de Abril del dicho año de 1502 [Galíndez Carvajal habla de *tres* meses para el *exilio* y los da por cumplidos en mayo, mes tras el cual no se les deja ya salir, sino sólo hacerse cristianos, y no hace mención de la esclavitud]. E ansí de ellos convertidos de buena voluntad, *e todos los más contra toda su voluntad* [subrayado mío], fueron baptizados considerando que si los padres no fuesen buenos christianos, que los fijos o nietos o viznietos lo serían. E aquí cesó la descomulgada mezquita del malvado Mahoma en Castilla, a la qual pusieron perpetuo silencio, como a cosa muy emponzoñada e empecible, los buenos e bien aventurados y de perpetua y gloriosa memoria Don Fernando e Doña Isabel, Reyes de España». En la corona de Aragón la conversión forzosa de los mudéjares no llegaría a imponerse hasta 1526, o sea bajo el emperador y el mismo año en que se estableció en Granada la Santa Inquisición.

A sus recuerdos de infancia de las sublevaciones del Albaicín en 1499, de Güéjar, Lanjarón y Andarax en 1500, de Sierra Bermeja en 1501, y a multitud de pequeños episodios posteriores durante la capitanía general de su padre y acaso también de la de su hermano, debía, así pues, de referirse don Antonio de Mendoza cuando —ya virrey de Nueva España desde once años atrás—, en su pliego de descargos del 30 de octubre de 1546 y en contestación al cargo 38 de la lista presentada por Francisco Tello de Sandoval contra él (véase la Nota 4 de este mismo texto, pág. 71), alega: «como se haze en españa con los erejes e ynfieles que la gente los acuchillan en el camino sin que sea a cargo de justicia»; y más abajo: «y en el rreyno de granada se acostumbra a cañauerear y apedrear muchos moros de los que an rrenegado nuestra santa fe», donde, puesto que el cargo 38 lo incriminaba de haber mandado *aperrear* (o sea hacer morir destrozados entre las fauces de los perros) y fusilar con una bala de cañón a grupos de indios puestos en hilera, se ve bien hasta qué punto la corona de espinas que cayó sobre la progenie de los moros (tan semejante a la que ya había ceñido y aún seguiría ciñendo las sienes de la de los judíos) cruzó el Atlántico en las mientes y en el alma del segundón del conde de Tendilla y discípulo del humanista (o sea, para entendernos, uno de esos que llaman de ese modo) Pedro Mártir de Anglería, para ir a caer sobre la progenie de los indios *bajo idéntico argumento*, puesto que, según el número 188 del interrogatorio preparado por don Antonio de Mendoza el 8 de enero de 1547 para apelar contra la lista de cargos de Tello de Sandoval, y en respuesta al mencionado cargo 38, «la justicia que se hizo de dichos indios después de ganado el peñol de Mistón, convino hacerse por los grandes delitos que dichos indios habían hecho contra Dios Nuestro Señor, *siendo* [ya] *bautizados e industriados en las cosas de la fe* [subrayado mío]». Digamos, para satisfacción de los lectores, que el virrey don Antonio de Mendoza salió absuelto de la «visita secreta» de Tello de Sandoval —prácticamente equivalente a un juicio de residencia— por sentencia del Consejo real y del Consejo Real de Indias,[12] el 14 de septiembre de 1548, o sea diez años y cuatro días después de la fecha de la carta por la que el emperador, al ordenarle retirar cualesquiera copias de la bula *Sublimis Deus* (en la que el papa Paulo III establecía que los indios «son verdaderos hombres» [...y] «no pueden ser privados de su libertad por medio alguno, ni de sus propiedades, aunque no estén en la fe de Jesucristo; y podrán libre y legítimamente gozar de su libertad y de sus propiedades, y no serán hechos esclavos») que hubiesen podido filtrarse hasta las Indias, le daba la primera gran ocasión de demostrar su acendrado celo gibelino, comparable, por cierto, con el que cinco meses antes de la citada absolución por los consejos —dicho sea a título de curiosidad— su hermano don Diego Hurtado de Mendoza, a la sazón embajador, por más que atrabiliario e incompetente, ante la Santa Sede, supo, no obstante, demostrar, al imponer al mismo pontífice Paulo III la aceptación de la tajante negativa del emperador, con el cerrado apoyo de los cardenales españoles, de trasladar a Bolonia, tal como por temor a la Liga de Smalkalda el papa deseaba, la sede del Concilio, ya establecido desde 1545, huelga decirlo, en Trento.

Para acabar, en fin, con la corona de espinas que, por la férula de una fe cristiana impuesta y la impostura de unas conversiones constrictivas y unos bautismos radicalmente sacrílegos, vino a caer sobre la progenie de los moros, la circunstancia por la que se inició el remate de su definitiva destrucción fue la visita al tercer papa Medici (Angelo), Pío IV por nombre pontificio, y sobre el año de 1559 o el

12. Cuya presidencia estaba desde 1546 —tras la muerte del primer presidente, fray Francisco García de Loaysa— en manos de don Luis Hurtado de Mendoza —hermano mayor de Don Antonio, el virrey—, nombrado para el cargo tras abandonar la capitanía general de Granada.

siguiente, de don Pedro Guerrero, arzobispo de Granada, presente por entonces en Italia con ocasión de su asistencia al Concilio de Trento.[13] Habiéndose, así pues, probablemente, escandalizado el Santo Padre ante la descripción del arzobispo sobre la conflictiva y empantanada situación que, por querellas de jurisdicción o por emulaciones entre la capitanía general (ya, por entonces, en manos del segundo don Íñigo López de Mendoza, IV conde de Tendilla, pero iniciadas en tiempos de su padre, Don Luis) y las autoridades judiciales, atravesaban los moriscos del Reino de Granada, que, atropellados o como estrujados entre una y otra parte, terminaban por echarse más y más al monte, convirtiéndose en monfíes, o sea en bandoleros, con lo que se volvían al credo islámico, que nunca en su corazón habían abandonado; escandalizado, venía yo diciendo, el Santo Padre ante este panorama, encareció al arzobispo Guerrero su deseo de que se acabase de una vez con la «herejía» de los moriscos (pues preferían usar el término «herejía», en vez de «apostasía», más propio desde su punto de vista). Para que se conozca de una voz más próxima el proceso de los hechos, extractaré unos párrafos de Hurtado de Mendoza:

> «Vínose a causas y pasiones particulares, hasta pedir jueces de términos; no para divisiones o suertes de tierras, como los romanos y nuestros pasados, sino con voz de restituir al Rey o al público lo que le te-

---

13. Mármol Carvajal trastrueca tal vez las gestiones de Guerrero, que aunque ya era arzobispo los dos últimos años del pontificado de Paulo III (que duró de 1534 a 1549), mal pudieron ser las preocupaciones de este papa las que transmitiese, tal como él escribe, «al rey don Felipe II nuestro señor» (a menos que designe a Felipe —entonces en funciones de regente— como lo que ya era cuando escribe su crónica), cuyo reinado no empezaría, como es notorio, hasta siete años después de la muerte de Paulo III. Parece, con todo, más verosímil que fuese con Pío IV y no con Paulo III, como él dice. Y también pudo haber habido más de una gestión.

nían ocupado, e intento de echar algunos de sus heredamientos. Este fue uno de los principios en la destrucción de Granada común a muchas naciones; porque los cristianos nuevos [en este caso, evidentemente, no judíos, sino moros], gente sin lengua y sin favor, encogida y mostrada a servir, veían condenarse, quitar o partir las haciendas que habían poseido, comprado o heredado de sus abuelos, sin ser oidos.» [...] «Del desdén, de la flaqueza de provisión, de la poca experiencia de los ministros [sobrentiéndase "de justicia"] en cargo que participaba de guerra, nació el descuido, o fuese negligencia o voluntad de cada uno que no acertase su émulo. En fin fue causa de crecer estos salteadores (monfíes los llamaban en lengua morisca), en tanto número, que para oprimirlos, o para reprimirlos no bastaban las unas ni las otras fuerzas. Este fue el cimiento sobre que fundaron sus esperanzas los ánimos escandalizados y ofendidos; y estos hombres fueron el instrumento principal de la guerra. Todo esto parecía al común cosa escandalosa; pero la razón de los hombres, o la providencia divina (que es más cierto) mostró con el suceso, que fue cosa guiada para que el mal no fuese adelante, y estos reinos quedasen asegurados mientras fuese su voluntad. Siguiéronse luego ofensas en su ley, en las haciendas, y en el uso de la vida, así cuanto a la necesidad, como cuanto al regalo, a que es demasiadamente dada esta nación [la de los moros, se sobrentiende]; porque la Inquisición los comenzó a apretar más de lo ordinario.»

Así las cosas, el arzobispo de Granada se apresuró a informar a Felipe II de las preocupaciones pontificias, mientras que el propio Pío IV escribió, por su parte, sobre su alarma ante el mismo conflicto, a su nuncio en España, don Juan Bautista Castaño, obispo de Rossano. El caso es que a finales de 1566, Felipe II reunió una junta de juristas y teólogos de la que emanó la pragmática del 17 de noviembre de 1566, amén de otras posteriores del mismo tenor, según las cuales, y volviendo a citar el texto literal de Hurtado de Mendoza, quedó dictado, para los moros del Reino de Granada, lo siguiente:

> «El rey les mandó dejar el habla morisca,[14] y con ella el comercio y comunicación entre sí; quitoles el servicio de los esclavos negros a quienes criaban con esperanza de hijos, y el hábito morisco en que tenían empleado gran caudal: obligáronlos a vestir castellano con mucha costa, que las mujeres trajesen los rostros descubiertos,[15] que las casas, acostumbradas a estar cerradas, estuviesen abiertas; lo uno y lo otro tan grave de sufrir entre gente celosa. Hubo fama que les mandaban tomar los hijos, y pasarlos a Castilla;

---

14. Bien distinta fue la actitud del mismo Felipe II, al respecto de la lengua, con la tercera progenie destinada a recibir en sus sienes la corona de espinas de la conversión y el bautismo. Así, en 1580, cuando el Consejo de Indias en pleno optó por la imposición del castellano, y no sólo para la predicación, sino probablemente también con miras al control político, el rey se negó en redondo, alegando: «No parece conveniente apremiarlos a que dejen su lengua natural, mas se pondrán maestros para los que voluntariamente quisieren aprender la castellana, y se dé orden como se haga guardar lo que está mandado en no proveer los curatos, sino a quien sepa la de los indios». Y así, mandó crear dos cátedras en las universidades de Lima y de México, para que se diesen clases de quechua y de nahua, respectivamente, sobre todo a los curas y a los misioneros. Por el contrario, en 1770, fue el Consejo de Indias quien se opuso a la proposición del arzobispo de México, don Francisco Antonio Lorenzana, para que se impusiese a los indios, obligatoriamente, el castellano; pero el rey Carlos III, ateniéndose a las doctrinas de la Ilustración, estuvo de acuerdo con Lorenzana y, en contra del parecer del Consejo de Indias, mandó hacer obligatorio para los indios el aprendizaje y el uso del castellano, «para que de una vez —reza literalmente la cédula— se llegue a conseguir el que se extingan los diferentes idiomas de que se usa en los mismos dominios, y sólo se hable el castellano». (Véase el APÉNDICE IV de este mismo texto, págs. 279-281).

15. En esto, por el contrario (véase, aquí encima, la nota anterior), Felipe II se anticipaba a la actitud del despotismo ilustrado y aun de las ideas ilustradas vigentes hoy en día, tal y como hemos visto hace apenas dos años, con la gran polémica francesa en torno al uso del chador en las aulas escolares y universitarias por parte de las estudiantes mahometanas.

vedáronles el uso de los baños, que eran su limpieza y entretenimiento; primero les habían prohibido la música, cantares, fiestas, bodas, conforme a su costumbre, y cualesquier juntas de pasatiempo. Salió todo esto junto, sin guardia, ni provisión de gente; sin reforzar presidios viejos, o afirmar otros nuevos. Y aunque los moriscos estuviesen prevenidos de los que había de ser, les hizo tanta impresión, que antes pensaron en la venganza que en el remedio.»[16]

¿Para qué decir más? Era lo último; y esta vez, aunque provocado por los informes del arzobispo de Granada, el impulso decisivo había partido del celo apostólico del Sumo Pontífice Pío IV, con la ya mencionada carta a su nuncio en España y sus encarecimientos al arzobispo para que hablase con el rey. Por su parte, Felipe II necesitaba mucho mejorarse con Roma, ya que el papa inmediatamente anterior, Paulo IV (Caraffa) le había retirado algunos privilegios otorgados por otros papas, a causa de la irrupción armada del duque de Alba (virrey de Nápoles a la sazón) en los Estados pontificios, tras algunos incidentes derivados del pacto secreto que el papa tenía concertado, ya desde antes de la tregua de Vaucelles, con Enrique II de Francia, para echar de Nápoles a los españoles. Y todo esto se dice aquí tan sólo con el fin de mostrar de cuán ajenas y remotas circunstancias colgaba, en mayor o menor grado, la desventura de los moros granadinos. Con todo, hay que tener en cuenta que los más intransigentes de la junta —celebrada en Madrid, y en la que no participa-

16. La pragmática así extractada por Hurtado de Mendoza reproducía —y todo lo más, complementaba—, en realidad, otra de tiempos del emperador, fechada el 7 de diciembre de 1526 y emanada por una junta semejante, cuya ejecución fue aplazada por «suplicación» (apelación) de los moriscos en 1527 por primera vez, y en 1530, por segunda, cuando la emperatriz quiso imponerla —al menos en lo tocante a los vestidos— en ausencia del emperador. En 1566 fue desoída cualquier «suplicación».

ron ni el arzobispo ni el capitán general— fueron precisamente los religiosos: el cardenal Espinosa, presidente del Consejo de Castilla, el obispo Gallo de la diócesis de Orihuela, y don Pedro de Deza, del Consejo de la Inquisición y, por entonces, presidente de la Chancillería de Granada, cuyo fervor religioso —fervor que mereciera más el nombre de «furor»— se impuso a las prudentes protestas de Don Íñigo, el capitán general, que demandaba, por lo menos, demora, circunspección y paulatinidad para tan drásticas medidas.

Según Mármol Carvajal, fue a causa de la propia impunidad con la que los cristianos se habían acostumbrado a cometer toda suerte de atropellos y de robos contra los campesinos moriscos por lo que se frustró la intentona inicial de la sublevación, organizada por un Farax ben Farax, y consistente en un asalto a la propia ciudad de Granada, apoyado desde el Albaicín, desde la sierra y desde la vega, pues fue precisamente el deseo de vengar una de tales depredaciones (perpetrada esta vez por los alguaciles y escribanos de la audiencia de Ujíjar, deseosos de agasajar, a costa de los moros, a sus familias, residentes en Granada, a donde se dirigían a pasar la Santa Navidad) lo que hizo que uno de los grupos conjurados, deshaciendo la simultaneidad y la sorpresa, hiciese fracasar el primer golpe de la insurrección. Pero el empeño no tenía ya posible vuelta atrás y pronto se trocaría en guerra abierta, bajo el mando de un nuevo caudillo: el famoso Aben Humeya.

De la terrible guerra, que duró hasta noviembre de 1570, han quedado —aparte de una relación oficial, escrita, como era obligado, por el capitán general don Íñigo López de Mendoza, para el rey— tres crónicas contemporáneas: la de Diego Hurtado de Mendoza, la de Luis de Mármol Carvajal y la de Luis Cabrera de Córdoba —esta última inserta en una crónica de todo el reinado de Felipe II. La primera expulsión —inacabada— de los moriscos, consiguiente a la guerra, consistió desde luego en un desalojo total de la región de Las Alpujarras y creo que casi total del reino de Granada; muchos de los moriscos embarcaron hacia Berbería —lo que actualmente llamamos el Magreb—, otros fueron deportados a Castilla y Extremadura. El reino de Granada, por la riqueza de sus recursos, fue pronto repoblado con cristianos de otras regiones españolas, sobre todo gallegos, si no recuerdo mal. La segunda y definitiva expulsión de los moriscos, que comprendió también a los antiguos mudéjares de Valencia, Aragón y Cataluña (ya convertidos en *moriscos,* o sea bautizados, desde 1526), junto con los del resto de España, fue dictada por un bando de Felipe III de 1609, y a despecho de algunas protestas de los nobles, que apreciaban a los moriscos como mano de obra agrícola barata y competente para sus latifundios, se llevó a cabo, región por región, en los años subsiguientes. Así acabó la segunda de las progenies destruidas por esa especie de «Industria de Sufrimientos Intensivos» en que, *Roma iuuante,* se convirtió España sobre todo a partir de su tan glorificada unidad nacional, bajo un catolicismo que se diría como obcecado en hacerles a las otras religiones, monoteístas o paganas, muchísimos más mártires que los que nunca acertó a darle, por su parte, a la propia de Jesús de Nazaret. Lo serían seguramente los dos clérigos de Alcalá de los Gazules muertos con tormento en 1501, pero no sé hasta qué punto Nuestro Señor Jesucristo recibiría en su seno como tales, según sus intenciones, al preconizado pero malogrado primer inquisidor de Zaragoza, Pedro de Arbués, asesinado por los judíos en 1485, o aun, según sus hechos, al alguacil Barrionuevo, linchado por los moros cuando se llevaba presa a una mujer del Albaicín por orden de Cisneros.

Viniendo, pues, finalmente, al caso de los indios,

las primeras bulas que, como primeras gemas referentes a Ultramar, vinieron a engastarse en la corona de Castilla, por entonces en cabeza de doña Isabel de Trastamara, fueron las famosas y tan discutidas de Alejandro VI (Rodrigo de Borja), familiarmente llamadas «bulas alejandrinas». Respecto de ellas pienso aprovecharme del minucioso y encomiable estudio de Alfonso García-Gallo, «Las bulas de Alejandro VI y el ordenamiento jurídico de la expansión portuguesa y castellana en África e Indias» (*Anuario de Historia del Derecho Español*, Madrid, 1957-1958; reedición en Alfonso García-Gallo, «Los orígenes españoles de las instituciones americanas», Real Academia de Jurisprudencia y Legislación, Madrid, 1987, págs. 313-659), que, al menos para un profano o un semi-pre-iniciado como yo, resulta enteramente convincente. El punto de partida del estudio de García-Gallo consiste en algo tan elemental y evidente, *una vez propuesto*, como remontar la espontánea e inadvertida inercia de un espejismo de punto de vista histórico, análogo, por cierto, al que hace resbalar a Julián Marías en su interpretación del pasaje del cardenal Pietro Bembo (véase la nota 1 de este mismo Apéndice, pág. 99); pues, en efecto, así como a Marías, desde el distraído punto de vista del siglo XX, no se le ocurre pensar que el célebre cardenal[17] pueda estarse refiriendo a otro idioma que al castellano cuando habla de «*voci*» y «*accenti*» «*Spagnuoli*», y no al catalán, siendo así que éste era el idioma familiar y al menos en parte cortesano

17. Tenido por el mejor latinista y «escritor latino» del siglo XVI, y autor, si se me permiten recuerdos infantiles, del epitafio más inconmensurablemente laudatorio que pueda imaginarse, dedicado al pintor Raffaello Sanzio en su tumba del *Panteon* de Roma, y que mi abuelo italiano trataba en vano de hacerme traducir a mis diez u once años, aunque ya con resuelta vocación de pésimo estudiante: *Ille hic est Raphael timuit quo sospite uinci rerum magna parens et moriente mori.*

(*«e Valenza il colle Vaticano occupato avea»*, dice el propio Bembo) de Alejandro VI, así tampoco a los profanos se nos ocurre considerar, hasta que alguien como García-Gallo nos advierte contra el espejismo, el Descubrimiento de Colón en 1492 más que como una absoluta novedad, como un *comienzo* —y un comienzo enfáticamente señalado como un hito milenario en la Historia Universal—, y no como una *continuación*, que no otra cosa era para los espectadores de 1493 y, por lo tanto, para el autor de las famosas bulas, Alejandro VI. Tan es así, que, después de un primer *éclat* de lo que sólo más tarde se sabría que era nada menos que «El Descubrimiento de América», hubo unos años de vacilación y, por así decirlo, recesión ante un descubrimiento sin duda más importante —por la distancia, por las dimensiones y sobre todo por la dirección occidental de la navegación— de lo que podría haber sido, por ejemplo, el de las *Islas Afortunadas* o Canarias, en el supuesto de que no hubiese habido noticia de ellas desde la Antigüedad,[18] pero no de un orden de magnitud distinto, y aun menos en un grado tan superior como el que tiene hoy para nosotros. Síntoma claro de esa «recesión» es sin duda el hecho de que

18. Noticia que se remontaba, si es que no me equivoco, a los cartagineses, y en concreto al Periplo de Hannón, pero que, comprensiblemente, tenía un carácter casi legendario cuando fueron redescubiertas por los genoveses en 1312: Lancellotto da Maloncello dejó su nombre de pila hasta hoy en el topónimo «Lanzarote». Tal circunstancia, dicho sea de paso, podría tal vez servir de explicación para el extraño doblete de raíces verbales, aparentemente sinonímicas, que aparece en la Capitulación de las Alcáçovas: «descubiertas e por descobrir, falladas e por fallar», donde con «fallar» querría acaso dejarse comprendido aquello de lo que, como de las Canarias, había alguna noticia, pero faltaba la localización. No bastaba decir que uno había sido el primero en ver tal o cual isla en el Atlántico; tenía que saber también dónde *se hallaba*; a la capacidad de señalar su sitio en las cartas marineras, como el de las Afortunadas desde 1312, habría querido reservarse, de ser cierta mi hipótesis, la suficiente convalidación.

en 1495 la corona de Castilla restringió a quinientas las personas que podían permanecer a su sueldo en La Española, mandando que las restantes se volviesen a España.

Deshacer el espejismo de punto de vista histórico en la consideración del descubrimiento colombino de 1492, así como de las bulas de 1493 que a él se refieren, pasando a concebirlos no ya como un *comienzo* sino como una *continuación*, significa evidentemente devolverlos al lugar de la sucesión en que se inscriben e interpretarlos a la luz de la sola relación vigente de los que son continuación, pero no —y esto es lo que aquí importa— en el sentido débil y genérico en que todo hecho histórico viene precedido de otros que lo han hecho posible y a la vez lo condicionan, configurando, como gustan decir los periodistas, «su contexto histórico», sino en el sentido fuerte y específico de su pertenencia a una sucesión muy especializada de designios, acciones y avatares homogéneos: la de las expediciones, exploraciones y conquistas terrestres y sobre todo marítimas por parte de los reinos de Castilla y Portugal, allende el litoral peninsular y más allá de las Columnas de Hércules, tanto Atlántico afuera, ya sea rumbo al norte, ya, preferentemente, rumbo al sur, como sobre el África islámica, en un principio a título de prolongación de esa especie de Cruzada Occidental, reconocida como tal por Roma, por lo que yo ahora pueda recordar, al menos para la guerra contra los Almohades, coronada, como sabe hasta el más cateado bachiller, con la victoria de 1212 en las Navas de Tolosa, pues bula de Santa Cruzada *(Gaudeamus et exultemus)* recibió de Benedicto XII el rey de Portugal Alfonso IV, en 1341, para su guerra contra el reino de Fez, aunque sólo su sucesor Don Juan I alcanzará definitivamente, en 1415, la conquista de Ceuta para la Cristiandad. Y es a raíz de este hecho cuando se expiden las primeras bulas que, aunque indirectamente todavía, afectan al asunto que traemos en cuestión: la *Romanus Pontifex* (primera de este nombre) del papa Martín V y del 4 de abril de 1418, por la que se concede a Juan I convertir la mezquita de Ceuta en catedral cristiana y la *Sane charissimus* del mismo papa y de la misma fecha, importante por ser la última bula —al menos por cuanto yo pueda saber— en que se recomienda la colaboración de otros príncipes cristianos en la «Cruzada de Occidente» con el de Portugal, en lugar de excluirlos, en beneficio de uno solo de ellos —que de hecho habrán de ser primordialmente el rey de Portugal o el de Castilla, mutuamente excluyéndose a su vez—, conforme al que en adelante se mostrará invariable criterio pontificio. La motivación política de este criterio —que pronto se irá viendo— tendrá unas consecuencias, igualmente políticas, de alcance incalculable.

La interpenetración y aun parcial superposición de los diversos factores que van a entrar en juego en nuestro asunto hace desde luego imposible un enunciado limpiamente exento de cada uno de ellos, pero también hace difícil elegir, de entre las varias enumeraciones igualmente válidas, ya sea la teóricamente más plausible, ya sea la expositivamente más ordenada y esclarecedora. No habiendo, sin embargo, más remedio que aceptar el albur de la elección, será el lector quien juzgue de lo afortunado o desgraciado de la mía, tanto en los enunciados como en su ordenación, tal como, sin más disculpas, allá va:

PRIMERO. El carácter políticamente exclusivista que después de la arriba citada *Sane charissimus* de 1418 adoptan todas las bulas pontificias referentes a las que bajo mi sola responsabilidad denomino *Cruzadas Occidentales,* frente a las Orientales, en que los rasgos de coalición de Príncipes Cristianos se conservan, al menos formalmente (en el mando separado de don Juan de Austria, como capitán general de toda la escuadra cristiana, y de don Álvaro de Bazán, de la fracción española) más de siglo y medio después, en la guerra de Lepanto. Este carácter políticamente exclusivista tiene que ver con la paulatina transformación en otra cosa de lo que sólo al principio pudo concebirse como Cruzada propiamente dicha, tal como se verá en el punto CUARTO.

SEGUNDO. La índole *genéricamente* arbitral del papel del pontífice a lo largo de las actuaciones de los titulares sucesivos y sus diversas bulas. He subrayado «genéricamente» para evitar una confusión indeseable, que es la siguiente: García-Gallo, como experto jurista, sabe que *el arbitraje* es una institución jurídica rigurosamente formalizada, en la que el árbitro no actúa por su propio poder sino por poderes recibidos de las dos partes litigantes que lo han designado para dirimir su querella, bajo el compromiso de obligarse estrictísimamente a obedecer su dictamen. Y en este sentido rigurosamente jurídico rechaza junto con otros autores y con toda razón el carácter arbitral que algunos han querido atribuir a la segunda bula *Inter cetera* de Alejandro VI, ya sea por no responder a la exigencia de haber sido solicitada por ambas partes —presuntamente Castilla y Portugal—, sino en todo caso sólo por Castilla, ya sea por no otorgarla el papa a título de concesión graciosa a tal solicitud, aunque la haya habido, sino, *expressis uerbis*, a título espontáneo de su sola potestad apostólica, bajo la ficción verbal[19] de *motu propio*. En el sentido jurídicamente formal, ninguna de las bulas que conciernen al caso de que aquí es cuestión reúne los rasgos necesarios para que pueda

19. «Ficción verbal» no aduce aquí ningún sentido peyorativo para la palabra «ficción»; todo lo jurídico es «ficción», y no hay en ello menoscabo alguno; sólo quiero decir que aunque tal bula fue solicitada *de hecho*, el papa no quiso darle *de derecho* el carácter de respuesta a tal solicitud (Véase al respecto García-Gallo, *op. cit.*, págs. 479-481).

hablarse de arbitraje. De las dos que tal vez más podrían acercarse a ello, esto es, la *Dudum cum ad nos* de Eugenio IV del 31 de julio de 1436 y la *Aeterni Regis* de Sixto IV del 22 de junio de 1481, la primera de ellas, aunque dirime en concreto sobre el derecho de las Islas Canarias entre los reyes de Castilla y Portugal, no lo hace en respuesta a una solicitud simultánea y concertada de ambos reyes, tal como exigiría un arbitraje, sino como mediación entre dos demandas separadas de uno y otro rey: una petición de don Duarte de Portugal para que le sea concedida la conquista de las dichas islas, y una apelación de Juan II de Castilla, a través del obispo de Burgos, don Alonso de Cartagena, en contra de semejante concesión, en el Concilio de Basilea, con sus *Allegationes* (texto interesantísimo —cuya reproducción en los apéndices añade aquí el lector de García-Gallo, como una cosa más que agradecerle, a los méritos propios de su estudio— que ha de ser más abajo de suma utilidad); y en cuanto a la segunda, aunque responda a la exigencia formal de ser solicitada por petición concorde de las partes (en este caso, doña Isabel de Trastamara, reina de Castilla, y Don Alfonso V, rey de Portugal), no tiene por contenido una sentencia arbitral dirimente de un pleito todavía pendiente entre una y otra, sino tan sólo la ratificación o, por así decirlo, consagración papal, de un pacto ya previamente acordado y capitulado por ambas por su cuenta: la Capitulación de las Alcáçovas, del 4 de septiembre de 1479. Y en tal sentido, no creo que sea temerario, por mi parte, atribuir a la *Aeterni Regis* una función análoga a la del segundo —y no necesario— de los dos momentos que en la tradición romana conformaban lo que hoy concebimos como un acto unitario bajo la noción de «juramento» (un derivado nominal, por cierto, que, aunque perfectamente posible, nunca fue construido, a partir de *iuro*, en el latín, y sólo se formó ya en las lenguas romances sobre «jurar» y sus equivalentes). Los dos momentos eran el *sacramentum* —siempre necesario— y la *execratio* —complemento optativo; por el primero, el que juraba comprometía, poniéndolo por fiador del cumplimiento, su buen nombre público, que vale tanto como decir «su honor»; por el segundo, añadía —ya sea espontáneamente, ya sea por exigencia de los otros— la garantía de echar o de aceptar sobre su cabeza, en caso de incumplimiento, los más terribles males, por lo común bajo forma de maldición divina —o sea de los dioses de lo alto—, pero quizás a veces —a menos que esto sea ya medieval— bajo la de conjuro de poderes ctónicos. (Como residuos modernos de la *execratio* romana podemos todavía reconocer fórmulas tales como «Que me caiga yo muerto ahora aquí mismo» y otras semejantes que ponen por garantía hasta la vida de los seres más queridos. Y en el famoso romance de las juras de Santa Gadea, la serie de maldiciones condicionales con las que el Cid conjura al rey Alfonso si faltare a la verdad sobre la muerte de su hermano es un modelo perfecto de *execratio*.) Prácticamente análogo al descrito era, a mi entender, el sentido de la demanda hecha al papa Sixto IV por los soberanos de Castilla y de Portugal con respecto a la Capitulación de las Alcáçovas: aunque la firma de ésta por las partes se bastaba a sí misma como *sacramentum*, en la medida en que una y otro hacían del cumplimiento compromiso de honor, quisieron añadirle, a través de la bula pontificia, la garantía de una *execratio*, a cuyo título, como piadosos príncipes cristianos, no podían tener por válida ninguna otra que no fuese la amenaza de una excomunión papal. Y me he extendido en este comentario a fin de sugerir que más que el reconocimiento de una nunca bien definida «potestad apostólica», era tal vez la fuerza coercitiva del temor a la amenaza de excomunión papal —con que las bulas solían concluir— por parte de todos los príncipes cristianos lo que hacía que cualquiera de ellos que quisiese imponer y asegurar sus pretensiones frente a todos los restantes se acogiese al recurso de pedir una bula a su favor, para poder esgrimirla como instrumento de fuerza capaz de detener a cualquier otro posible competidor cristiano ante los límites del área reservada, de modo privativo, a sus proyectos de dominación. Volviendo ahora, finalmente, al contenido de este segundo punto, si bien, tal como creo haber argumentado, parece cierto que de ninguna de la bulas que atañen a mi asunto sería correcto hablar de un «arbitraje» en el sentido formalmente jurídico del término, sostengo que en el sentido lato que en la lengua común alcanza la palabra sí cabe hablar, no obstante, de un papel genéricamente arbitral, no de una bula ni de un papa en concreto, sino del pontificado en su continuidad a lo largo de los sucesivos titulares que se las hubieron con las dos monarquías marineras que durante casi todo el siglo XV y buena parte del siglo XVI detentaron prácticamente la exclusiva de las navegaciones del Atlántico. Y por lo que me importa subrayar tal papel arbitral de los pontífices es por lo que apareja necesariamente de función política, es decir, referente al dominio temporal —aunque sea bajo la consabida consigna de «Paz y concordia entre los príncipes cristianos»—, por mucho que tratase de ejercerse, con toda buena fe, sin menoscabo alguno de la función apostólica y evangelizadora.

TERCERO. La incierta naturaleza de la «Potestad Apostólica». Con fecha del 28 de junio de 1077, el entonces pontífice Gregorio VII dirigió una carta «a los reyes, condes y demás príncipes de España» (se da por sobrentendido que cristianos), en la que les recordaba cómo, según las antiguas constituciones, el reino de España estaba dado a San Pedro y a la Santa Iglesia Romana en jurisdicción y propiedad *(regnum Hispaniae ex antiquis constitutionibus beato*

Petro et sanctae Romanae ecclesiae in ius et proprietatem esse traditum). Era esto en tiempos del rey Alfonso VI de Castilla, a quien poco más tarde el mismo papa impuso la sustitución del rito mozárabe por el romano. La consecuencia concreta de semejante reivindicación de la jurisdicción y propiedad fue la reclamación del cumplimiento de los correspondientes deberes tributarios para con la Santa Sede. Si tal reclamación basta de muestra, hay que concluir que en el siglo XI la «potestad apostólica» venía a interpretarse bajo una concepción cuasi-imperial. Sirva este precedente, en que no ya el Sacro Imperio Carolingio ni el Romano-Germánico, que el propio Gregorio VII se tomó el trabajo de intentar menoscabar, sino el Pontificado mismo parece considerarse como a modo de heredero del Imperio Romano de la antigüedad, para ahuyentar de una vez toda extrañeza ante los grandes extremos de elasticidad a que la concepción de la llamada *Apostolica postestas* (o bien *auctoritas*, con igual valor)[20] puede llegar a verse sometida entre doctrinas igualmente ortodoxas. Si Enrique de Susa, el cardenal Ostiense (fallecido en 1271), puede representar, con su doctrina, el polo extremo de la concepción teocrática de la potestad apostólica del pontificado, en cuanto hace de éste la única y suprema instancia legitimadora de todo poder temporal sobre la Tierra, hasta de los islámicos o no cristianos, reputados, por ello, poderes ilegítimos, y puestos a merced de cualquier príncipe cristiano, que podía legítimamente combatirlos, desposeerlos y despojarlos a su beneplácito, su contemporáneo Tomás de Aquino (muerto tan sólo tres años después) representa, con su doctrina iusnaturalista, el polo opuesto, la concepción ilustrada de

20. Pese a que hay una clara distinción jurídica entre ambos términos: la *auctoritas* comporta capacidad para crear derechos; la *potestas* no puede más que ejecutarlos.

la potestad apostólica, por cuanto al fundamentar los poderes temporales en el derecho natural[21] —que, en contra de la doctrina del Ostiense, no prescribía ante el derecho divino, dimanado de la Revelación—, reducía extraordinariamente las atribuciones pontificias al respecto, reconociendo el poder de los príncipes gentiles por tan legítimo como el de los príncipes cristianos. Interfiriendo de algún modo y como desde fuera con tal disparidad de doctrinas propiamente teológicas acerca del alcance de la potestad apostólica en sí misma, y cuando el águila bicéfala iba logrando ya extender su mala sombra sobre la haz de aquel nuevo universo en el que no se ponía el sol, fue acaso el sector laico el que aportó la parte, sin duda más exigua, pero también más eficaz para la conveniente confusión, siempre, naturalmente, sobre el a cada paso más vidrioso asunto de las atribuciones pontificias con respecto al dominio temporal. El piamontés Mercurino Gattinara, gran canciller de Carlos V y al par gonfaloniero de la intelectualidad orgánica imperial, dio en rescatar, con éxito mediano pero suficiente, las ideas de Dante Alighieri, sin duda por la aversión de éste —a quien tal aversión le valió al cabo el ser exiliado de Florencia— al papa que, con su famosa bula *Unam sanctam* del 18 de noviembre de 1302, se erigió en máximo defensor de los derechos pontificios sobre todo dominio temporal, llegando incluso a reclamar para sí mismo la jurisdicción y el señorío de la Italia central, Florencia incluida: Bonifacio VIII. Un tanto chapucera, sin embargo, como es indefectible en todo intelectual orgánico, era esta operación

21. Pese a la distinción del derecho positivo, llamado entonces «civil»; Vitoria: «Otra [potestad] es la civil, que aunque es cierto que tiene su origen en la naturaleza (y puede, por tanto, llamársele natural, como lo hace Santo Tomás en *De regimine principum*, lib. I, cap. 1.º: *pues que el hombre es el animal civil*), también es cierto que no la establece la naturaleza, sino la ley».

dantesca del gran canciller del destructor de Italia y media Europa, de España y de Ultramar, pues, si es verdad que Dante le servía como instrumento del emperador frente al pontífice, ello era a costa de tener que pasar como gato por brasas sobre la doctrina política de aquél contra la forma tradicional de la elección del emperador por parte de los príncipes electores alemanes, tal como se había repetido con el propio Carlos V, incluyendo el no menos tradicional soborno consentido y manifiesto, inmenso capital,[22] que de préstamo en préstamo, de deuda en deuda, de acreedor en acreedor, pasando por los *servicios* de las Cortes Castellanas, los empréstitos de la Mesta, los Fúcares, los Bélzares,[23] acabaría cayendo sobre las espaldas de los indios que morirían a chorros bajo el peso de sus esportillas en los dantescos pozos y galerías del Potosí. Existe incluso, aunque no he podido verla, una carta de Mercurino Gattinara a Erasmo de Rotterdam, consultándole sobre el uso que podría hacerse del *De Monarchia* de Dante en defensa de los intereses del emperador contra el pontífice Clemente VII, mientras, a raíz del Saco de Roma, Alfonso de Valdés, íntimo amigo de Don Mercurino, escribía, por su parte, el *Diálogo de las cosas ocurridas en Roma,* más conocido por *Diálogo de Lactancio y el Arcediano,* en que, en un determinado momento, le hace decir a Lactancio: «¿Dónde hallais vos que Jesú Christo instituyó su Vi-

22. El embajador de Inglaterra en Venecia, Richard Pace, le decía en una carta a Wolsey: «Es la mercancía más cara que jamás se haya sacado a subasta en este mundo».

23. Así fue castellanizado y puesto en plural (quedando definitivamente consagrada la grafía por el cronista de Venezuela, José de Oviedo y Baños) el apellido Welser, banqueros alemanes (al igual que los Fugger=Fúcares) a quienes, a fin de resarcirlos de los préstamos recibidos para el soborno electoral, concedió Carlos V la conquista de Venezuela, en la que, aunque duraron sólo 18 años, se dieron buena maña para hacerla una de las más ineptas y criminales de Ultramar.

cario para que fuese juez entre príncipes seglares, quanto más executor y revolvedor entre cristianos?» y al final, haciendo claudicar al arcediano ante las razones de Lactancio en defensa del emperador, pone en boca del propio arcediano estas palabras «... ¿Qué os parece que agora su Magestad querrá hazer en una cosa de tanta importancia como esta? A la fe, menester ha muy buen consejo, porque si él desta vez reforma la Iglesia, pues todos ya conocen quánto es menester, allende del servicio que hará a Dios, alcançará en este mundo la mayor fama y gloria que nunca príncipe alcançó, y dezirse ha hasta la fin del mundo que Jesú Christo formó la Iglesia y el Emperador Carlos V la restauró...». Ya se irá viendo, en fin, cómo este gibelinismo, no por remasticado menos radical, que llevaría al más tonto y más infeliz intelectual orgánico imperial, el olvidado poeta Hernando de Acuña, a acuñar la célebre consigna: «Una grey y un pastor solo en el suelo/.../ Un monarca, un imperio y una espada», expresaba el proceso por el que los sucesivos apoderamientos otorgados por los pontífices a favor de los monarcas castellanos y más tarde españoles, en materia eclesiástica y espiritual acabarían llegando a un punto de inflexión —cuyo hito puede incluso marcarse entre los años 1537 y 1538— tras el cual fueron ya los monarcas los que, por su real gana y a su propio arbitrio, se irían apoderando —y de un modo total respecto de las Yndias— de prácticamente todas las atribuciones y competencias jurisdiccionales de la Iglesia y de la religión. Hay que descartar, en fin, cualquier posible relación entre la actitud antipapal de los valdeses y los gattinaras y los recortes de la potestad apostólica del papa sobre el dominio temporal por parte de los neotomistas, pues, al menos según Vitoria, tanto Tomás de Vío, más conocido como «el cardenal Cayetano» y que resucitó el tomismo en 1517, como el propio Vitoria —que, por lo demás, empezó a escribir sus «Relecciones» el mismo año de la muerte de Valdés (1532) y dos años después de la de Gattinara—, si es verdad que recortaron las atribuciones pontificias en materia temporal, no fue, por cierto, para acrecentar, como nuestros dos humanistas (o sea, para entendernos, de esos que llamaban de ese modo), la del emperador, sino para acabar desautorizando aun más las pretensiones de éste como «señor de todo el orbe», fundadas, respecto de las Indias, en la famosa «donación» de Alejandro VI (y, por cierto, apoyada, a su vez, en una interpretación abusiva de sus bulas, según demuestra el clarividente estudio de García-Gallo). Si tal vez no puede dejarse de reconocer que Vitoria tuvo algún último punto de debilidad con el emperador (concretamen te en la segunda conclusión sobre el 2.º de sus «títulos legítimos» —*Relecciones sobre los indios*, tercera parte, núm. 10—, en que resuena claramente un eco de las *Allegationes* de Alonso de Cartagena), en modo alguno fue esa figura de intelectual orgánico con que —so color de enaltecerlo, pero en realidad para servirse de él como instrumento contra Las Casas— lo deshonra el falsario Menéndez Pidal (véase Apéndice IV de este mismo texto, págs. 255-270), ni menos todavía ese «padre del derecho internacional moderno» con que toda la canalla europea colonialista lo ha condecorado para agradecerle unos servicios que jamás quiso prestar, y derivados de una utilización de sus escritos que con toda su alma habría aborrecido de haber podido siquiera imaginarla desde una limpieza de conciencia y corazón como la suya.

CUARTO. La anticipación abstractiva de las tierras y los pueblos por el «mercado de futuros» castellano-portugués de la dominación. Una de las expresiones referentes a las Yndias que más me han impresionado desde el primer día en que la leí es aquella de «islas e tierras descubiertas e por descobrir» naturalmente cuando aparecía en un contexto jurídico; me escandalizaba que algo «por descobrir» y que por tanto no se sabía siquiera si existía pudiese ser hecho objeto de un derecho. No se trataba, desde luego, de la aplicación del principio de apropiación originaria, sino que, precisamente, venía a contradecirlo, en la medida en que según este principio, la *res nullius*, digamos una isla desconocida (dejando, por el momento, aparte la importante diferencia de si habitada o no, como las Antillas frente a las Azores), pasaba a ser de propiedad —si es que quería ejercer ese derecho— del primero que pusiese los pies en ella (dejando aquí también aparte la no menos importante distinción entre «propiedad» y «soberanía», con toda su corte de subdiferenciaciones jurídicas y jurídico-políticas), en la medida en que, en nuestro caso, el derecho de apropiación venía ya otorgado de antemano a un titular determinado. Pero, aunque el resultado de hecho venga a ser idéntico, la génesis de tal atribución personal de lo «por descobrir» no es una mera proyección directa sobre áreas marítimas más o menos vagamente definidas del derecho por el cual una mina que se descubra pasa a ser propiedad del dueño del territorio en el que esté ubicada (siempre con las distintas reservas que en unos u otros tiempos o lugares haya podido introducir en esto la soberanía, como, por ejemplo, la de que mientras en España, si es que no me equivoco, las minas «por descobrir» son, en principio, patrimonio del Estado, por el contrario, en los EEUU tengo entendido que los pozos petrolíferos pertenecen al dueño de la finca), sino de la continuidad histórica por la que, en las monarquías de la Península Ibérica, la tradición jurídico-política vigente entre los príncipes cristianos para las conquistas de la «Reconquista», se prolongó insensiblemente sobre los descubrimientos. Si recordamos que la conquista de Ceuta por los portugueses, en 1415, entraba plenamente todavía bajo el concepto de «Reconquista» o de Cruzada contra los sarracenos, y cómo fue el fracaso de ulteriores conquistas terrestres sobre el reino de Fez lo que fue desviando los impulsos portugueses de expansión, y en especial a instancias del infante don Enrique el Navegante (1393-1460), fundador de la escuela de navegantes de Sagres, hacia el mar y las costas africanas, entenderemos el proceso insensible por el que las concepciones propias de la Reconquista se hicieron extensivas a los descubrimientos. Como ejemplo de la tradición que regía entre los príncipes cristianos, a modo de lo que, con expresión muy actual, podríamos llamar «mercado de futuros» sobre las tierras peninsulares aún bajo el dominio de los moros, podríamos citar el Tratado de Cazola de 1179, entre Alfonso II de Aragón y Alfonso VIII de Castilla, estableciendo la divisoria de aguas entre los ríos Júcar y Segura como límite de lo que correspondía a la conquista de una u otra corona, o el Tratado de Almizra de 1244 entre Jaime I de Aragón y Alfonso X de Castilla, por el que, ratificando el anterior, se le reconocían a Castilla los derechos sobre Murcia (ya reconquistada por Fernando III, pero vuelta a sublevar con cierta implicación de cristianos en desavenencia) y se le concedía como «de su conquista» todo el reino moro de Granada. La expresión literal que acabo de poner entre comillas, la encontramos, desde luego, *todavía* en 1454, pero *ya* referida a zonas recientemente descubiertas y accesibles tan sólo por el mar: en efecto, habiéndole concedido en 1449 el rey Don Juan II de Castilla al duque de Medina Sidonia «cierta tierra que agora nuevamente se ha descubierto allende de la mar al través de las Canarias, que decía que es desde el Cabo de Agüer hasta la tierra y el Cabo de Bojador con dos ríos en su término, el uno llaman la mar Pequeña, donde hay muchas pesquerías, e se puede conquistar la tierra adentro», y comoquiera que en 1454 los portugueses hubiesen atacado y apresado algunas naves castellanas que volvían cargadas de aquel trecho de costa, el propio Juan II, al protestar por el atropello ante Alfonso V de Portugal, metía en su alegato estas palabras: «la tierra que llaman Guinea, que es de nuestra conquista».[24] Sin que haga falta buscar —cosa imposible, al menos para mí— el documento en que esta expresión literal, «ser de mi/nuestra conquista», aparece por última vez en un documento de querella o de concordia castellano-portugués, basta con este para mostrar cómo, aunque en algún momento acabase por sustituirse la expresión, la concepción engendrada en los usos de reparto entre príncipes cristianos bajo las representaciones, terrestres y concretas, de la «Reconquista» se deslizó de manera insensible y paulatina hacia lo que ya no era conquista sino descubrimiento, adquiriendo a lo largo de semejante transición unos rasgos de anticipación cada vez más abstractiva, que, por su propia incongruencia con la desmesura de los hechos empíricos con los que llegarían a enfrentar-

24. La alegación «es de nuestra conquista» resulta, para quien se interese por la *historia de la dominación*, un importantísimo precedente de todas las concepciones geopolíticas expansionistas, para lo que éstas han llamado «área o zona *natural* de expansión» (disfrazando de profano y natural lo que, en su origen, fue religioso y jurídico). Así, cuando Alejandro de Humboldt presentó a Jefferson —probablemente con total ingenuidad—, en 1804, los mapas que había levantado de Nuevo Méjico, Tejas, Arizona, California, etc., que todavía pertenecían a Méjico, también el presidente norteamericano, que se mostró sumamente interesado por aquellas cartas geográficas, pensó tal vez algo muy parecido a que aquellos territorios «eran de su conquista» si bien la cosa no se concretó hasta la guerra de 1846-1848 contra Méjico, bajo la presidencia del dictador Santa Anna, que en 1853 vende a los Estados Unidos también la parte que le quedaba de Arizona. El mismo concepto de «área natural de expansión» subyacía, igualmente a la práctica de los rusos respecto de Siberia y estuvo siempre presente no sólo en la práctica sino también en la teoría de sus geopolíticos, en los impulsos expansivos alemanes.

se, acabarían lastrándolos con condicionamientos tan funestos como absolutamente imprevisibles. Los factores —como hoy suele decirse— «técnicos» que se añadían, para agravarlas, a las premisas abstractivas de la concepción fueron, en primer lugar, la al menos inicial superioridad de los portugueses sobre los castellanos, tanto en la navegación —especialmente gracias al infante Don Enrique y su escuela de Sagres— como en la construcción naval,[25] y, en segundo lugar, el desconocimiento de un método preciso para determinar la longitud, cosa tanto más importante después del descubrimiento de Colón, en que los castellanos empezaron a moverse predominantemente sobre la dirección de los paralelos, y más aún desde que, en 1493, la segunda *Inter cetera* de Alejandro VI estableció la «línea de demarcación» a cien leguas de longitud Oeste de los archipiélagos de las Azores y de Cabo Verde y la Capitulación de Tordesillas, de 1494, la desplazó hasta 370 leguas de longitud Oeste del segundo. Respecto del primero de estos dos factores «técnicos», la superioridad de los portugueses en la construcción naval[26] parece que estaba en estas tres cosas: primera, en que se atrevían a hacer naves mayores; algunas llegaban a tener hasta algo más de veinte metros de eslora y siete de manga, siendo así que en el siglo XV se preferían naves pequeñas, que, aunque menos veloces, eran más gobernables y estaban menos expues-

25. Hasta que en el entresiglo XVI-XVII los holandeses llegaron a construir un galeón que, por su superior velocidad y autonomía, les permitía llegar de Holanda a Java con una sola escala y gracias al cual la «Compañía holandesa de las Indias Orientales» (fundada en 1621), acabaría destronando por completo a los portugueses en la trata de esclavos y aun, en gran parte, en el tráfico de la especiería, y fundado en 1652 la Ciudad del Cabo (véase el APÉNDICE V de este mismo texto, págs. 287-292).

26. El veneciano Luigi Ca da Mosto en 1444 escribía: «*Essendo le Caravelle di Portogallo i megliori navillj che vadino sopra il mare di vele*».

tas a partirse en las tormentas; segunda, en que iban provistas de aletas de quilla, lo que aumentaba la eficacia del timón y las hacía más seguras frente al riesgo de un vuelco de costado (tal vez, y esto no es más que una probablemente temeraria conjetura mía, debido a la gran diferencia entre la siempre fiadera profundidad del abra de Lisboa y los imprevisibles bajíos del bajo Guadalquivir en estiaje y aun quizás la famosa barra de Sanlúcar); y tercera, en que, frente a las naos y carabelas castellanas, en cuyo velamen prevalecían, al parecer, casi en exclusiva las gavias —velas cuadrangulares dispuestas a lo ancho de la manga—, las portuguesas concedían mucho más trapo a las velas latinas —tal vez incluso a las cangrejas—, siempre en el palo de mesana, y a los foques —de los que carecían del todo, por lo visto, al menos hasta finales del siglo XV, las carabelas castellanas—, para los cuales sacaban de la proa un largo bauprés, alzado en diagonal, del cual partía hasta el palo de trinquete la jarcia que sostenía el cateto mayor del triángulo formado por el foque; con lo que, al ir dispuestas todas estas velas, a diferencia de las gavias, longitudinalmente respecto de la eslora, las naves portuguesas podían permitirse mantener el rumbo deseado con vientos que formasen en relación con éste un ángulo de bastantes más grados que el que, sin variar derrota, consentían las gavias. El sentimiento de esta superioridad naval —sin duda históricamente relativa, pero importante si medimos por lustros o decenios— debió de contribuir no solamente a picar tanto más el amor propio de los portugueses, hasta el momento mucho más afortunados en sus navegaciones, ante el inesperado descubrimiento de Colón, sino también a aumentar los recelos y el celo por asegurar «lo suyo» frente a los castellanos, haciendo subir de pronto a tal extremo la ya vieja pasión competitiva, que al cabo tuvo que imponerse, ante los ojos de ambos príncipes cristianos, la necesidad de mediarla y contenerla. Y así fue como, tras un breve ir y venir de embajadores con alegatos reivindicativos, aunque sin menoscabo del comedimiento ni de las oficiosidades de una formal cordialidad, acabaron aviniéndose, pero con algo tan inauditamente abstractivo como la ya citada «línea de demarcación» (fijada, come he dicho, por la segunda *Inter cetera* de Alejandro VI y rectificada luego por el Tratado de Tordesillas), o sea, literalmente, una raya en el mar de polo a polo. Y es el segundo de los factores «técnicos» más arriba enunciados, lo que hacía tanto más disparatada, por contradictoria, esta abstracción sin precedentes. En efecto, tan sólo Américo Vespucci llegaría a tratar de experimentar hasta creerlo practicable, para su viaje de 1499 bajo los auspicios de la corona de Castilla, un método astronómico para determinar con aceptable precisión la longitud, o sea la dimensión de las distancias sobre la dirección del ecuador y de los paralelos. Para medir la latitud, es decir, las distancias sobre la dirección, perpendicular al ecuador, de los distintos meridianos, todos los navegantes conocían desde antiguo el método de la estrella polar, aunque sólo servía para el hemisferio norte, pues al sur del ecuador, la Polar desaparecía detrás del horizonte; pero como la «línea de demarcación» era precisamente una línea meridiana, las posiciones y las distancias al Este y al Oeste con respecto a ella pertenecían a la longitud. Vespucci fue el primero que gracias a su método astronómico (consistente en fijar la longitud mediante la observación de conjunciones —distintas, claro está, para cada lugar y cada fecha— de los diversos planetas con la luna, para lo cual tenía que ir provisto de una tabla con las efemérides de unos y otra), estableció, en el segundo de sus viajes, en 1501 y bajo los auspicios del rey de Portugal, el punto Sur en que la «línea de demarcación» de Tordesillas incidía con la costa del Brasil, dejando al Este la zona continental tocada en suerte (ya que no atribuida con conocimiento de la cosa) al rey de Portugal, y al Oeste la no menos fortuitamente recaída bajo el patrimonio de la reina de Castilla: bautizó a aquel punto como Cananor,[27] y resultaba estar a dos minutos (menos de cuatro kilómetros) de longitud Oeste del lugar que los cálculos modernos le atribuyen. Puede pensarse que este encuentro de la abstracción con lo concreto era un progreso: otra cosa es juzgar si la promesa que bajo tal progreso se escondía tenía más de humana o de inhumana. Con todo, y teniendo en cuenta que el triunfo de la abstracción supuesto por Vespucci tendría que esperar aún como unos dos siglos y medio para hacerse de aplicación universal, tan sólo recomiendo repasar las sucesivas láminas de un atlas e ir comparando las rayas fronterizas que subdividen y compartimentan en dominios políticos distintos las tierras del mun-

27. Comoquiera que Américo Vespucci fue víctima de la gran falsificación de todos conocida, que le atribuye la obra *Mundus Nouus*, con cuatro viajes, en lugar de los sólo dos que hizo, casi todos sus hechos están contaminados de leyenda. Así podría incluso pasar con este hallazgo de Cananor. Y además, aun de ser cierto, ni tan siquiera puede hoy decirse si fue una observación afortunada, pero al fin legítima, o un puro azar, dado que el método de la conjunción de los planetas con la luna no parece haber sido muy viable y aun menos con el rudimentario instrumental del siglo XV o XVI; método que, en cualquier caso, sólo podría servir en tierra firme, o sea, para la cartografía, pero nunca para la navegación, esto es, para conocer la longitud en altamar. De ahí que por mucho que fuese objeto de toda suerte de concursos estatales, en España, en Francia, en Holanda, en Inglaterra, movilizando ingenios de cuerdos y de locos, en demanda de los premios, la busca de solución se orientó pronto hacia la cronometría: construir un reloj que aguantase los movimientos de la navegación. Sólo tan tarde como en 1761, William Harrison logró para Inglaterra un cronómetro que arrojó sólo 6 leguas de error en un viaje de ida y vuelta de Portsmouth a Jamaica, y el gran problema de la longitud halló el comienzo de su solución. (Véase al respecto la clásica obra de Cesáreo Fernández Duro, «Disquisiciones náuticas», *Disquisición decimoquinta*, Imprenta, estereotipia y galvanoplastia de Aribau y C.ª, Madrid, 1879.)

do reconocidas por los blancos hasta mediados del siglo XVIII con las que en adelante se verían sujetas a su dominación, y reflexionar sobre qué arbitrariedad podría antojársenos más digna de que se le reconozca la apariencia que al menos en principio tenderíamos a reputar por más humana: si la arbitrariedad intrincadamente enrevesada y caprichosa de las irregularidades prácticamente irreseguibles de las fronteras, tantas y tantas veces —tampoco hay que olvidarlo— debidas a los albures violentos de las guerras, que compartimentan los antiguos países de la civilización, o la arbitrariedad olímpicamente rectilínea y definible con toda precisión por solo cuatro puntos expresados en términos numéricos de latitud y longitud como la que predomina en las fronteras de los países posteriormente alcanzados y domados por los de aquella misma antigua civilización. Mirad un mapa de África y el elefante se os antojará el fantasma de un ancestro del Mamut; mirad las fronteras estatales de Wyoming y pensareis que los bisontes son una punta de la acreditada ganadería de Altamira que Cantabria suele mandar a invernar allí. Por mi parte, y sólo en cuanto amigo de la cartografía y aficionado a repasar las láminas del atlas, me limitaré a decir que la segunda forma de abstracción me asalta desagradablemente la mirada como expresión de una especie de violenta y cruelísima agresión de la cosmografía contra la geografía, de un todopoderoso señor del firmamento que hubiese descargado repetidas veces el gigantesco tajo de su espada, haciendo cuartos la variable, rugosa y ondulada corteza de la Tierra, como queriendo que se pareciese un poco a ese perfecto y uniforme mar tan dócilmente sujeto y adaptado a la cuadriculada exactitud de los paralelos y los meridianos. Si ese era el Dios de Américo Vespucci, me parece que desde luego no es el mío. No obstante, ni triunfó la abstracción de Américo Vespucci —que llegaría a imponerse, como he dicho, muchísimo más tarde— ni llegó a triunfar nada que, humanamente hablando, mereciese siquiera en un grado mínimamente más aceptable el nombre opuesto, o sea el de concreción. Lo que prevaleció fue la combinación entre los dos principios abstractivos: el jurídico, o sea la atribución anticipada del derecho de dominación sobre lo «por descobrir», y el cosmográfico, o sea, el del reparto de ese derecho entre las dos coronas mediante una raya en el mar de polo a polo, salvo que ni antes ni después de Vespucci, se pudo llegar a un acuerdo sobre la «línea de demarcación» fundada en el cálculo astronómico. Pues, en efecto, ya dos meses después de la Capitulación de Tordesillas, doña Isabel de Trastamara y don Fernando de Aragón habían requerido los servicios del matemático Jaime Ferrer, que, evaluando en 23 grados las 370 leguas de lontitud Oeste desde las Cabo Verde, situaba la *línea de demarcación* en un meridiano muy próximo al que Vespucci calcularía en Cananor y consiguientemente al de los cálculos modernos, pero, al parecer, Colón, que conservaba aún la autoridad y el crédito ganados con su descubrimiento, no quiso que nadie enmendase su propia estimación de longitudes, que ponía la línea de demarcación mucho más al Este, en tanto que los portugueses, por su parte, la desplazaban casi otro tanto hacia el Oeste. En vano fue, también, que en marzo de 1508, Don Fernando, reconociendo el mérito de Vespucci, lo hiciese Piloto Mayor del reino, para que enseñase métodos más precisos para fijar la longitud y en vano también que, ante el desinterés y hasta el desdén mostrado por los pilotos castellanos, hiciese obligatoria la asistencia de éstos a las lecciones de Vespucci en un harto curioso documento,[28] en el que se ordena-

28. Curioso por la anomalía de que, estando encabezado por la reina de Castilla, Doña Juana, que, entre aquellos a quienes dirige el mandato, cita, en primer lugar, «al Príncipe Don Carlos,

ba que «ni los mercadores se puedan concertar con ellos para que sean pilotos, ni los maestres los puedan resçebir en los navíos sin que primero sean examinados por vos Amérigo Despuchi [sic], nuestro piloto mayor e les sea dada por vos carta de examinación e aprobación de como sabe cada uno de ellos lo susodicho», pues ni aun esto sirvió, porque los pilotos castellanos siguieron oponiendo la resistencia más tenaz a abandonar sus medios empíricos para determinar la longitud por estimación, para lo cual había que saber calcular la velocidad en cada tramo; cálculo siempre aleatorio, ya sea porque era preciso conocer la merma o el aumento según que las corrientes marinas fuesen en contra o a favor, ya porque los relojes mecánicos de entonces no funcionaban en el mar y los de arena perdían en precisión a causa del bamboleo o la inclinación de los navíos; factores a despecho de los cuales no faltaron pilotos de tan gran experiencia marinera que acertaban a calcular con la suficiente precisión como para mostrarse desdeñosos y sobre todo perezosos ante las inseguras complicaciones del método astronómico. De tal manera fue como se llegó a la forma más chapucera y perniciosa de abstracción, que fue la de asignar las concesiones, adelantamientos o gobernaciones por trechos de costa definidos por accidentes perceptibles desde el mar, de lo cual el ejemplo más notable fue la distribución de los dominios de la zona norte de América del Sur, que se marcaron

---

nuestro muy caro e muy amado hijo» —siendo así que aquella alhaja no tenía a la sazón más que ocho años—, va firmado por Don Fernando como «Yo el Rey» y suscrito por Conchillos con estas palabras: «Yo Lope Conchillos, secretario de la Reyna nuestra Señora, lo fice escribir por mandato del Rey su Padre». Así que Don Fernando, en una regencia en la que, por lo demás, alternaba con Cisneros, había recogido, tras la muerte del yerno, la incapacitación de su hija, hecha, en verdad, y tan a su pesar, a favor de Felipe el Hermoso.

y adscribieron desde el golfo de Paria al de Urabá según los accidentes más visibles de la costa caribeña, sin tener ni remota idea de lo que pudiese haber entrando tierra adentro y sin saber determinar la longitud. En los repartos entre príncipes cristianos de los dominios moros «por conquistar», la Península Ibérica era sobradamente conocida para que pudiesen fijar perfectamente por topónimos geográficos y comarcas concretas lo que en los pactos cada cual se reservaba como «de su conquista». Pero en el altiplano de Bogotá, Federman, capitán de los Welser en la concesión de Venezuela, que venía de la laguna de Maracaibo o sea desde el noreste, Jiménez de Quesada, que había remontado el río Magdalena y, luego, dejando el río a su derecha, ascendido la cordillera oriental de los Andes, tras el rastro de un importante tráfico de sal, y Belalcázar, que, casi en rebeldía con su gobernador Pizarro, subía hacia el Norte desde Popayán, estuvieron a punto de venir a las manos, por reivindicar cada uno como «de su conquista» la golosa y poblada comarca de Tunja y Bogotá, y habrían llegado a ello si, por rara excepción, no hubiese coincidido allí uno de los pocos hombres que no eran de la común ralea de bellacos a la que pertenecieron casi todos los conquistadores —y, entre ellos, señaladamente, un asesino como Belalcázar, y, en menor grado, el propio Federman—, o sea un prudente caballero como Jiménez de Quesada, ante cuya superioridad moral los otros dos no tuvieron más remedio que avenirse y concertarse. En conclusión, lo que este cuarto punto ha pretendido señalar es cómo la anticipación abstractiva —que tuvo consecuencias de tan imprevisible magnitud y que tan funesta llegó a ser para pueblos no menos imprevisiblemente numerosos— aparejada por la concesión de derechos sobre lo «por descobrir» resultó de una irresponsable traslación al verbo *descubrir* de lo que para el verbo *conquis-*

tar había valido en los repartos entre príncipes cristianos respecto de los dominios en manos de los moros, primeramente en la bien conocida Península Ibérica y luego, por poco tiempo, en el no menos conocido norte del Magreb; traslación que, en los hechos, fue, sin embargo, produciéndose de un modo casi insensible, cuando, tanto a causa de los escasos progresos portugueses en la conquista terrestre de Marruecos tras la toma de Ceuta en 1415 como a causa del gran aliento dado a la navegación por el infante portugués Don Enrique «El Navegante», fue la acción misma, antes que la palabra, la que desvió, poco a poco, sus esfuerzos de lo terrestre a lo marítimo y, sin solución de continuidad, el mismo impulso transformó su contenido de lo que llamamos «conquistar» a lo que llamamos «descubrir». Es justamente en la Capitulación de las Alcáçovas, del 4 de septiembre de 1479, entre los Reyes Católicos y Don Alfonso V de Portugal, donde encontramos todavía los dos verbos juntos: «... e todas las islas que agora tiene *descubiertas*, e cualesquier otras islas que *se fallaren o conquirieren* [subrayado mío] de las islas de Canaria para baxo contra Guinea, porque todo *lo que es fallado e se fallare e conquiriere o descobriere* [subrayado mío] en los dichos términos, allende de lo que ya es fallado, ocupado, descubierto, finca a los dichos Rey e Príncipe de Portogal....» (tomado del texto tal como, en el apéndice 8 de su estudio, lo reproduce García-Gallo, salvo por lo que se refiere a la variante «e conquiriere o descobriere», que él mismo da en nota a pie de página como la que aparece en la edición de López de Toro, que reputa como más defectuosa que la que él presenta, pero que yo he considerado preferible para esa variante concreta, por cuanto en la versión de García-Gallo, después de las palabras «lo que es fallado e se fallare» en lugar de «e conquiriere o descobriere», tal como yo he puesto, se leen dos infinitivos «conquerir o descobrir», que no hacen sentido con el resto).

QUINTO. Las sucesivas transfiguraciones de la imagen y del concepto del «infiel». La doctrina de Enrique de Susa (cuya reactualización se adelantó a la de su contemporáneo Tomás de Aquino —para el período que aquí interesa— en casi medio siglo, pues García-Gallo da cuenta de nada menos que ocho reediciones de su *Summa Aurea* entre 1473 y 1498 —véase el trabajo repetidamente citado en: Alfonso García-Gallo, «Los orígenes españoles de las instituciones americanas», Real Academia de Jurisprudencia y Legislación, Madrid, 1987, página 483, nota 350—, mientras que la del segundo, amén de algunos defensores de la primera mitad del siglo XIV —veáse García-Gallo, en la página 447 de la obra que acabó de citar— tuvo que esperar hasta 1517 para que, ya descubiertas las Indias, y a propósito de sus habitantes, la resucitase Tomás de Vío, el «Cardenal Cayetano»), según la cual ningún poder temporal que no fuese cristiano tenía legitimidad alguna, y quedaba, por eso mismo, a merced de cualquier príncipe cristiano, que —en principio sin necesidad de autorización ni legitimación alguna por parte del pontífice— se resolviese a conquistarlo, estaba en contradicción con la práctica jurídico-política que los príncipes cristianos de la Península Ibérica habían mantenido, casi desde el principio, con los diversos príncipes mahometanos. En efecto, tanto en el período califal como en las épocas de los llamados Taifas —algunos de los cuales llegaron incluso a ser tributarios de príncipes cristianos—, los intermitentes impulsos de la llamada «Reconquista», o aun el tácito supuesto de una permanente enemistad, convivieron sin mayor dificultad con un mutuo reconocimiento jurídico-político, que las propias Capitulaciones de 1492 entre el rey de Granada y la reina de Castilla no hicieron más que confirmar: incluso un tratado de rendición en el que, como en esas capitulaciones, el vencido hace entrega de su soberanía en las manos del vencedor tras una guerra de conquista comporta un pleno reconocimiento de la legitimidad del poder temporal que estaba en manos del vencido despojado por las armas. Mucho más parecen acercarse, en cambio, a las doctrinas de Enrique de Susa, el «Cardenal Ostiense», las expresiones de la bula *Romanus Pontifex*, de 1455 y del papa Nicolás V, a favor del monarca portugués (y que reproducen con algunas variantes las de un párrafo análogo de la *Diuino amore communiti* del mismo papa, pero de 1452), por la que se concede al rey Alfonso V, y con respecto al Magreb y el África Occidental, «facultad plena y libre para a cualesquier sarracenos y paganos y otros enemigos de Cristo, en cualquier parte que estuviesen, y a los reinos, ducados, principados, señoríos, posesiones y bienes muebles e inmuebles, tenidos y poseídos por ellos, invadirlos, conquistarlos, combatirlos, vencerlos y someterlos; y reducir a servidumbre perpetua a las personas de los mismos, y atribuirse para sí y sus sucesores y apropiarse y aplicar para uso y utilidad suya y de sus sucesores, sus reinos, ducados, condados, principados, señoríos, posesiones y bienes de ellos», de donde bien podemos inferir que el criterio subyacente es el que niega a «sarracenos y paganos y otros enemigos de Cristo» no sólo toda legitimidad política en cuanto al dominio temporal, sino incluso la legitimidad jurídica en cuanto a la mera propiedad privada de bienes muebles e inmuebles. La negación, por así decirlo, «positivamente hostil», no sólo, por supuesto, de legitimidad política en cuanto atañe al dominio temporal, sino también de personalidad jurídica y civil, engloba y equipara, en el párrafo citado, como «enemigos de Cristo», con los sarracenos, a otros paganos, probablemente negros según se infiere de otro pasaje de la misma bula: «pueblos gentiles o paganos que por allí existen profundamente influidos de la secta del nefandísimo

Mahoma»; donde hay probablemente más precisión que la que le supone García-Gallo («también carecía de todo fundamento considerar a los negros africanos de las partes de Guinea o más al sur aliados de los musulmanes y enemigos declarados de la religión cristiana» —página 450 de la obra citada—), pues si ya a la costa africana confrontada a las Canarias se le daba en aquel entonces el nombre de Guinea y si se tiene en cuenta, en primer lugar, que en 1455, año de la bula, los portugueses apenas habían pasado de la desembocadura del Gambia, a menos de 3 grados de latitud Sur de la del Senegal, y, en segundo lugar, que hacía siglos que el Islam había alcanzado este segundo río (en una isla del cual se asentó, por cierto, a principios del siglo XI el morabito en cuyo seno se formó la secta «fundamentalista» —por decirlo con expresión moderna— que acabaría creando el imperio de los Almorávides), por muy superficial y minoritario que llegase a ser su proselitismo entre los negros, no me parece nada inverosímil que los portugueses hubiesen percibido su influencia, aunque, tal vez, el papa o sus informadores extremasen su celo por la fe, exagerando, por su parte, un tanto al decir «profundamente influidos». Sea de ello lo que fuere, lo que, para el asunto de que aquí es cuestión, importa retener es cómo la negación de toda legitimidad política y hasta de toda personalidad jurídica y civil (contradecida, como ya se ha dicho, aun dentro de una permanente presunción de hostilidad, por la práctica de un mutuo reconocimiento entre príncipes cristianos y mahometanos, a lo largo de toda la llamada «Reconquista» hasta las propias Capitulaciones de Granada) de cualquier príncipe o pueblo no cristiano, concebida, en principio, bajo los términos enfáticamente hostiles que, inspirados en la bien definida figura del sarraceno, se hacía, no obstante, extensiva a otros infieles de creencias mucho más vagamente precisables, se mantuvo, a pesar de todo y aun perdiendo cualquier connotación de hostilidad, ante la paulatina aparición de los «Sin secta», por designar con arreglo a las caracterizaciones de la época a los infieles que no ofrecieron el menor pretexto para ser tenidos por enemigos de Cristo y de la Fe. Un anticipo de ello ya se dio tal vez con respecto a los canarios, cuando, primero el papa Eugenio IV, en sendas bulas de 1433 y 1435, prohibió a los cristianos el «salteo» (esto es, la reducción a la esclavitud mediante simple captura y rapto subsiguiente, como la que en las Yndias acabaría haciendo desaparecer en pocos años de la haz de la tierra a la débil y poco numerosa progenie de las lucayos o «yucayos», isleños de las actuales Bahamas, secuestrados y deportados, como excepcionales buceadores, para la explotación de los riquísimos yacimientos o viveros perlíferos de la tristemente célebre islita de Cubagua) de los nativos incluso todavía por convertir al cristianismo, y luego Pío II, en una bula de 1462, autorizó al obispo de Canarias y a los arzobispos de Toledo y de Sevilla para excomulgar a los cristianos que se dedicasen a la misma práctica con los aborígenes que todavía en gran parte del archipiélago campaban por su cuenta. Es esta actitud de los pontífices la que me hace pensar que fueron los canarios los que incoaron en la imaginación de los cristianos la primera prefiguración concreta de los «Sin secta», aun a despecho de que en la concesión otorgada en 1478 por doña Isabel de Trastamara, reina de Castilla, a fray Juan de Frías, Juan Bermúdez y Juan Rejón para la conquista de Gran Canaria se diga «sus Altezas mandan ir en la isla de la Grande Canaria, para sojuzgarla a su corona real, e *para expeler, con el favor de Dios, toda superstición y herejías que allí y en otras islas de infieles usan los canarios y otros paganos* [subrayado mío]», pues, aun a vueltas de este reconocimiento de «supersticiones y herejías», el tono parece ya alejarse de la enconada hostilidad que en tantos documentos se reserva para todo lo que pertenezca o tenga algo que ver con «la maligna seta del nefandísimo Mahoma». Me parece que empieza a esbozarse la figura del infiel inocente de su desconocimiento de Cristo y de su paganismo, que pocos años después Colón haría súbitamente aparecer, tan deslumbrante como deslumbrado, a toda luz, ante las candilejas, y que, a su vez, con el tiempo, cuajaría en el mito antropológico del «buen salvaje». Entretanto conviene intercalar la observación de que la actitud cristiana para con los infieles llegó a ser, en cierto modo, y al menos en teoría, como la inversa de la que, desde el principio, fue norma del Islam; pues, en efecto, mientras la norma islámica prescribía, con respecto a los súbditos de los nuevos países conquistados, el respeto hacia los creyentes de toda «religión del libro» —de hecho, principalmente cristianos y judíos—, expresado en la propuesta: «la fe o el tributo», mientras que para los «Sin libro» —equivalentes a los que en términos cristianos serían los «Sin seta»— la propuesta era: «la fe o la muerte» (conmutable, claro está, esta última, con arreglo al prehistórico y casi universal derecho de guerra, por la esclavitud), por el contrario, la fórmula cristiana —dejando al margen los comportamientos de hecho— llegaría a configurarse, al menos inicialmente, como una actitud más considerada y más piadosa hacia los «Sin seta», conservando, en cambio, incluso incrementada, toda la antigua carga de aversión hacia las perversas «setas de Mahoma y de Mosén». Pero, volviendo al caso, de pronto y de una forma que arrasaría en lágrimas los ojos de quien tuviese la dicha de ignorar lo que sobrevendría poquísimo después, de una forma que llama la atención hasta el extremo de que no se diría sino que toda la Cristiandad estaba esperando, con las sogas de todas sus campanas en la mano, para lanzarlas locamente al vuelo, al recibir una noticia así, Colón, amén de encarecer el nunca visto asombro de mansedumbre y de bondad de aquellos hombres desnudos que ha encontrado, repite una y otra vez: «creo que ligeramente se harían cristianos, que me pareció que ninguna secta tenían» (12 de octubre de 1492), «no les conozco secta ninguna, y creo que muy presto se tornarán cristianos» (16 de octubre de 1492), «esta gente es de la misma calidad y costumbre que los otros hallados, sin ninguna secta que yo conozca» (primero de noviembre de 1492), «questa gente no tiene secta ninguna, ni son idólatras, salvo muy mansos, y sin saber qué sea mal, ni matar a otros, ni prender, y sin armas» (12 de noviembre de 1492), «ellos no tienen secta ninguna ni son idólatras» (27 de noviembre de 1492), «y non conocían ninguna seta ni idolatría, salvo que todos creen que las fuerzas y el bien es en el cielo (15 de febrero de 1493, carta a Santángel).[29] Como puede observarse, a pesar de mis presunciones sobre el primer asomo de una nueva percepción de los infieles en relación con los canarios, que amén de hurtarse a cualquier posible asimilación con los sarracenos, no eran tampoco negros, no por eso la súbita aparición de los lucayos y los taínos, como infieles «Sin-seta», con el extremado y reiterativo énfasis con que Cristobal Colón los encarece en los informes de su primer viaje, dejaría de producir la impresión de un salto repentino y capital: he aquí al pagano totalmente inocente y

29. Habiendo anunciado al principio que me aprovecharía del repetido estudio de don Alfonso García-Gallo no sólo en la dirección teórica de sus razonamientos, sino también en cuanto a los materiales por él recogidos en los apéndices, no me he preocupado de especificar cada vez —ni lo haré en adelante— las citas directamente tomadas de su texto; con todo, advierto aquí que esta selección de frases de Colón la reproduzco según me la ofrece ya hecha el dicho autor (págs. 469-471), ahorrándome el trabajo de hacerla por mí mismo.

primigenio, que tan limpia y vacía de toda «seta» tiene el alma como desnudo de ropa está su cuerpo, hasta el extremo de que uno llega a imaginarse a Colón desvelado en medio de la noche, tratando de ahuyentar, aterrorizado, la terrible herejía de igualar la edénica desnudez de aquellos cuerpos con la de Adan y Eva antes del pecado original. De todos modos, este es el momento en que verdaderamente la falta de personalidad jurídica de los infieles se subdivide en dos vertientes, a saber: la pública o colectiva, que se refiere a la soberanía temporal de las comunidades y a la legitimidad de sus «príncipes», y la privada o individual, que se refiere a la libertad de las personas singulares y al derecho de posesión y disfrute de sus propios bienes, ya que, como se ha visto en el párrafo citado más arriba, la *Romanus Pontifex* de Nicolás V no sólo negaba la legitimidad política de los príncipes infieles —equiparados a los sarracenos—, que podían lícitamente ser destronados sin más por cualquier príncipe cristiano —conforme a la doctrina del Ostiense—, sino que autorizaba también la reducción a la esclavitud de los particulares y el despojo de los bienes muebles e inmuebles en beneficio de los depredadores. Pues bien, tras el descubrimiento de Colón, no hubo discusión alguna en cuanto a lo primero, por cuanto las «islas e tierras firmes descubiertas e por descobrir» habían salido ya escrituradas, selladas, legalizadas e inscritas en el catastro de doña Isabel de Trastamara, reina de Castilla, desde las propias Capitulaciones de Santa Fe, y tan sólo ya bien entrada la primera mitad del siglo XVI empezaría a discutirse la legitimidad de una tal usurpación de las soberanías autóctonas en el dominio temporal, principalmente fundada en una interpretación —equívoca y abusiva, como argumenta García-Gallo de la famosa «donación» alejandrina. Bien distinta sería, en cambio, aunque sufriese también sus altibajos y sus diferencias de opinión, la cuestión de la personalidad jurídica de los infieles, en lo que atañe a los derechos civiles de los individuos, tanto en lo que se refiere a la libertad personal como en tocante a la posesión de bienes. Sea de ello lo que fuere, la idílica visión colombina de la *noua progenies* sufrió ya un primer golpe en el segundo viaje: por muy libres que, en principio, pudiesen ser personalmente, eran, con todo, súbditos de la reina de Castilla y, como tales, tenían que pagar tributo, y si no podían reunirlo por sí mismos habrían de ganárselo trabajando para los castellanos; y así la primera mancha, todavía poco importante, que estropeó su imagen fue la de holgazanes. Por otro lado, los castellanos, con los hermanos Colón a la cabeza, prefiriendo emplearlos como trabajadores para sí y tratando de forzarlos al trabajo, provocaron las primeras sublevaciones, con lo que tuvieron el pretexto —prisioneros de guerra— para iniciar la esclavización. Sin embargo, en 1495, habiendo llegado a Sevilla la primera remesa de esclavos taínos enviada por los Colones desde La Española, la reina de Castilla, tras haber autorizado su venta en un primer momento, y tal vez sospechando que la guerra alegada por los Colones para aquella toma de esclavos más que a una verdadera guerra se parecía al «salteo», excomulgado por los papas en relación con los canarios, se volvió atrás de su acuerdo pocos días después y prohibió la venta mientras el asunto no fuese debidamente discutido con juristas y teólogos. De aquí nació la primera declaración formal de la libertad de los indios, formulada en 1500, pero que, tal como ocurriría con casi todas las leyes referentes a los indios, incluida la Recopilación de 1680, no tomó la forma positiva de afirmación del derecho de los indios, sino la forma negativa de prohibición dirigida a los castellanos y más tarde españoles, esto es, así: «que no fuesen osados de prender ni cautivar a ninguna ni alguna persona ni personas de los indios de las dichas islas y tierra firme [...] para los traer a estos mis Reinos ni para los llevar a otras partes algunas, ni les ficiesen otro ningún mal ni daño en sus personas ni en sus bienes». Pero, en menos de tres decenios, y a partir de aquella primera y poco importante tacha de la holgazanería, la imagen limpia, inocente, hermosa, gentil, risueña del hombre de Ultramar que en la desnuda persona del lucayo deslumbró el primer día los ojos de Colón iría precipitando de defecto en defecto, de pecado en pecado, de abyección en abyección, hasta formar una figura a veces más monstruosa de lo que nunca llegara a ser la del propio sarraceno. Huelga decir que algunas de las tachas, como la propia holgazanería, se fueron dibujando a la medida del interés de los explotadores castellanos, que no lograban sacar de los indios como fuerza de trabajo los rendimientos que habrían deseado; en lo que no hubo sólo una total incapacidad de comprensión por parte de los nuevos señores de los indios (comprensión que sólo llegaría a formular de modo explícito medio siglo más tarde Melchor Cano: «No conviene a los antípodas nuestra industria y forma política») hacia la radical inadaptabilidad de éstos a las formas de trabajo y de circulación económica propias de Castilla, sino también una en el mejor de los casos inconsciente mala fe en la interpretación de las conductas de los indios, mala fe incoada por la creciente irritación de los explotadores ante la resistencia y la incapacidad de adaptación de los explotados. Así la incomprensión de los explotadores hacia la inadaptabilidad de los explotados fue exclusivamente entendida como incapacidad de comprensión por parte de éstos, como estupidez e incluso, por decirlo con la expresión aplicada en aquel tiempo, como «amencia» o como minoridad intelectual (véase, en *Ensayos y artículos*, Vol. II, «Sobre el *Pinocchio* de Collodi», y «Mientras no cambien los dioses, nada ha cambiado», parágrafos XXVII-XXX). Pero la mala fe, inicialmente surgida de la irritación ante la inadaptabilidad y hasta flaqueza fisiológica y vulnerabilidad biológica del taíno para los inhumanos rendimientos que como fuerza de trabajo se le querían imponer, manifiesta en las citadas tachas de «holgazanería» y de «amencia», se fue haciendo extensiva a otros terrenos que nada tenían que ver con el trabajo. El angelical «Sinseta» de los primeros días, que con tan buena voluntad como imprudencia Colón se había precipitado a saludar y encarecer por encima de cualquier ponderación, no sólo se convirtió enseguida en un holgazán estúpido e incapaz, que suscitó el menosprecio y hasta el odio de los explotadores defraudados, sino que pronto, al descubrírsele observante de ciertos ingenuos y recónditos cultos paganos, la mala fe y hasta la mala sangre de los castellanos ya decididamente revuelta en contra de él no reparó en incriminarlo, no ya de mero idólatra o supersticioso, sino incluso de adorador de Satanás. Y en este punto es significativo el hecho de que, lejos de ser los futuros defensores de los indios los que consideraron la llegada de los castellanos como una verdadera maldición para los indios, fuesen, por el contrario, justamente los defensores de los españoles y de los sanguinarios episodios de toda la Conquista los primeros que interpretaron su propio advenimiento, con todo el descomedido furor de las matanzas y las depredaciones que de modo creciente lo acompañaría, como una terrible maldición para sus víctimas salvo que a título de castigo desencadenado sobre ellas por la ira del Altísimo ante sus abominaciones. No de modo distinto, aproximadamente por los mismos años, los ideólogos del emperador habían considerado a los criminales fautores del Saco de Roma como instrumento del furor de Dios para escarmiento de las depravaciones de la Iglesia. Si ya en las inocentes devociones idolátricas de los taínos la mala voluntad del explotador desencantado por la escasa rentabilidad de los explotados había llegado a ver cultos satánicos, cuesta poco trabajo imaginar hasta qué extremo absolutamente monstruoso de bajeza, de infamia, de abyección, iba a precipitar rápidamente la un día todavía no tan lejano idílica figura del «Sinseta» colombino, no bien fueron apareciendo una tras otra las tres grandes abominaciones de los continentales; la sodomía, la antropofagia y finalmente el sacrificio religioso de víctimas humanas. Hasta tal punto debieron de sentirse los conquistadores cargados de razón para dar rienda suelta, sin la menor mala conciencia, a sus más vesánicos instintos criminales y a sus impulsos de depredación, que no faltan pasajes en las crónicas en que su propia misión cristiana parece concebida no ya en los términos positivos de propagar entre los infieles la fe de Jesucristo, sino en los términos negativos de vengar a Jesucristo de las terribles ofensas cometidas contra él por los infieles, ahogando en sangre sus abominaciones hasta extirpar sus credos. De que estos dos sentimientos elementales, o sea el de arrogarse la función de instrumentos de la ira de Dios contra los infieles por sus abominaciones y el de sentirse plenamente ejecutores de su misión cristiana no como propagadores de la fe de Jesucristo, sino, antes que eso, ya como meros vengadores de las ofensas inferidas a Dios por los infieles con sus abominaciones, no eran sólo improvisaciones autojustificatorias de los conquistadores, sino que muy probablemente llegaron a ser objeto de alguna elaboración doctrinal por parte tal vez de ciertos clérigos o frailes que, como el célebre Tomás Ortiz, igualaron, si es que no incluso superaron, en ferocidad contra los indios a los mismísimos guerreros, bien puede tomarse como indicio el hecho de que el padre Vitoria se preocupase de impugnar tales alegaciones en el quinto y el séptimo de los títulos que en sus «Relecciones» pone entre los ilegítimos. En efecto, en el quinto título, incluye expresamente la sodomía, la antropofagia y hasta los sacrificios humanos, como pecados *contra natura* que, a pesar de ello, ningún cristiano puede legítimamente arrogarse el derecho de castigar en los infieles. En el séptimo dice literalmente: «Dicen algunos —no sé bien quiénes— que Dios, en sus singulares juicios, condenó a todos estos bárbaros a la perdición con motivo de sus abominaciones y que los entregó al poder de los españoles, como puso en otro tiempo a los cananeos en manos de los judíos [...] Pero sobre esto no voy a discutir mucho, ya que es peligroso creer a aquel que sostiene profecías contra la ley común y contra las reglas de la Escritura, si no confirma su doctrina con milagros, que en esta ocasión no existen. / Además, aún si fuera cierto que el Señor hubiera decretado la perdición de los bárbaros, no se deduciría de ello que aquel que los destruyese estuviere libre de culpa...». ¡Son todavía los mugidos del Buey Silencioso resonando casi tres siglos más tarde de su muerte en la venerable boca de Francisco de Vitoria! Pero aún nos queda una última —y en este caso, derivada— desfiguración posible de la originaria imagen del infiel americano, que no fue propiamente una abominación congénita, sino un pecado a que la propia imprudencia evangelizadora de los cristianos lo abocaría, y siempre por el viejo método de la patente Vicente Ferrer, difundido con suficiente amplitud quizá tan sólo a raíz de la conquista de Nueva España, cuando al ferviente franciscano fray Toribio de Benavente («Motolinía») se le antojó renovar sobre los súbditos del recién destruido Imperio Azteca el espejismo colombino del «buen salvaje» —por aplicarle *avant la lettre* el nombre de un mito antropológico bastante más tardío—, viendo en aquellos hombres ajenos a toda codicia o afán de medro, incapaces de envidia o de rencor, los verdaderos «pobrecillos del Señor» con los cuales, por la sola gracia santificante del Bautismo, podía edificarse una nueva y verdadera Cristiandad. En más de 100.000 calculaba el número de indios que por su sola mano habían sido bautizados —siendo hasta 12 los primeros compañeros de orden, o sea franciscanos, que, seguramente con el mismo espíritu, habían llegado con él en 1524 a Nueva España— el autoapodado Motolinía, uno de los más enconados detractores de Las Casas, quien, con mucho más buen sentido y aun con una concepción más exigente, más completa, más digna y respetuosa de la fe cristiana, censuró siempre el barato populismo de las conversiones multitudinarias, como expresión de un sub-cristianismo de masas que al par que degradaba los rasgos «ilustrados» —o sea anti-míticos— de la Buena Nueva, retrotrayéndola al nivel de cualquier superstición, comportaba a la postre un acto de desprecio hacia esos mismos «pobrecillos», cuya propia ignorancia, lejos de ser vista como obstáculo a vencer, era, por el contrario, aprovechada como una ventaja para hacerlos entrar a toda prisa, de diez en diez, de cien en cien, de mil en mil, igual que ovejas, en el redil de Jesucristo. Fue, en efecto, la no por bien intencionada menos irresponsable renovación de la idílica imagen colombina del pagano inocente, que no necesitaba más que las aguas del bautismo para trocarse en la flor predilecta a los ojos del Señor, la que, al propagarse rápidamente, bajo los mismos halagüeños auspicios de Motolinía, por el celo de nuevas oleadas de misioneros franciscanos, entre los chichimecas de Nueva Galicia, la que desfiguró el rostro del indio con la última fealdad: la de doblez, acaso hipócritamente interesada, o cuando menos falta de franqueza y de plena y cordial sinceridad y entrega en su conversión a la fe de Jesucristo. De hecho, la insurrección que amenazó seriamente la dominación española en Nueva Galicia —creo que ya incorporada al virreinato de Nueva España, aunque quizá con ciertas competencias administrativas y jurisdiccionales separadas, si bien hasta 1548 no tuvo Audiencia propia—, conocida como la «guerra de Mixtón»,[30] parece que tuvo por aglutinante ideológico un raro sincretismo religioso en el que se mezclaban creencias aborígenes con elementos de aquella fe cristiana tan sumaria y superficialmente difundida por los irresponsables misioneros franciscanos. Esta última lacra de la apostasía o del sincretismo herético, por haber unido siempre los conquistadores tan estrechamente como si formasen un solo y mismo cuerpo la sumisión política y la conversión religiosa, acompañaba casi indefectiblemente, como es de suponer, a toda rebelión india contra el dominio temporal de los españoles, y atraía sobre los sublevados formas de represión y de castigo más despiadadas que las de la conquista inicial. Bajo la concepción según la cual tales conflictos tenían que ser diferenciados por tratarse de sublevaciones de quienes ya eran súbditos del emperador —más tarde sólo rey— y ya, por el carisma bautismal, hijos de la Santa Madre Iglesia, las prescripciones autorizadas para su represión dieron lugar incluso a una denominación específica: la de «caso de segunda guerra». La distinción sobrevivió aun después de que se prohibiese toda guerra de conquista por pura iniciativa de los españoles, y quedó registrada y autorizada como lícita según el *ius ad bellum*, aunque con recomendaciones de mesura y humanidad en cuanto

30. Respecto de la siniestra actuación del virrey don Antonio de Mendoza en esta guerra —aperrear y fusilar con bala de cañón a indios puestos «en ringle» (en hilera), tras su rendición y sin averiguación ni juicio previo alguno— hay que tener en cuenta que, si bien salió absuelto —no porque no reconociese el hecho, sino porque se le aceptó la justificación—, al menos se le hizo de ello cargo criminal, lo que indica que en los años 40 no había ya tan total impunidad como antes para la práctica del aperreamiento u otras formas de vesania.

al *ius in bello,* hasta en la *Recopilación* de 1680, libro III, título IV, ley IX, folio 25 recto del Tomo Segundo de la edición de Julián de Paredes, Madrid, 1681: «... y si haviendo recevido la Santa Fe, y dadonos la obediencia, la apostataren y negaren, se proceda como contra apostatas y rebeldes, conforme á lo que por sus excessos merecieren, anteponiendo siempre los medios suaves y pacificos á los rigurosos y jurídicos. Y ordenamos, que si fuere necessario hazerles guerra abierta y formada, se nos dé primero aviso en nuestro Consejo de Indias, con las causas y motivos, para que Nos proveamos lo que mas convenga al servicio de Dios N. Señor, y nuestro».

La imprevisible —y aun, probablemente, en mayor o menor grado innecesaria— extensión que ha acabado por cobrarse el desarrollo de al menos cuatro de los cinco factores circunstanciales que más arriba —bastante más arriba de lo que habría esperado— consideré oportuno ponderar me permite, por una parte, confiar en que el subsiguiente despliegue de la línea central del argumento, a la que, en este mismo punto, me dispongo a retornar, pueda ser, gracias a tanta anticipación de circunstancias, mucho más breve de lo que sin la previa ambientación formada (no seré yo quien diga si con mejor o peor fortuna ni verdad) por esta especie de marco escenográfico habría llegado a ser, a la vez que, por otra parte, me obliga a socorrer la memoria del lector con la repetición de los meros enunciados iniciales de los cinco factores en cuestión:

PRIMERO. El carácter políticamente exclusivista —es decir privativo para uno u otro de los «príncipes cristianos»— que después de la *Sane charissimus* de 1418 adoptan, tanto en lo temporal como en lo espiritual, todas las bulas referidas a lo que sólo en un principio pudo llamarse propiamente «Cruzada Occidental».

SEGUNDO. La índole *genéricamente* arbitral que como mero *efecto resultante*, no por previo designio intencionado, tuvo, a lo largo de distintas bulas y papas sucesivos, la intervención de Roma en relación con los reinos de Castilla y Portugal.

TERCERO. La incierta y nunca bien definida naturaleza de la «Potestad Apostólica» de los pontífices.

CUARTO. La creciente anticipación abstractiva de las tierras y los pueblos por el «mercado de futuros» castellano-portugués de la dominación.

QUINTO. Las sucesivas transfiguraciones que, hacia mejor o hacia peor, sufrieron ante los ojos y en la mente de los blancos la imagen y el concepto de «infiel».

Pareciendo justificado y conveniente dividir en dos series sucesivas (la primera de nueve y la segunda de once) la nómina de papas que, en número de 20, se irán sentando en el solio de San Pedro a lo largo del tiempo que abarca el argumento de este apéndice, o sea desde Martín V (1417-1431) hasta Pio V (1566-1572), ambos inclusive, si bien algunos de ellos, como el efímero Marcelo II, no lleguen tan siquiera a ser mentados, por no poderles dar, ni aun con toda mi buena voluntad, el más pequeño papel en este drama, creo justo reconocer que de ninguno de los nueve de la primera serie (es a saber: el ya citado Martín V, 1417-1431, Eugenio IV, 1431-1447, Nicolás V, 1447-1455, Calixto III, 1455-1458, Pío II, 1458-1464, Paulo II, 1464-1471, Sixto IV, 1471-1484, Inocencio VIII, 1484-1492, y Alejandro VI, 1492-1503) puede decirse, salvo tal vez con una única excepción —la de Nicolás V—, que mostrase ninguna preferencia manifiesta por el reino de Portugal o el de Castilla. Únicamente de Nicolás V (acaso seducido, y con motivo más que comprensible, por aquel personaje, no sé si bueno o malo, benéfico o maléfico, pero absolutamente excepcional, al par que, sin discusión posible, más arrebatadoramente fascinante de cuantos tomaron parte en la era inaugural de la navegación a vela, o sea el infante don Enrique el Navegante) puede tal vez decirse que se escoró un bocadinho mais a sotavento del viento de Lisboa que no del de Sevilla.

Parece ser que, al menos a tenor de las ideas o prácticas vigentes en el siglo XV, a cualquier «príncipe cristiano» le bastaba, en realidad, con la cara negativa de la doctrina de Enrique de Susa, esto es: la que declaraba ilegítimo en sí mismo todo poder temporal cuya soberanía estuviese detentada por un príncipe infiel; con eso un príncipe cristiano tenía lo suficiente para que, sin mediación papal alguna, le fuese moralmente lícito acometer con la fuerza de las armas la conquista de cualquier reino infiel y apoderarse de su soberanía; si después el pontífice bendecía el intento y el logro de tan laudable empresa, y tanto más si se trataba, como era lo más común, de un reino sarraceno —siendo el Islam considerado ya desde las Cruzadas, y mucho más tras empezar el auge del expansivo Imperio Otomano, el enemigo natural de la entera Cristiandad—, miel sobre hojuelas. Ya Martín V había refrendado la doctrina del Ostiense al declarar que los infieles no podían ser dueños de ningún lugar del mundo, y había celebrado encomiásticamente la conquista de Ceuta por los portugueses en 1415, en la que, por cierto, siendo aún apenas un muchacho de 22 años, había tomado parte el cuarto hijo de Don Juan I, rey de Portugal, o sea el propio infante Don Enrique, que más tarde se haría tan famoso bajo el romántico nombre de Enrique el Navegante. Quiero decir que, a tenor de la convincente argumentación del tantas veces citado estudio de Alfonso García-Gallo, no era en absoluto necesario ni tal vez —aunque esto según en qué momento de la oscilante interpretación jurídica de la nunca bien definida «potestad apostólica» del papa— tan siquiera pertinente que el papa otorgase ningún permiso previo a nombre de tal o cual concreto príncipe cristiano para hacer moralmente lícito y jurídicamente legítimo el derecho de conquista y apropiación de la soberanía de un determinado reino infiel. Parece que el supuesto tácito más común en lo que se refiere a empresas semejantes era —si es que he entendido bien las cosas— el que, de haberse querido hacer explícito, podría formularse en estos términos: «No te concedo el derecho de conquista ni te transfiero el señorío del reino de Fez porque ya de por sí en su actual situación me pertenezca como señor temporal del orbe entero, sino porque por mi potestad estoy facultado para reconocer la legitimidad de tu propósito de apropiarte de su soberanía por las armas, en la medida en que como príncipe cristiano te es moralmente lícito enseñorearte de un dominio temporal que, en tanto que actualmente detentado por un príncipe infiel y, por añadidura, sarraceno, es no sólo ilegítimo sino también positivamente contrario a nuestra Fe. Ítem, puesto que has tomado sobre ti el trabajo, el sacrificio y el peligro de este empeño no sólo moralmente legítimo sino también espiritualmente laudable por volverse contra el acérrimo enemigo de la fe de Cristo, me complazco además en reservar, tal como por mi propia potestad apostólica me pertenece libremente hacerlo, de manera total y privativa, el gobierno y jurisdicción de las cosas eclesiásticas y pertenecientes a la fe a la orden religiosa que, bajo tus auspicios y con todo el favor y protección de tu soberanía, ha venido hasta hoy acompañando y apoyando esa conquista». (Pues, en efecto, para dar la exclusiva de cuanto concernía a lo que entonces se llamaba «la espiritualidad», o, en portugués, *a spiritualidade*, a la *Ordem de cavalaria de Jesu Christo* no necesitaba el pontífice de ninguna prerrogativa que excediese un punto de las ya contenidas en su potestad apostólica para hacer y deshacer, para dar o quitar, en todo lo concerniente a las circunscripciones y facultades jurisdiccionales eclesiásticas de la organización diocesana general comúnmente conocida como «ordinaria».) Pero, de hecho, a este último respecto, todavía Martín V, en la *Sane charissimus* de 1418, corroborando la conquista de Ceuta por «Cruzada» y convocando a ella a todos los príncipes cristianos, al par que autorizaba a todos los obispos y arzobispos a conceder los *privilegios de cruzada*, muestra que en este momento —aun existiendo ya, como facultad papal, la de conceder el *ius patronatus*, y a sólo 20 años de la *Pragmática sanción*— el dominio temporal, portugués en este caso, no traía consigo la exclusividad en lo eclesiástico.

Esto último, o sea la creciente vinculación del dominio temporal con las atribuciones religiosas y eclesiásticas, surgió tan sólo a raíz del conflicto entre Castilla y Portugal a propósito del derecho de conquista sobre las Islas Afortunadas —ya por entonces llamadas Canarias— y particularmente a partir de las *Allegationes* presentadas en 1435 por Alonso de Cartagena, obispo de Burgos, en una de las zarandeadas sesiones del Concilio de Basilea; concilio especialmente tormentoso e importante por debatirse en él la cuestión, arrastrada desde el Cisma de Occidente, sobre la primacía del Concilio sobre el Papa o viceversa, que tuvo por adalidades, a un siglo de distancia uno de otro, a Guillermo de Occam (1300-1349) y a Juan de Torquemada (1388-1468), defensores del Concilio y del Papa respectivamente, pero que no resolvería definitivamente más que —a golpe de bula, y a favor del papa por supuesto— Pío II con su *Execrabilis* de 1459. Merece la pena examinar siquiera brevemente la argumentación principal de esas *Allegationes*, porque en ellas está el principio y fundamento de la distribución territorial excluyente de lo «por descobrir» y, junto con ella, la inevitable adscripción no menos privativa al titular del derecho del dominio temporal de las atribuciones (naturalmente siempre delegadas, siquiera fuese por ficción jurídica —y de facto cada vez con más escandalosos y abusivos rasgos de ficción, conforme se verá—, de la potestad apostólica) concernientes a la supervisión administrativa de la jurisdicción propiamente eclesiástica, premisa de algo por aquellos años todavía absolutamente inimaginable: la gigantesca potencia territorial del futuro patronato castellano y más tarde español sobre la Iglesia y el Cristianismo de Ultramar.

Pero, antes de entrar en las referidas *Allegationes* de Alonso de Cartagena, quiero poner por *proemio galeato* a mi última afirmación de aquí arribita mismo una cita textual de don Alfonso García-Gallo (páginas 497-498 del referido estudio sobre las bulas alejandrinas, de 1957-1958, por donde se cita: Alfonso García-Gallo, «Los orígenes españoles de las instituciones americanas», Real Academia de Jurisprudencia y Legislación, Madrid, 1987), que dice como sigue:

> «Evidentemente la facultad canónica de dispensar sólo a unos Reyes de la prohibición de navegar y comerciar en determinadas partes y de ratificar la prohibición para los demás a partir de un cierto punto [se refiere a la prohibición de toda relación incluso comercial con cualquier hijo de la abominable seta de Mahoma, relación que, por afectar al orden de las cosas espirituales, podía ser objeto de las atribuciones morales de la potestad apostólica], unida a la facultad pontificia de disponer de los pueblos contrarios al cristianismo y conceder el dominio sobre ellos a príncipes cristianos [«disponer» y «conceder», a mi entender, no en el sentido enfáticamente positivo —que García-Gallo no parece presuponer en ningún punto— que erigiese al papa por señor del orbe, sino en el sentido sólo negativo de sancionar como moralmente lícitas y hasta gratas a Cristo y a su Iglesia empresas semejantes, fuese cual fuese el alcance de la doctrina del Ostiense, que no he tenido

ocasión de examinar], *creó una situación probablemente imprevista e imprevisible cuando se otorgaron las primeras bulas* [subrayado mío]. Esta situación se produjo luego, *como síntesis de los resultados* [subrayado mío] provocados por el ejercicio normal de una potestad pontificia rectamente aplicada en su origen en los respectivos casos. Ahora bien, esta situación compleja, tal como en su plenitud se presentaba, era evidente que había sido creada por la potestad pontificia. ¿Cuál era esta potestad que producía tan amplios efectos y cuál era su fundamento doctrinal o canónico? El problema no se lo planteó nadie a fines del siglo XV [y, a mayor abundamiento, ya el propio García-Gallo, en la nota 350 al pie de la página 483 de su estudio, por donde se cita, nos registra nada menos que ocho ediciones de la *Summa Aurea* de Enrique de Susa entre 1473 y 1498, mientras que Tomás de Aquino tuvo que esperar hasta 1517 para que Tomás de Vío, el "Cardenal Cayetano", resucitase sus doctrinas], pero sí fue objeto de viva discusión en el XVI —recuérdese la polémica sobre el valor de las bulas y los justos títulos de los Reyes españoles sobre América— y lo es hoy día entre los investigadores modernos. El fracaso de todos ellos al tratar de buscar en las doctrinas o en el Derecho de la época una definición o una explicación de esta potestad apostólica, demuestra que no existía: Ni Nicolás V, ni Calixto III, ni Sixto IV, ni Alejandro VI trataron de crearla o definirla. Todos ellos la ejercieron en cada aspecto conforme al Derecho de la época. *Lo que no pudieron prever es que la síntesis de todas sus decisiones crearía una situación que como tal presuponía una potestad pontificia hasta entonces nunca imaginada* [subrayado mío].»

En una palabra, que la actuación de los pontífices sucesivos y a través de sus diversas bulas, pretendiendo únicamente ser una *actuación conciliadora entre derechos* preexistentes o pretendidos de príncipes cristianos, derechos generalmente laicos y por ende ajenos a la potestad apostólica, aunque en algún aspecto moral cayesen bajo su competencia, acabó desembocando, sin quererlo y por circunstancias absolutamente imponderables, en una auténtica o pretendida *actuación creadora de derecho*. Auténtica para quienes convalidaron la «donación» alejandrina en un sentido rigurosamente referido al dominio temporal, pretendida para quienes, como Vitoria, rechazaron de plano semejante convalidación. Si alguien tratase de apelar, para dar salida a la cuestión, al alcance, al sentido, a la representación que de su propia «donación» pudiese haberse hecho en 1493 el propio Alejandro VI, no lo conseguiría ni aun dándose diez años más de plazo, o sea los mismos que la vida le dio a Alejandro VI, muerto el 18 de agosto de 1503, pues ni aun entonces, incluso habiéndose ya reconocido muchos grados, en latitud y longitud, de «tierra firme», se tenía más noción de lo descubierto, y consiguientemente «lo donado», que la de *costas de salvajes*. Pero vengamos de una vez a las *Allegationes*.

Para ponerlas, como diría un periodista, «en su contexto histórico», hay que tener en cuenta, siquiera sea de modo sumario y general y por no fatigar al lector en los detalles, que en el tiempo que media entre la fecha de 1312, en que el genovés Lancellotto da Maloncello descubrió las islas Canarias —o redescubrió, si se prefiere, las *Afortunadas*, ya conocidas desde el Periplo de Hannón— o al menos, en concreto, las de Fuerteventura y Lanzarote, perpetuando en el topónimo de esta segunda, aún hoy vigente, su prosopónimo de pila, pues no otra cosa es «Lanzarote» que la versión castellana de «Lancellotto», y la fecha del 4 de septiembre de 1479, en que entre los reyes Don Alfonso V de Portugal y Doña Isabel I, reina de Castilla —junto con Fernando V de Aragón, co-reinante usufructuario por vínculo matrimonial— se llegó a la Capitulación de las Alcáçovas, entre estas dos fechas, digo, se interpone la segunda y decisiva parte del desarrollo jurídico-político de las instituciones de la dominación, por el que del llamado Estado estamental (en el que los señores, aun reconociéndose vasallos de un *primus inter pares*, que era el rey, podían libremente entablar guerras por querellas particulares entre sí) se pasa al llamado Estado moderno, en que la primacía jerárquica del rey, si es que aún no puede llamarse *sensu stricto* «absolutista», deja desde luego de ser la de un *primus inter pares*, para cruzar el límite de distinción cualitativa que la convierte en única. De ahí que, al considerar las *Allegationes* de Alonso de Cartagena, convenga tener presente que en 1435 se navegaba todavía en la incertidumbre de unas aguas en que, por decirlo exageradamente, entre la mera posesión particular o propiedad privada tal como modernamente se concibe y la soberanía real (o nacional) había toda una serie de vínculos intermedios de jurisdicción y señorío temporal (como el que todavía cien años más tarde intentarían resucitar en las Yndias los encomenderos, sin ningún éxito *de iure*, pero con notable éxito *de facto*, lo que ha permitido a algunos hablar de «neofeudalismo» con respecto a América); y basten aquí dos ejemplos de ello: en 1352, Don Pedro IV, rey de Aragón concedió a Arnaldo Roger la conquista de las Islas Canarias con carácter de feudo, *con jurisdicción civil y criminal*, aunque entonces no se lograse hacer definitiva la conquista, y en 1402, ya incluso pocos años antes del Concilio de Basilea, todavía Don Enrique III, rey de Castilla, concedió la conquista de aquellas mismas islas al normando Juan de Bethencourt, probablemente con parecidos privilegios feudales —como lo prueba el hecho de que en 1418 el sobrino de éste, Maciot de Bethencourt, gozase aún del señorío de Lanzarote, con facultad para enajenar sus rentas, tal como hizo en favor del conde de Niebla—, sin perjuicio de la estricta *soberanía* del rey de Castilla, como testimonia el que a la muerte de Enrique III, en 1406, el primer Bethencourt confirmase su vasallaje con el sucesor, Don Juan II. Pues bien, me parece bastante verosímil pensar que la preocupación principal de las *Allegationes* de Alonso de Cartagena se derivaba sobre todo de la subsistencia en 1435 de las concepciones del Estado estamentalista, aunque ya en fase de franca recesión, por las que aún permanecía esa amplia zona ambigua y deslizante entre la soberanía y las diversas situaciones jurídicas a que podía dar lugar la simple posesión personal por apropiación a mano armada de un particular, y de modo especial cuando el objeto de ellas eran islas o tierras por conquistar y aun más «por descobrir», que, por añadidura, tal como alega el propio Cartagena, al estar habitadas sólo por infieles, se consideraban «vacuas» («islas [...] que estaban vacuas, como aún lo están, y entiendo su vacancia no con relación a sus habitantes, sino con relación a un príncipe católico [...] que en ellas cuasi poseyese el supremo dominio»). La renovación del acto de vasallaje por Juan de Bethencourt, como señor de Lanzarote, Fuerteventura y el resto del archipiélago canario aún por conquistar (pues se consideraba que la posesión de hecho de una isla, comportaba el derecho sobre todo el archipiélago) ante Juan II de Castilla, a la muerte de su padre Enrique III, podía sin duda considerarse como un acto simbólico y de cortesía en la medida en que el normando Bethencourt era un caballero y un hombre de honor, pero ¿qué habría podido ocurrir si no lo hubiese sido tanto? ¿No podría acaso haberse agarrado tal vez a cualquier sofística sutileza jurídica, alegando que en realidad el vasallaje que, respecto de las Canarias, había rendido a Don Enrique III sobreentendía referirse a la persona de éste en cuanto tal y no en cuanto rey de Castilla, para poder transferir la soberanía de las Canarias a su señor natural el rey de Francia? Verosímil o no, sirva el ejemplo como la clase de cosas que Alonso de Cartagena podía temer aún de los distintos grados de dominio coexistentes aun en aquellos últimos decenios del Estado estamental. Por último, es oportuno recordar cómo, junto a esta labilidad jurídico-política de que podían aprovecharse las empresas de conquista acometidas, en principio, «como es debido», ya habían aparecido los aventureros marítimos particulares, una especie de piratas, cuyo derecho a la depredación permaneció siempre jurídicamente bastante indefinido, como la propia piratería, en la medida en que habiéndose desarrollado la idea misma del Derecho sobre la bien definible *territorialidad terrestre*, valga la redundancia, se quedaba como perpleja ante la *a-territorialidad* propia del mar, a lo que en el caso de estos aventureros se añadía la falta de personalidad jurídica de los infieles, sobre los cuales, particularmente en las Canarias, ejercían la práctica del «salteo», o sea la esclavización por captura. A tal respecto, es significativa la respuesta dada por un castellano —cuando ya Lanzarote era señorío de Bethencourt bajo soberanía del rey de Castilla— a un aventurero normando que le proponía el salteo de isleños en la propia Lanzarote, a lo que el castellano se negó diciendo que tal cosa «sería robar», lo que muestra la índole jurídica de cosa y no de persona que tenían los infieles incluso en islas ya bajo el dominio temporal de un príncipe cristiano: aún no eran personas, pero ya tenían «dueño», por eso el rapto para la puesta en venta era ya un «robo», pero no un atentado a la libertad personal. Ya he señalado más arriba, cómo tres prohibiciones sucesivas contra el salteo por el papa Eugenio IV (en 1431, 1433 y 1435) y una de Pío II (en 1462) parecen indicar que fueron los aborígenes canarios —a quienes no se podía considerar, como, acaso con relativo fundamento, acaso gratuitamente, a los negros de Guinea, mínimamente inficionados por la perversa seta de Mahoma— los primeros que empezaron a mejorar la figura del infiel a los ojos de los cristianos, si bien, incluso totalmente liberados de toda posibilidad de esclavización, resulte harto difícil definir los límites de su personalidad jurídica, en la medida en que incluso en la *Recopilación* de 1680, la legislación que a ellos se refiere permanece totalmente separada de la de los criollos y los españoles, en el libro VI, expresamente titulado «De los indios».

Si todavía en la *Recopilación* de 1680 la personalidad jurídica del indio, en general al menos presuntamente convertido y bautizado, aparece indecisa,[31] habiendo resistido los violentísimos embates del iusnaturalismo tomista renacido en el siglo XVI (cuyos paupérrimos logros son seguramente incluso bastante menores de lo que podría hacer pensar la *Recopilación,* cuya actitud proteccionista y pedagógica respecto de los indios se debe, examinada más de cerca, mucho más al terror de la metrópoli ante la tremenda disminución de la población indígena, cuya fuerza de trabajo era absolutamente indispensable tanto para la supervivencia de los ex combatientes y criollos como para los intereses metropolitanos),

31. Ya en primer lugar, por la mera existencia de ese libro VI, que establece para ellos una legislación privativa; y en segundo lugar, porque aun declarando el título segundo de ese mismo libro la libertad de los indios, prohibiendo la esclavitud incluso para los apresados en guerra justa, vienen después multitud de restricciones a esa libertad, que sería extensísimo y fuera de lugar sólo tratar de resumir aquí; baste para ello el solo enunciado de la ley referente a la libertad de residencia: «*Que los indios se puedan mudar de vnos lugares á otros.*/Si Constare, que los indios se han ido a vivir de vnos Lugares á otros de su voluntad, no los impidan las Iusticias, ni Ministros, y dexenlos vivir, y morar allí, excepto donde por las Reducciones que por nuestro mandato estuvieren hechas se haya dispuesto lo co [n] trario, y no fueren perjudicados los Encomenderos». «Recopilación de las leyes de los reynos de las Indias», Tomo Segundo, libro VI, título I, ley xij, folio 189 vuelto, edición de Julián de Paredes, Madrid, 1681.

nada tiene de extraño que, en 1435, Alonso de Cartagena considerase «vacuas» las Canarias, a tenor de la frase ya citada de sus *Allegationes* («*et intelligo vacuitatem non per respectum ad habitatores, sed per respectum ad principem catholicum, nullus enim erat princeps catholicus qui in eis quasi possideret supremum dominium*», que yo prefiero traducir así: «y con *vaciedad* no quiero dar a entender que estuviesen vacías de habitantes, sino vacantes para el dominio de un príncipe católico, ya que ninguno había que cuasi poseyese el supremo dominio de ellas»). Quizá esta idea de «vacío de dominio» referida a un pueblo tan primitivo como debían de ser entonces los canarios no necesitaba siquiera la doctrina de Enrique de Susa, para sustentarse del modo más espontáneo en prácticas informuladas, más que en expresas concepciones, que se remontaban a la antigüedad; imagino, así pues, que el sentimiento tácito de los príncipes cristianos concebía su derecho a apropiarse del dominio temporal de los sarracenos sobre la base de la *positiva ilegitimidad jurídica* de éstos (concepción que, como ya he dicho más arriba, se había visto constantemente contravenida en la Península Ibérica, aun bajo el supuesto de una perpetua y natural enemistad, en las prácticas de la guerra y de la paz entre los príncipes cristianos y los príncipes islámicos a lo largo de la llamada Reconquista), mientras que su derecho al dominio temporal sobre pueblos como los canarios y más tarde los lucayos y taínos se sentiría más bien como fundado en la *insuficiencia jurídico-institucional* de tales gentes.

La situación que dio lugar a las *Allegationes* de Alonso de Cartagena en el Concilio de Basilea —como si éste no tuviera ya bastante problema con la querella sobre la primacía del Concilio sobre el Papa o viceversa, para la cual no se hallaba allí en principio nuestro Don Alonso, obispo de Burgos, sino otros emisarios— es la siguiente: en 1434, no bien hubieron doblado el cabo Bojador —a unos 2 grados de latitud sur del paralelo de la Gran Canaria— las acuciosas carabelas del infante don Enrique el Navegante, creyendo éste conveniente para el propósito de sus navegaciones el apoyo que podía ofrecerle la facultad de poner pie en aquella isla, pidió a Don Juan II, rey de Castilla, que le hiciese merced de su conquista. Tal petición implicaba, evidentemente, el reconocimiento del «derecho de conquista» que Juan II, como titular y poseedor *de facto* de la soberanía de Lanzarote, tenía sobre las restantes islas del Archipiélago Canario; reconocimiento implícito que Alonso de Cartagena no dejaría de incluir en sus *Allegationes*, como prueba de que el propio infante había considerado las Canarias meridionales como «de la conquista» de Castilla: «ya que si él, conforme a derecho, las pudiese ocupar como bienes que no pertenecían a nadie, no las habría pedido [...] pues es superfluo pedir por favor lo que está permitido por la ley». Con todo, el rey de Castilla no se lo otorgó. Pese a lo cual, bien porque su hermano Don Duarte, rey de Portugal desde 1433, no aceptase tal respuesta, bien porque el propio infante Don Enrique lo incitase a buscar otro camino, el caso es que Don Duarte acudió al papa Eugenio IV, para que le concediese la conquista. No tengo datos para saber en qué términos se pedía tal concesión: si en los términos fuertes del, por así decirlo, «programa máximo» de la doctrina del Ostiense, según la cual el papa era señor temporal de todo el orbe, o en los términos débiles de un «programa mínimo», a tenor del cual el pontífice podía bendecir —lo que, viniendo de su autoridad, era casi sancionar— una empresa semejante, como muestra de un laudable celo por la difusión de la Fe de Jesucristo. Tiendo a pensar que debió de ser más bien de la segunda forma siquiera en la apariencia, esto es, como Fernández de Oviedo diría de Cortés, con «palabras enforradas e dissimulaçión», ya que (dejando aparte al infante don Enrique el Navegante, cuya imagen, aunque nada más sea por ciega arbitrariedad estética, me resisto bastante a disminuir) ni al rey de Portugal ni al de Castilla —como bien dejarán adivinar las *Allegationes* que vamos comentando— parecía importarles la difusión del Evangelio más que como instrumento de expansión de su dominio temporal. Dejaré a un lado las alegaciones en que el derecho de Castilla a las Canarias se defiende con la argumentación histórica de que éstas se corresponden con la antigua Tingitania, sobre la cual, a través de los vándalos y los visigodos, el derecho legítimo habría venido a parar a los reyes de Castilla, ya que a tal clase de argumentos no hay más respuesta sensata que la que el célebre embajador veneciano Gasparo Contarini le dio al pontífice Clemente VII sobre los derechos concernientes a Cervia y a Ravenna: «Santísimo Padre, como nos pusiésemos a dilucidar los derechos de los Estados rigiéndonos por sus orígenes, no encontraríamos hoy ni un solo príncipe con poder legítimo»; pero con la reserva de que esta fundamentación histórica le servirá, no obstante, a Alonso de Cartagena como premisa de su última y decisiva alegación. El segundo título histórico —mucho más próximo y efectivo, y, por ende, más fundado— era la soberanía de derecho y de hecho del rey de Castilla sobre Lanzarote desde su conquista por el normando Bethencourt en 1402, lo que según el derecho de la época comportaba el *derecho de conquista* sobre todo el archipiélago. La determinación condicionante que el propio autor de las *Allegationes* antepone a la «reducción a forma de derecho» de las razones de sus contrincantes, esto es: «Las razones del señor rey de Portugal o de los portugueses que ahora se han alegado *o verosímilmente pueden alegarse* [subrayado mío]», nos autoriza a considerar como extremamente dudoso que Don Duarte o sus embajadores en el Concilio de Basilea alegasen, al menos en los términos tan nítidamente inequívocos y explícitos en que Cartagena la declara, la primera de ellas: «Que las islas del mar no ocupadas pasan al ocupante [... y] puesto que las islas Canarias no están ocupadas por ningún príncipe católico o *grupo de católicos alguno* [subrayado mío, que tendrá importancia más abajo], en consecuencia deben concederse al ocupante». La fuerte duda viene de que Don Duarte o sus embajadores no podían esgrimir de modo tan taxativo una razón que, como esta, entraba en la más rotunda contradicción con el implícito reconocimiento de la soberanía de Juan II de Castilla, ya efectiva de hecho en Lanzarote, sobre el «derecho de conquista» de todo el archipiélago (con arreglo a la ya citada norma jurídica de la época con respecto al dominio de islas y archipiélagos), que comportaba la petición hecha apenas un año antes, poco más o menos, por el infante Don Enrique al propio Juan II de Castilla para que le autorizase la conquista —se supone que bajo enfeudamiento, esto es, sin atribuciones de soberanía—[32] de la Gran Canaria y acaso alguna otra isla meridional del archipiélago. De modo que esta «razón» o es del caletre de Alonso de Cartagena, a incluir, por tanto, entre las razones que «verosímilmente puedan alegarse» por la parte contraria, o los embajadores de Don Duarte supieron enunciarla

32. Aunque un párrafo de las *Allegationes* parece más bien implicar que se suponía el pleno dominio: «*Deinde Henricus infans Portugalli*[a]*e supplicauit domino nostro regi* quatenus [subrayado mío] *dignaretur sibi concedere conquestam illarum insularum. Dominus autem licet libenter uoluisset illi complacere, sicut dilectissimo consanguineo, quia tamen istud concernebat honore regni, et est quid* grave segregare a corona regni [subrayado mío] *quicquam quanticumque sit se rationabiliter excusauit*». El primer subrayado («quatenus») parece dejar abierta la alternativa en cuanto al grado de dominio, pero el segundo («segregare a corona regni») parece suponer la soberanía.

bajo forma de «palabras enforradas e dissimulaçión». Con todo, ya sea que fuese una razón efectivamente adivinada entre líneas de la argumentación de sus contrarios, ya sea que fuese —como yo tiendo a creer— hipotéticamente propuesta *ad hoc* por el propio Don Alonso como una razón que «verosímilmente podrían alegar» los portugueses, el caso es que éste no dejó de exprimirla hasta la última gota en su argumentación. Como ya he hecho —acogiéndome al sapientísimo consejo de Gasparo Contarini— con las alegaciones jurídicas remotas, para dar por buena tan sólo la referida a la conquista de 1402, omitiré también la pesada casuística que las *Allegationes* despliegan en torno al «derecho de conquista» por proximidad geográfica y a los distintos modos en que el derecho dimanante del *acto de apropiación originaria* sobre la *res nullius* puede aplicarse respecto de las islas. Comoquiera que sea, incluso en estos pasajes de la argumentación no deja de lanzar anticipaciones implícitas o explícitas de la reserva argumental acumulada al «reducir [la primera de] las razones del señor rey de Portugal o de los portugueses que ahora se han alegado, o verosímilmente puedan alegarse, en forma de alegaciones de derecho», con la mirada puesta en el apoyo decisivo que tal reserva va a prestarle en su argumentación contra la tercera, última y más fuerte de las razones del rey de Portugal en favor de su gestión ante la Santa Sede: la *causa fidei*.

La cosa es que las *Allegationes* por mucho que se envuelvan en disimulaciones, como la de remitirse al dominio de la Tingitania por los vándalos, van descubriendo, incluso a su pesar, los rasgos de un discurso regido por factores que, leyendo entre líneas, parecen arrollar, casi a flor de superficie, los comedidos términos formales de un pleito jurídico, que, aunque sin prolongarse *sine die*, puede siempre esperar o darse un cierto plazo. El pleito de las Canarias que en 1435 se estaba debatiendo en Basilea nada tiene que ver con querellas territoriales como la actual de las Kuriles, por no hablar de las que, gracias al benéfico poder putrefactor del tiempo, se han momificado en símbolos y transformado en pura alegoría, como la de Gibraltar. No, las *Allegationes* van trasluciendo más y más, conforme avanza el texto, su carácter premiosamente perentorio y hasta el ritmo del estilo y lo ordenado de la exposición (salvo que esta impresión se deba sólo al hecho de que el texto que nos ofrece García-Gallo omita algunas partes que no le han parecido sustanciales) se diría que van perdiendo pie. Al cabo, toda la argumentación aparece dominada por la urgencia y la circunstancialidad: es evidente que no son derechos a largo plazo ni aspiraciones generales lo que se trata de allanar, prevenir y asegurar; se trata, por el contrario, de atajar a tiempo, de detener siquiera de momento, una amenaza que apremia con extrema inmediatez.

Casi ya disipados los rencores y restañadas las heridas del memorable descalabro que las escasas pero intrépidas huestes portuguesas, al mando del casi imberbe Nunho Alvares, habían sabido infligirles a las armas de su abuelo Juan I en el lugar de Aljubarrota, y, huérfano de padre a los 2 años de edad, habiendo perdido apenas a los 8 la tutoría del único genuino caballero de Castilla, su tío don Fernando el de Antequera —designado en el compromiso de Caspe, de 1412, para ceñir la corona de Aragón—, el rey Don Juan II de Castilla, tras haber tenido que asistir no sólo a la brillante conquista de Ceuta por el rey de Portugal, sino también a la de Nápoles por su primo Alfonso V, primogénito de los llamados «infantes de Aragón» (hijos de don Fernando el de Antequera, por más que no saliesen, ciertamente, al padre), teniendo aún que soportar por veinte años el incansable *volliçear* de los tres restantes, Don

Juan, Don Pedro y Don Enrique, mortales enemigos del único hombre leal e inteligente que, tras la marcha y la muerte de don Fernando el de Antequera, había acertado a darle seguridad y apoyo (el condestable don Álvaro de Luna), Don Juan II, digo, sentía todo el celo que puede imaginarse por no perder el único nuevo dominio conseguido (aparte del de Antequera, tomada por el ya citado Don Fernando, en 1410, siendo, pues, todavía regente de Castilla, por la minoridad de su sobrino Juan II) desde la instauración de la dinastía de Trastamara, o sea Lanzarote, con el pretendidamente anejo «derecho de conquista» de todo el Archipiélago Canario, tanto más a la vista de la cada día más acelerada y alarmante superioridad marina de los portugueses y por añadidura justamente ahora cuando las acuciosas velas del infante don Enrique el Navegante, al mando del capitán Gil Eanes, acababan de encender en oro nuevo su blancura al sol naciente del cabo Bojador.

Los anticipos que va lanzando Don Alfonso, a menudo bastante traídos por los pelos con respecto al curso de la argumentación, extraídos todos ellos, como digo, del supuesto de un acto físico de apropiación originaria, o, como él dice, «adquisición por vía de ocupación», despliegan la cuestión en tres sentidos: el *primero* concierne a las presunciones jurídicas del acto mismo, según las cuales podría ser válido —en el sentido de conferir *algún* derecho, sin precisar por el momento *cuál*—, podría ser nulo, o sea no tener efecto de derecho alguno, o podría ser, finalmente, ilegítimo, y por tanto punible, por infringir alguna prohibición o violar un derecho preexistente. El *segundo sentido* concierne solamente a la presunción del acto válido, y discierne los distintos alcances del derecho que, a tenor de la variedad de circunstancias, adquiere el acto por esa validez. Por fin, el *tercer sentido* se ocupa de los distintos criterios a seguir, según cada materia y cada caso, para la previa delimitación de la circunscripción unitariamente afectada por la validez del acto y sujeta, por tanto, a su derecho. (No es que este esquema aparezca en tal forma en las *Allegationes*: sólo se ha urdido buscando brevedad y espero que con fidelidad y con acierto.) El mismo caso le sirve a Cartagena para el acto ilegítimo y el nulo: el fracasado intento de conquista de la Gran Canaria acometido en 1425 por Fernando de Castro para Don Juan I, el entonces rey de Portugal: «el acto *no fue justo* [subrayado mío] porque estas islas pertenecían a nuestro rey», bien sea que refiriese semejante pertenencia al antiquísimo derecho histórico sobre la Tingitania, bien sea que la refiriese a la soberanía de derecho y de hecho del rey de Castilla sobre Lanzarote desde 1402 —con la ya repetida concomitancia del «derecho de conquista» sobre todo el archipiélago—; la nulidad la explica de este modo: «No puede llamarse ocupación, pues [...] se llama ocupar cuando se empieza a ocupar lo que se puede conservar y poseer [...] pero como no poseyó ni retuvo su acto *no tiene valor* [subrayado mío] de ocupación». En cuanto al acto válido, no llega a definir, naturalmente, la mera validez, dado que ésta no parece admitir, por su concepto mismo, la forma de absoluto; pasamos, pues, a los casos que, al darla por supuesta, van a parar, según el orden de mi esquema, ya sea al *segundo*, ya sea al *tercer* sentido (remítase al lugar donde cada uno de estos ordinales viene subrayado). En cuanto al *segundo sentido*, o sea al alcance del derecho que por el acto válido se adquiere, tras alegar el consabido derecho histórico sobre la Tingitania —lo que al efecto aquí es indiferente— y sobre cuanto haya o pueda aparecer en sus aguas circundantes, acaba por decir: «Si de nuevo naciesen o se descubriesen las islas Canarias, sus ocupantes o los habitantes de ellas estarían bajo el dominio y principado de nuestro señor rey, pues [...] *quien edifica en suelo que es de la jurisdicción de otro, se hace súbdito suyo* [subrayado mío]», donde, como puede observarse, hay un acto válido —el de edificar— por el que se adquiere un derecho —el de habitar la casa—, pero el alcance de validez de ese derecho tiene por límite la jurisdicción y, consiguientemente, la soberanía, que, como siempre, muestra aquí también su congénita fundamentación territorial. Otro ejemplo mucho más explícito de este mismo *segundo sentido* de mi esquema distingue nítidamente, siempre respecto del alcance de la ocupación, entre los términos extremos de la simple propiedad particular y el supremo dominio de la soberanía; y dice así: «Pues hay que advertir que cuando los Derechos dicen: la isla nacida en el mar es del ocupante, o que los bienes que no son de nadie se conceden al ocupante, esto ha de entenderse *en cuanto al dominio plano, en la forma en que el particular tiene el dominio de sus cosas, pero no en cuanto a la jurisdicción, pues ésta es siempre del príncipe* [subrayado mío; el original latino reza como sigue: *quantum ad dominium planum rei, sicut priautus habet dominium in rebus suis, non tamen quantum ad iurisditionem, nam illa semper est principis*], como observa Baldo [...] Pues nadie dice que las adquisiciones que se hacen de nuevo en el dominio de algún príncipe se entienden en cuanto a la superioridad y jurisdicción; sino en cuanto al dominio simple, quedando siempre bajo la tutela, protección, gobierno y suprema jurisdicción del príncipe». Vemos, pues, en estas citas los dos alcances extremos —mínimo y máximo— del derecho que confiere el «Acto de apropiación» (entre los cuales quedan, claro está, todos los grados intermedios que admitía el Estado estamental, entre los que cabía incluso el «señorío con jurisdicción» —el de los famosos «señores de horca y cuchillo»—, pero sin su prema soberanía); en la primera de las citas se preocupa de la persona, en cuanto determina de quién es súbdito el que adquiere algo en tierra ya sujeta a una soberanía; en la segunda qué grado de dominio puede pretender sobre la cosa adquirida. (Es esta una cuestión que adquirirá gran relieve repecto de las Indias, y no sólo en lo que se refiere a las «encomiendas», que, junto con la secular demanda de que se concediesen a perpetuidad —esto es, sucesorias para siempre, y no sólo para «dos vidas», ni aun para tres o hasta cuatro sucesores, según la *ley de disimulación*—, como el propio Cortés solicitaba ya en su segunda y secreta carta al emperador del 15 de octubre de 1524, fecha de la CUARTA de las *Cartas de relación* conocidas, *secreta,* porque, como él mismo dice, «hay otras [cosas] de que conviene que V. M. sea avisado particularmente [...] sin que el vulgo las participe», no faltarían quienes pidiesen también la jurisdicción —cosa a la que Cortés se opuso en un principio, si bien en un *parecer* de hacia 1544, en el que sigue apoyando la perpetuidad de las encomiendas, dice: «Y no tengo por ynconueniente que si después de hecho el dicho repartimiento, vbiere quien conpre la juridición de sus yndios, que se les venda muy bien vendida y se ahorren los salarios de las justicias y corregidores que en ellas se ponen»—, sino también en lo que se refiere a la mucho más ardua y escabrosa cuestión de la dualidad —o unidad— de la dominación sobre las tierras y sobre las personas, que, por mi parte, no puedo sino dejar a los juristas, limitándome aquí a citar un interesantísimo pasaje del padre Acosta S.J., que la saca a colación al discutir los tributos de los indios: «Sea lo tercero que los bárbaros [se refiere a los indios] nada deben a los príncipes cristianos por razón del suelo y tierras que cultivan. Porque sólamente se puede exigir a un particular que pague tributo por razón del suelo a un príncipe o república cuando lo ha recibido de ella. [...] Pero en los tributos de los indios no se puede seguir este camino, porque no han ocupado ellos nuestra tierra, sino nosotros la suya; ni ellos han venido a nosotros, sino nosotros los hemos invadido a ellos. Así, pues, las tierras de los bárbaros quedan sometidas a los príncipes cristianos al someterse ellos, pero nada nos deben los bárbaros por razón del suelo, que no lo han recibido de nosotros, antes lo han comunicado con nosotros. E importa mucho distinguir si son los hombres los que quedan sometidos al serlo el suelo, o si, al contrario, es el suelo el sometido por razón de los hombres, porque en este caso las cosas no pasan al nuevo señor, sino que quedan del pleno dominio de los amos». *De procuranda indorum salute,* «Obras del padre José de Acosta», Biblioteca de Autores Españoles, Madrid, 1954, Tomo LXXIII, página 470; *De procuranda...* fue escrito en 1577.)

Viniendo, finalmente, al *tercer sentido* en que las *Allegationes* despliegan la cuestión de lo que el autor llama «adquisición por vía de ocupación», o sea el que se refiere a los criterios previos o sobrentendidos para la circunscripción que ha de considerarse afectada por el acto, aportaré sólo otras dos breves anticipaciones, en las que el texto revela quizá aun más el sentimiento de celo y de premura en atajar la temible inminencia de avances en el dominio de los mares con que amaga la audacia de las naves portuguesas que parece recorrer el texto entero de las *Allegationes.* Y esa prisa se nota tanto o más en este último punto en la misma medida en que no trata ya de limitar el derecho de los otros, sino de adelantar el propio, de ponerlo anticipadamente a salvo. La primera de las referencias se aplica a razonar la doctrina jurídica vigente con respecto al derecho de dominio sobre los archipiélagos «El rey Don Enrique [Enrique III de Trastamara, en 1402] hizo ocupar, o hablando más propiamente, recuperar la isla de Lanzarote, con intención de recuperarlas todas [se sobrentiende "todas las islas Canarias"]. Mas si es cierto que en las cosas que tienen congruencia basta aprehender una parte con intención de aprehender el todo [...], esto no ha de entenderse suficiente en el caso de la proximidad corporal de alguna tierra o predio, sino de la unidad intelectual de cualquier conjunto unitario [texto latino: *in unitate intellectuali alicuius universitatis*], pues, tomada posesión corporal de la iglesia en que está el beneficio, se considera tomada de todo lo que pertenece al beneficio». La segunda y última cita no hace más que remitir lo dicho a la situación *de facto* en aquel momento: «Por tanto, como las otras islas estuviesen vacantes con respecto a la superioridad que nuestro señor rey tiene sobre ellas, naturalmente se sigue que tomada la cuasi posesión del principado de una de las islas, se considera tomado en todas».

Y hete aquí ahora a nuestro don Alonso de Cartagena enfrentado por fin con el punto al que realmente apuntaban todas estas anticipaciones, el verdadero *punctum pruriens* del asunto, en tanto que el más válido y convincente que el rey don Duarte de Portugal podía alegar y esgrimir ante el pontífice Eugenio IV, para que le concediese la conquista de las Canarias meridionales, es a saber: el de la *causa fidei*. El propio Don Alonso, al exponer al principio las *razones*, explícitas o supuestas, de los portugueses, la ha citado en tercero y último lugar, por ser éste el orden en que se dispone a rebatirla, tal como todo buen argumentador reserva siempre para el final lo más fuerte del contrario. Tampoco ha dejado de reconocerla paladinamente como la más válida y más respetable de las que han alegado o puedan alegar los portugueses, considerándola tal vez, secretamente, también no sólo como la que más podía incidir en el ánimo del papa, sino también como la que mejor se prestaba a envolverse y escudarse en las atribuciones de la potestad apostólica. Comoquiera que sea la ha expuesto así: «La tercera [razón] es ésta: las gentes de aquellas islas de que hablamos aún no han recibido la Fe católica, con lo que la causa de la Fe [original latino: *causa Fidei*] es más favorable, y a todo varón católico, sobre todo si es príncipe, corresponde dilatar el ámbito de la Fe y procurar que las gentes se conviertan a la Fe católica en todo el orbe [...], y luchar contra los infieles que se resistan es una acción piadosa y honesta».

Pues bien, con el mismo reconocimiento de la legitimidad y la santidad de las empresas acometidas a título de *causa Fidei* empieza la alegación de Don Alonso contra esta tercera *razón* de los portugueses para su demanda, salvo que ahora, casi al final de su discurso y ya a la vista de su conclusión, sabemos que tales reverencias hacia una «acción piadosa y honesta» como esa no son más que «palabras enforradas e dissimulaçión», pues lo único que allí de veras importa y se debate es el crudo y desnudo dominio temporal:

> «A la tercera razón se responde que la intención de nuestro rey nunca fue, ni es, cerrar el paso a quienes impulsen las cosas que pertenecen a la Fe, antes bien la de ayudarlos y favorecerlos cuanto le sea posible. Pero esta conquista puede ser asumida de dos modos. El primero, si alguien quiere emprenderla no para usurpar para sí el principado o dominio jurisdiccional, sino para forzar a los infieles que allí habitan hasta tanto que permitan a los predicadores libremente entrar y predicar la palabra de Dios, con el fin de que, oyéndola, se conviertan ellos mismos espontáneamente a la Fe católica. El segundo, si alguien quiere intentar esta conquista no con el mero fin de reducir a los isleños a la Fe, sino además con el de sujetarlos a su potestad y a su dominio, de tal modo que, convertidos en fieles, queden bajo él como príncipe supremo. Si se emprende según el primer modo, no se les debe impedir a quienes lo hacen, siempre que sea con autoridad del Romano Pontífice y en las circunstancias que se deducen de las sentencias de Inocen-

cio y de los otros doctores [...]. Si se hace, en cambio, según el segundo, no puede ser emprendida sino por aquel que tiene derecho a ellas; pues las provincias e islas que pertenecen por derecho de sucesión universal a nuestro rey, tal como he dicho, aunque ahora estén en rebelión y en la infidelidad, también, quienquiera que sea el que las reduzca a la Fe católica, revierten a él por derecho de *post liminio* [...] Por consiguiente, si es del primer modo como los portugueses o cualquier otro quieren atacar las islas y obrar para que los habitantes se conviertan a la Fe católica, su obra será piadosa, si la hacen con las debidas condiciones. Pero quien quiera que sea el que lo hiciere debe tener por presupuesto que ello se entiende siempre salvo el supremo dominio y jurisdicción, porque en cualquier tiempo y de cualquier modo que se rescaten de la barbarie e infidelidad, siempre el principado supremo y jurisdicción serán de nuestro rey».

Pero, a despecho de todas las zalemas prodigadas a la *causa Fidei*, todo el contexto permitía prever que Alonso de Cartagena ni siquiera iba a conformarse con que los embajadores portugueses aceptasen someterse a tales condicionamientos, ni con que el propio pontífice incluyese en la concesión otorgada a favor de Don Duarte y de los portugueses sobre las Canarias la declaración restrictiva de que la validez de la concesión se entendía sólo hasta el punto en que las actuaciones portuguesas fuesen sin menoscabo alguno de los derechos del dominio temporal y la soberanía que sobre todo el archipiélago de las Canarias, «conquistadas e por conquistar», tenía Don Juan II de Castilla, declarando incluso la concesión por revocada en cuanto perjudicase o pudiese perjudicar tales derechos. O sea, que habiendo dado por legítima y hasta por santa la *causa Fidei*, ahora no aceptaba una concesión que se supeditaba enteramente a ella, conforme a lo que él mismo había definido como «el primer modo», sino que ordenaba al embajador castellano ante la Santa Sede «no cesar por ello en su empeño mientras [la concesión] no se revoque del todo». Y el motivo que da para justificar semejante conclusión es —como no podía ser menos— un motivo *de facto*. La concesión, sometida a la restricción de no perjudicar el derecho soberano del rey de Castilla, suponía mantenerse siempre ceñida a una precisa condición; solo a éste, como soberano temporal, pertenecía comprobar si tal condición, efectivamente, se cumplía o dejaba de cumplirse. Y ahora citaré literalmente la frase en que don Alonso de Cartagena revela toda su experiencia y su conocimiento en cuanto al temible poder que, en cualesquiera achaques o querellas de la dominación, adquiere el peso de los hechos consumados: «Ahora bien —dice—, *cuando estas cosas llegasen a ejecutarse* [subrayado mío] y por parte de nuestro señor rey se dijese que la concesión es en perjuicio suyo y la otra parte acaso lo negase, ¿quién fallaría la contienda? Ciertamente, la resolución de esta cuestión pertenece a nuestro señor rey [...] Pero si la otra parte no quisiese tal vez atenerse a su fallo, podría nacer entonces alguna gran discordia entre los señores reyes, lo que sin duda no creo que esté en la mente de Su Santidad, pues siendo el deseo de ésta pacificar a los príncipes que están en discordia, no puede tenerse por verosímil que quiera dar ocasión para que los príncipes que están en concordia entren en discordia. Por consiguiente, como de esta concesión, aunque se limite para que sea sin perjuicio, etc., podría nacer una gran discordia, Su Santidad debe revocarla totalmente». En la frase más arriba subrayada («cuando estas cosas llegasen a ejecutarse») Alonso de Cartagena no sólo muestra su experiencia política acerca del temor y la cautela con que hay que precaverse ante la posibilidad de que se nos presenten hechos consumados, sino que también deja traslucir, una vez más, el apremiante motivo que da impulso a sus *Allegationes*, la urgencia de atajar a toda costa la concesión del papa en favor de Don Duarte. ¡Demasiado sabía Don Alonso que ni el infante don Enrique el Navegante ni su *Ordem de cavalaria de Jesu Christo* (fundada en 1319 por un grupo de templarios fugitivos, tras la disolución de la Orden del Temple en 1311), ni las naves que al mando del capitán Gil Eanes acababan de doblar el cabo Bojador (naves de las que diez años más tarde un veneciano —hombre, por ende, más de remos que de velas—, Luigi Ca da Mosto, diría: «*Essendo le Caravelle di Portogallo i megliori navillj che vadino sopra il mare di vele*»), eran ninguna banda de marineros desmandados y desharrapados que anduviesen a la rebusca y al «salteo» por su propio interés particular, sino la más capaz, organizada, valerosa y emprendedora fuerza naval que surcaba entonces las aguas del Atlántico! ¡Demasiado sabía que si en los tres decenios largos transcurridos desde que el normando Juan de Bethencourt había puesto en sus manos el dominio temporal de Lanzarote, los castellanos, amén de haber dejado decaer casi del todo el de Fuerteventura y el de Hierro, que al parecer también les entregó, no habían podido o querido poner pie en ninguna otra isla más del archipiélago, no podían ya absolutamente permitirse dejar pasar ni un verano más sin asegurarse de que ni una sola vela portuguesa, aun con todas las bendiciones de la *causa Fidei*, se asomase a las costas de las Canarias meridionales, rozando siquiera fuese en simulacro el «derecho de conquista» que al rey Don Juan II de Castilla, en tanto que soberano de derecho y de hecho de la de Lanzarote, sobre todas las otras le correspondía!

Pero, además, al margen de este patético sentimiento de inferioridad naval de los castellanos frente a los portugueses, entraban también, sin duda, problemas que la jerga de hoy en día llamaría «técnicos».

Recordemos, por ejemplo, que incluso el «primer modo» de Alonso de Cartagena, esto es, el que se ceñía a los restrictivos requisitos de la *causa Fidei*, no dejaba de comprender siquiera un cierto grado, por pequeño que fuere, de acción armada (*ut cogat infideles* [...] *quatenus dimittant libere predicatores ingredi et predicare uerbum Dei*, dicen las *Allegationes*, sin que ello implique llegar al drástico *compelle eos intrare* de la consigna evangélica). Esta obertura a cargo de los instrumentos de metal, antes de dar entrada a los violines de la melodía evangélica, que sin duda las tristes experiencias imbuidas en el ánimo de los canarios por el precedente del «salteo» hacían enteramente previsible, al fin, como cualquier otra acción armada —por distinta que fuese su intención— se remitía, por su índole de medio coercitivo, a la esfera del dominio temporal, con todos sus supuestos, costumbres y estatutos. ¿Y quién podía, por ejemplo, prever, el alcance «necesario» a que podía llegar a ser llevada una determinada acción, so pena de un desistimiento a medio trance, que cualquier alma de soldado no podría más que rechazar como una especie de *coitus interruptus*? ¿Quién podía predecir o delimitar a priori lo que tras un hecho de armas inaccesible a cualquier cálculo previo llegarían a arrogarse o se sentirían con derecho a exigir los combatientes? ¿Acaso no era de temer que si tal hecho de armas alcanzaba una importancia superior a toda razonable previsión o exigía, por ejemplo, para verse afianzado y mantenido, la construcción de unas defensas o de una simple casa-fuerte, los combatientes prefiriesen ofrecer la hazaña a su propio soberano y ser loados, honrados y premiados por él, antes que pensar que habían de malbaratar sus méritos de sangre en beneficio de la soberanía de un rey extraño? (En la posibilidad de tal clase de episodios, cuyos agentes podían ser capitanes de más respeto y calidad que los aventureros del «salteo», debía de estar pensando Alonso de Cartagena en la frase cuyas últimas palabras he subrayado más arriba: «las islas Canarias no están ocupadas por ningún príncipe católico *o grupo de católicos alguno*», con el fin de excluir, entre las *razones* atribuidas a los portugueses, no sólo las empresas directamente reales, sino también iniciativas todavía posibles desde los supuestos del Estado estamental.) Así pues, bien pudo ser por estas o por otras semejantes presunciones por donde la experiencia de las servidumbres inherentes al principio de dominación acendrase en el ánimo de don Alonso de Cartagena la evidencia de la incompatibilidad *de facto* de las empresas adscritas al título de la *causa Fidei*, legítimas en principio para todo príncipe cristiano, con la seguridad de un dominio temporal sujeto a la soberanía y jurisdicción de uno solo de ellos.

La importancia interna de las *Allegationes* en sí mismas está en haber razonado por primera vez de forma explícita esta incompatibilidad; esto es, en haber propugnado la necesidad de vincular la *causa Fidei* al dominio temporal. Pero una vez que es a quien tiene el dominio temporal, con el concomitante «derecho de conquista» sobre toda la circunscripción pretendidamente adscrita a ese dominio —como el que la efectiva posesión de Lanzarote le confería a Juan II sobre todo el Archipiélago Canario todavía «por conquistar»—, a quien corresponde comprobar si las actuaciones de terceros hechas en nombre de la *causa Fidei* cumplen las condiciones requeridas y si van o no en perjuicio de su dominio temporal, el resultado es que la *causa Fidei* no queda ya sólamente vinculada al poder temporal, sino también, de modo inevitable, subordinada a él. En una palabra, se sienta el fundamento de algo que, en adelante, será definitivo y sustancial: *la identidad política, respecto de cada concreto territorio o demarcación marítima, entre los titulares del dominio temporal y los gestores de la evangelización.* No habría problema alguno en que los agentes de una determinada expedición fuesen extranjeros —como Colón, como Vespucci, que navegó una vez para Castilla y otra para Portugal, o como Magallanes—, lo importante sería que *ya al zarpar de la metrópoli* los eventuales logros de la empresa estuviesen previamente comprometidos, por capitulación o por contrato, con un determinado soberano en cuanto a la adscripción del dominio y la jurisdicción temporales. En consecuencia el «primer modo» de Alonso de Cartagena, esto es, el de la pura *causa Fidei,* podría sin duda subsistir como una motivación subjetiva, pero no tendría ya ninguna forma práctica de ejecución real, hasta el extremo de que en las dos *Inter cetera* de Alejandro VI se dictaría que ni siquiera los misioneros pudiesen, so pena de excomunión, pasar a las Indias sin permiso de la reina de Castilla, al par que en la *Piis fidelium,* del mismo papa, se les permitiría hacerlo, siempre que estuviesen autorizados por la reina, sin necesitar licencia de sus propios superiores.

En fin, la mencionada importancia interna de las *Allegationes* llegó a hacerse externa y operante no sólo por el inmediato efecto que éstas hicieron en el ánimo del pontífice Eugenio IV, quien en la bula *Dudum cum ad nos,* de 1436, reservó explícitamente para el rey de Castilla el derecho al dominio temporal sobre todo el Archipiélago Canario (y es de notar el carácter exclusivamente temporal, ajeno a cualquier clase de consideraciones religiosas, de las expresiones concernientes: ... *et ex eis* [*Litteris,* o sea bula[33] —ablativo] *sequi iuris sui diminutionem* [...] *neque etiam uellemus in aliquo prejudicare iuribus tuis* [esta segunda persona es el rey de Portugal] ...) y aun lo confirmó en la *Rex regum,* de 1443, sino más

33. Incluso para referirse, como aquí, a una sola bula se usaba el plural *litterae.*

todavía por el hecho de que el precedente de estas bulas extendiese sus criterios a un ámbito geográfico de magnitud todavía absolutamente inimaginable; ámbito con respecto al cual serían referidos, cien años más tarde, por el propio Vitoria, que alude casi sin duda a Eugenio IV y con toda seguridad a Nicolás V cuando en el número 10 de la Tercera Parte de sus «Relecciones» dice:

> «Segunda conclusión. Aunque esto sea común y pertenezca a todos los cristianos, pudo, sin embargo, el Papa [aquí, evidentemente, no puede referirse sino a Alejandro VI y tal vez también a Julio II] encomendar esta misión a los españoles y prohibírsela a todos los demás. / Y esto se prueba porque, aunque el Papa no sea señor temporal, como arriba queda dicho, tiene, sin embargo, potestad sobre las cosas temporales en orden a las espirituales, y, por lo tanto, como corresponde al Papa procurar la difusión del Evangelio en todo el mundo, si para la predicación del Evangelio en aquellas provincias tienen más facilidades los príncipes de España, puede encomendársela a ellos y prohibírsela a todos los demás. Y no sólo puede prohibir a estos últimos la predicación, sino también el comercio, si esto resultara conveniente para la difusión de la religión cristiana, puesto que puede disponer de las cosas temporales según convenga a las cosas espirituales. [...] Ahora bien, parece que es en absoluto conveniente, ya que si de otras naciones cristianas concurriesen indistintamente a aquellas provincias, *sería fácil que mutuamente se estorbasen y que surgiesen conflictos* [subrayado mío] que perturbarían la tranquilidad y obstaculizarían el asunto de la fe y la conversión de los bárbaros. [...] Y de la misma manera que, *para conservar la paz entre los príncipes cristianos* [subrayado mío] y extender la religión, pudo el Papa [aquí sí que parece referirse por lo menos a Eugenio IV y a Nicolás V] distribuir las provincias de los sarracenos entre los dichos príncipes, *de modo que ninguno se inmiscuyera en la parte asignada a otro* [subrayado mío], puede también *nombrar*

> príncipes [*sic*; tal vez haya aquí un error de traducción, que, no disponiendo ahora del original latino, no puedo comprobar] en bien de la religión, sobre todo en donde no hubo nunca príncipes cristianos».

Como puede observarse en las frases subrayadas por mí, aún aquí resonaban los ecos de las *Allegationes*, si no directamente, sí al menos a través del efecto que tuvieron en las bulas de los papas de la época, en cuanto a vincular y aun subordinar, mal que les pesara, la *causa Fidei* a los prepotentes condicionamientos del dominio temporal. No importa que Vitoria argumentase el asunto —sin duda alguna con toda buena fe— so color de protección de la *causa Fidei* y no de los intereses del poder temporal, pues al fin era la universalidad de la *causa Fidei* («aunque esto sea común y pertenezca a todos los príncipes cristianos», son sus palabras) la que se doblegaba a las servidumbres particularistas de la dominación («sería fácil que mutuamente se estorbasen y surgiesen conflictos» ... «para conservar la paz entre los príncipes cristianos» ... «de modo que ninguno se inmiscuya en la parte asignada a otro») y éstas las que decidían la necesidad de la exclusiva no sólo de la evangelización sino también del comercio. Tal vez en ningún otro punto podría mostrarse tanto como en este la clarividencia de García-Gallo al reconsiderar el Descubrimiento de Colón y las bulas alejandrinas que a él se referían bajo el punto de vista no ya de un *comienzo*, sino de una *continuación*, y en concreto de la querella naval castellano-portuguesa sobre el dominio del Atlántico, puesto que las «Relecciones» de Vitoria fueron escritas, por lo visto, nada menos que en 1532, y hechas públicas tan sólo en 1539.

Nicolás V, sucesor de Eugenio IV en el solio de San Pedro, fue manifiestamente uno de los muchos enamorados antiguos o modernos, públicos o privados, declarados o secretos —y entre ellos, singularmente, los reyes de Portugal: su propio hermano Don Duarte y su sobrino Don Alfonso V—, que acertó a ganarse, no sabemos si por virtud o por belleza, pues propio del amor es justamente trocar toda belleza por virtud, el infante don Enrique el Navegante, con la audaz y ligera gracia de sus velas, henchidas, tanto o más que por el viento, por el célebre lema: *Viure non necesse, nauigare necesse!* Con todo, sin dejarse cegar por el amor, hay que reconocer que no todos los encarecimientos que, en su bula *Romanus Pontifex,* del 8 de enero de 1455, Nicolás V prodiga sobre la persona y la acción de Don Enrique suenan bien a nuestros oídos de hombres del siglo XX, que no sólo hemos repudiado el contubernio de la Cruz con la Espada sino que conocemos además la terrible tragedia que gracias a las navegaciones iniciadas por el infante empezaría a caer, aunque bastantes años después de su muerte, sobre el África negra, cuando el Descubrimiento de Colón hiciese reflorecer, bajo los auspicios de la fe de Cristo, el tráfico de esclavos hasta un grado de inhumanidad desconocido incluso en los imperios de la antigüedad pagana y, ya en los siglos XVII y XVIII, en cuanto al número de «piezas» —que así eran designadas las unidades de aquella mercancía viviente—, en cantidades nunca alcanzadas siquiera en los momentos de mayor auge del Imperio Romano. Así, entre esos encomios, ofende de modo especial nuestros oídos el siguiente: *Christi miles, ipsiusque Fidei acerrimus ac fortissimus defensor et intrepidus pugil* («Soldado de Cristo y aceradísimo y fortísimo defensor y valeroso boxeador de su Fe»). Dicho lo cual, vengamos a lo que aquí importa señalar de la bula en cuestión. En primer lugar, marca como ninguna otra bula anterior la exclusiva de los portugueses sobre «lo descubierto y lo por descobrir» en el Atlántico oriental y meridional (aunque aún, naturalmente, no se imaginaba la existencia del Brasil), *usque ad Indos* («hasta los indios» y, por supuesto, los de la India propiamente dicha, pues ya sí se pensaba, por el contrario, en el posible rodeo por el sur de África, aunque no se tuviera idea de cuán lejos estaba); exclusiva que importa por tres cosas: 1.ª, porque lo es frente a cualesquiera otros cristianos; 2.ª, porque la definición de éstos permite casi excluir la posibilidad de atribuir al azar su semejanza, aun a despecho de notables variantes, con la letra de una enumeración equivalente —aunque mucho más breve— de los excluidos, esta vez, en favor de la reina de Castilla y respecto de las islas descubiertas por Colón, especialmente en la segunda *Inter Cetera* de Alejandro VI; y 3.ª, porque, al extenderse la exclusión no sólo a la conquista y a la navegación sino también a la pesca y al comercio incluso de las cosas permitidas (las prohibidas a todos eran ya de mucho antes el hierro, las armas y toda suerte de cosas útiles a la navegación, como cuerdas, madera y todo género de aparejos, ya que tal prohibición había sido pensada contra los sarracenos), la bula muestra también el precedente del más arriba transcrito parágrafo número 10 de la Tercera Parte de las «Relecciones sobre los indios» de Vitoria. Otra cosa importante de esta bula está en el hecho de que aun para la concesión de una exclusiva de semejante alcance y magnitud Nicolás V supo ingeniárselas hábilmente para hacerlo sin necesidad de recurrir al que más arriba he llamado «programa máximo» de Enrique de Susa —esto es, el que hace al papa señor temporal de todo el orbe tanto cristiano como por cristianizar—; y no es preciso explicar aquí el recurso al que se acoge, pues es el que ya hemos visto escuetamente definido por Vitoria en el parágrafo citado: «Aunque el papa no sea señor temporal [...], tiene, sin embargo, potestad sobre las cosas temporales en orden a las espirituales», donde, por cierto, tal vez, pueda oírse resonar un eco de la antigua doctrina de la *ratio peccati*, formulada en la época de las llamadas luchas entre el Pontificado y el Imperio y usada, por ejemplo, por Inocencio III en su decretal *Nouit Ille*, de 1204, para conminar a Felipe Augusto, *ratione peccati* («por razón del pecado», por la cual, siendo el pecado materia de sus atribuciones espirituales, siempre que éste mediase podía el papa intervenir en cuestiones temporales), a avenirse a las reclamaciones de Juan Sin-Tierra, en la medida en que éste las fundaba en un pecado de perjurio por parte de Felipe Augusto. Alego la conjetura de este fundamento, por cuanto sería harto extraño que el tomista Francisco de Vitoria pudiese haberse arrimado en algún punto a las doctrinas del Ostiense, contemporáneo y adversario de Tomás de Aquino. Finalmente, la bula que vengo comentando lleva ya sin rebozo hasta el extremo máximo posible la anticipación abstractiva del derecho de dominio sobre lo «por descobrir». Y así Nicolás V declara que las facultades otorgadas en su anterior bula *Diuino amore communiti*, de 1452, quiere que «se extiendan tanto a Ceuta y las tierras allí citadas como a cualquier otra adquirida antes de la concesión de dicha bula y a aquellas provincias, islas, puertos, mares cualesquiera que en el futuro, en nombre del dicho rey Alfonso V y de sus sucesores y del Infante [el infante don Enrique el Navegante, por supuesto, que sería superior a sus fuerzas dejar de nombrar una vez más], en esta y en otras partes circundantes y en las últimas y más remotas, puedan adquirir de los infieles o paganos...».

A pesar del carácter infamante que tuvo la disolución de la Orden del Temple, en 1311, parece ser que la *Ordem de cavalaria de Jesu Christo*, fundada, como se ha dicho más arriba, en Portugal y en 1319 por un grupo de templarios huidos o dispensados de la quema, logró conservar al menos una parte de las enormes riquezas confiscadas a la vieja orden disuelta, con cuyas rentas y muy probablemente por gestiones del infante don Enrique el Navegante (regidor y gobernador de la *Ordem de cavalaria de Jesu Christo,* según García-Gallo, o ecónomo de la misma, según Konetzke, sin que ni lo primero ni aun menos lo segundo deba confundirse, según creo, con el cargo supremo de «maestre»), se financiaron, siquiera en gran medida, las expediciones navales portuguesas. En agradecimiento, pues, a este apoyo monetario y a la participación personal de los caballeros de la orden en las distintas empresas terrestres o marítimas del reino, el rey Don Alfonso V, por carta de donación, otorgada con fecha del 7 de junio de 1454, concedió a la *Ordem de cavalaria de Jesu Christo* todas las atribuciones propias de *a spiritualidade* —esto es, incluso aquellas que habrían correspondido a lo que en la jerga eclesiástica se llama «el ordinario»— en todos los territorios e islas de ultramar, excluida, naturalmente, Ceuta, que ya tenía su diócesis, así como las Azores y, verosímilmente, Madeira.[34] No sería, sin

---

34. «*Porem, consirando Nos como com algũas despensas da dicta Ordem de cavalaria de Jesu Christo, e por contemplação sua, a dita conquista foy proseguida e començada, razom nos pareceo a ella pertencer a spiritualidade das terras conquistadas. E por tanto, querendo Nos satisffazer ao que devemos ao todo poderoso Deus das hostes, senhor dos vencimentos, de cuja mão recebemos o principado e esta nova vitoria, queremos e outorgamos, quanto con direito podemos, que a dita Ordem de Jesu Christo, per o dito Iffante e pollos administradores que depois della veerem, para todo sempre aja daquellas prayas, costas, ilhas, terras conquistadas e por conquistar e de Gazulla, Guinea, Nubía, Ethiopía e per quasquer outros nomes que sejam chamadas, toda espiritual administraçom e jurisdiçom, assi como ha en Thomar, que he cabeça da dita ordem, aa qual as ditas terras, assi como a nembros de novo encorporados e ajuntados, devem seer anexas. E faça prover aqueles poboos que conquistados forem, de pregadores e reitores que lhe ministrem os eclesiásticos sacramentos. E por que o Padre Sancto seja mais ligeiramente demovido a esto outorgar, comoquer que a cousa em si tam honesta e tam piedosa seja, que sem longas prezes devía ser impetrada, pois justamente se pode outorgar e sem alheo poerjoizo, a Nos praz porem de noteficar ao dito Santo Padre este nosso aprazimiento e consentimento, e de suplicar muy humidosamente a sua Sanctidade, que ho queira assi outorgar...*».

embargo, Nicolás V quien ratificase y consagrase semejante exclusiva, sino su sucesor en el solio pontificio, Calixto III, quien lo hizo en su bula *Inter cetera* (primera de este nombre y a no confundir con las dos bulas homónimas de Alejandro VI) del 13 de marzo de 1456, y de la que creo oportuno destacar los pasajes siguientes:

> «... decretamos, estatuimos y ordenamos a perpetuidad: que lo espiritual y *la plena jurisdicción ordinaria* [subrayado mío], el dominio y la potestad ceñida a lo espiritual, en las islas, villas, puertos y lugares desde los cabos Bojador y Nam [*sic*, por "Num"] hasta toda la Guinea y más allá por las playas meridionales *hasta los Indios ganados y por ganar, cuya ubicación, número, calidad, nombres topónimos,*[35] *límites y lugares queremos que se tengan por expresados* [original latino: *pro expressis haberi uolumus*] *en la presente bula* [subrayado mío], correspondan y pertenezcan a la Milicia y Orden [se sobrentiende a la *Ordem de cavalaria de Jesu Christo*] perpetuamente en el futuro [...], de tal forma que el prior mayor [original latino *prior maior*, supongo que designando así al maestre] que en cualquier tiempo tuviere la dicha Orden Militar, todos y cada uno de los beneficios eclesiásticos, con cura o sin cura de almas, *ya seculares como de cualquier orden regular, fundados e instituidos o que se funden e instituyan* [subrayado mío], en las islas, tierras y lugares citados [...] los confiera y provea. Así también pueda proferir excomuniones, suspensiones, privaciones y otras censuras y penas eclesiásticas [...] Y todo lo demás y cada cosa que *los ordinarios* [subrayado mío] de los lugares en que tienen potestad espiritual pueden y suelen hacer, disponer y ejecutar, por derecho o costumbre, de la misma

35. Original latino: *uocabula designationes*, donde no creo que haya errata, sino una infrecuente pero no imposible determinación por aposición, donde se pretende, evidentemente recoger las palabras de la concesión de Alfonso V: «e per quasquer outros nomes que sejam chamadas» (véase la nota anterior).

> manera y sin ninguna diferencia, pueda y deba [se sobrentiende que el prior mayor de la Orden] disponer, ordenar y ejecutar. [...] Y decretamos que las islas, tierras y lugares ganados y por ganar [se sobrentiende que de la zona definida, aunque en gran parte a ciegas, más arriba] *estén fuera de toda diócesis* [subrayado mío] y que sea nulo y sin efecto lo que cualquier autoridad pudiese atentar contra ellos a sabiendas o por ignorancia».

Lo interesante y hasta clamoroso de este pasaje está no sólo en el alcance absoluto de la exclusiva de *a spiritualidade* que en él se otorga a la *Ordem de cavalaria de Jesu Christo*, dándole todas las atribuciones de «los ordinarios», y acaso (aunque no tengo ahora documentación a mano para asegurarlo) superándolas, en tanto que comprende potestad sobre las propias órdenes regulares, que, si no me equivoco, solían gozar de una cierta autonomía respecto de los ordinarios diocesanos —cuya posible interferencia se preocupa, por otra parte, de declarar expresamente nula y sin efecto—, sino también en llevar la anticipación abstractiva sobre lo «por descubrir» hasta el extremo de extenderlo tan a ciegas como comporta el dar por expresados —y por tanto, sujetos al privilegio de la bula— aun los propios nombres topónimos de tierras, islas o lugares cuya mismísima existencia —amén de la ubicación, los límites, la extensión y el número— estaba todavía en las tinieblas de lo desconocido; anticipación que importa además especialmente por el correlato que tendrá, en este caso ya a favor de la reina de Castilla, en las bulas alejandrinas.

En cuanto al sucesor de Calixto III en el pontificado, Pío II (Enea Silvio Piccolomini, 1458-1464), ya he mencionado una bula del 7 de octubre de 1462 —cuya denominación no he podido averiguar— contra el «salteo», de la que ahora me limitaré a comentar que, en la medida en que comporta, junto con las precedentes de Eugenio IV, un deseo de protección de pueblos infieles —naturalmente, no sarracenos—, puede tal vez ser considerada como un antecedente remoto de la *Sublimis Deus* de Paulo III, que ya nos dará más adelante no poco qué hablar. Paulo II (Pietro Barbo, 1464-1471) no hizo, al menos que yo sepa, novedad alguna en la querella que traemos en cuestión.

Las nalgas que después de las de Paulo II tuvieron el valor de aposentarse en el ya gélido, ya ardiente, ya blando, ya espinoso, ya, en fin, ¿por qué no decirlo?, inicuo o verdadera, aunque raramente, santo Solio de San Pedro fueron, como es sabido, las de Sixto IV (Francesco della Rovere, 1471-1484). Este pontífice, tío del mucho más famoso Julio II (Giulano della Rovere, 1503-1513), ya ha dado motivos para salir a relucir más arriba y por dos veces: la primera, por su bula *Exigit sincerae*, del primero de noviembre de 1478, en la que concedió a doña Isabel de Trastamara y a don Francisco Jiménez de Cisneros la creación del Santo Oficio de la Inquisición, sujeto al poder real e independiente de los ordinarios diocesanos, y del que aquí no se va a volver a hablar; la segunda, por la bula *Aeterni Regis*, del 21 de junio de 1481, ya mencionada por contenerse en ella la ratificación de la Capitulación de Las Alcáçovas, del 4 de septiembre de 1479 (con que se concluyó la guerra civil por la sucesión de la Corona de Castilla, que fue también guerra castellano-portuguesa, al haberse unido con apoyo de armas Alfonso V de Portugal a los parciales de la Beltraneja), aunque tan sólo en lo que concernía a la querella naval sobre el dominio del Atlántico entre Castilla y Portugal. Sobre esta bula hay que decir todavía una palabra más. En primer lugar, aunque reconozca —por atenerse a lo capitulado en Las Alcáçovas— el derecho de Castilla sobre las islas del Archipiélago Canario «conquistadas y por conquistar», lo hace (tal vez por haberse entrometido en el ínterim una vacilante concesión de Enrique IV de Castilla a los portugueses sobre la Gran Canaria, en 1455, de la que, no obstante, se había retractado tres años después, antes de que los beneficiarios hubiesen emprendido acción alguna) sin recordar la *Dudum cum ad nos* de Eugenio IV, y sólo como una reserva en favor de Castilla, en medio de una ratificación de la exclusiva de los portugueses sobre el Atlántico meridional y todas las costas africanas, reproduciendo incluso varios capítulos tanto de la *Romanus Pontifex* de Nicolás V como de la *Inter cetera* de Calixto III, que ya se han comentado. En segundo lugar, cosa mucho más importante, sienta el precedente de una «línea de demarcación», aunque esta vez en la dirección de los paralelos y —probablemente debido al hecho de que los portugueses ya habían entrado en el golfo de Guinea, habían fundado los asentamientos de El Mina y de Fernando Poo (por su descubridor Fernâo do Po) y estaban a punto de alcanzar la desembocadura del Congo— con singular olvido del Atlántico occidental, pues las navegaciones, que se habían movido en un principio de norte a sur, parecían llamarse cada vez más hacia oriente tras la entrada en el inmenso golfo de Guinea y seguían en su empeño de buscar la vuelta de África hacia el Oceáno Índico. En tercer lugar, como detalle curioso, la bula no hace mención alguna de la reina Isabel de Castilla y mienta únicamente a su esposo Don Fernando y, por añadidura, bajo el solo título de ¡rey de Castilla y de León! No se diría sino que el vino con que sobrellevaba sus fatigas el alto funcionariado pontificio pegaba un poquillo más de lo que acaso fuera conveniente para las responsabilidades de tan santísima cancillería.

En cuanto a Inocencio VIII (Giambattista Cibo, 1484-1492), ya ha quedado dicho en su lugar cómo al otorgar, por la bula *Orthodoxae fidei*, de 1486, el patronato real sobre el reino de Granada, ya bastante adentrada la conquista, pudo contribuir no poco a la desventura de los moros, y cómo, sobre todo al hacerse extensivo a las Canarias, admite tal vez ser considerado como un precedente y un ejemplo para el futuro patronato indiano.

Aunque parece ser que no ha podido averiguarse ni por quién ni exactamente cuándo —se supone que a últimos de marzo de 1493 como lo más pronto o a mediados de abril del mismo año como lo más tarde— fueron solicitadas en la Santa Sede las célebres «bulas alejandrinas», o, más exactamente, las tres primeras de ellas, por los procuradores de la reina de Castilla, lo que sí, en cambio, parece por lo menos bastante atestiguado es que las relaciones entre don Rodrigo de Borja y doña Isabel de Trastamara no atravesaban, por aquellas fechas, ningún período precisamente idílico. Ésta, en efecto, no bien aquél hubo sentido caer sobre sus sienes, el 26 de agosto de 1492, el santo peso de la tiara pontificia, y reputando acaso que como súbdito al fin de la Corona de Aragón y por lo tanto de su propio marido Don Fernando, cuyo reinado compartía, no dejaría de mostrarse propicio a sus deseos, no se había demorado mucho tiempo, al parecer, en hacerle llegar, con todos los respetos, su disgusto de fidelísima cristiana e hija de la Santa Madre Iglesia por la tolerancia que en los Estados Pontificios se guardaba para con los judíos —cuya comunidad romana no había dejado de acudir a presentar sus respetos al nuevo papa a raíz de su coronación— y su piadoso deseo de que al menos los falsos conversos emigrados de Castilla, sustrayéndose al celo de la Santa Inquisición, fuesen perseguidos o quizá incluso extraditados; pero Alejandro VI no había prestado oídos a tan cristiana insinuación. Hay que decir que en esto el papa no hacía sino seguir una tradición romana anterior al Cristianismo, cuyo origen (según el excelente libro de José Montserrat Torrents, *La sinagoga cristiana*, Muchnik Editores, Barcelona, 1989) se remontaba nada menos que al año 48 antes de C., cuando César, tras la victoria de Farsalia, y atravesando, en persecución de Pompeyo, Siria y Palestina, de camino para Egipto, recibió en sus huestes el apoyo de tres mil mercenarios judíos; y, mire usted por dónde, de ahí que fuese César el que inauguró los privilegios de que, frente a todas las restantes religiones no oficiales del imperio, gozarían —con pequeñas excepciones— los judíos de todos los territorios imperiales hasta la sublevación de Bar Kosiba (132-135 después de C.), salvo, naturalmente, los de la propia Judea, siendo así que ni siquiera la destrucción de Jerusalén en el 70 aparejó hostilizaciones para las comunidades de la diáspora, que, gracias al intenso proselitismo de las sinagogas entre hombres de otras razas, habían llegado a alcanzar, según algunos, hasta el diez por ciento —o sea entre seis y siete millones de personas— de la población total del Imperio Romano (por lo demás, ya Octavio Augusto, en su *Lex Iulia de Collegiis*, había confirmado y ratificado el singular privilegio de que gozaba, en exclusiva, la religión judaica). Así que nada menos que el respeto hacia esta tradición precristiana de tolerancia para con los judíos a la que Roma había sabido casi siempre hacer honor era, junto con otros, el motivo de la tirantez reinante entre Alejandro VI y la reina de Castilla cuando los procuradores o emisarios de ésta acudieron ante el papa con las nuevas del afortunado viaje de Colón y con la correspondiente petición de bulas capaces de asegurar —naturalmente frente a los portugueses— sus descubrimientos. No parece, así pues, aventurado atribuir en algún grado a un sentimiento de deuda por aquella negativa y a un deseo de congraciarse con la reina de Castilla la prontitud con que Alejandro VI satisfizo esta vez cumplidamente sus demandas.

De esta manera, en la segunda quincena de abril de 1493 la cancillería pontificia se apresuró a redactar las tres primeras bulas en favor de la reina de Castilla con respecto al Descubrimiento de Colón, esto es, la primera *Inter cetera* (naturalmente, alejandrina y a no confundir con su homónima calixtina de 1456), la *Eximiae deuotionis* (ambas datadas con fecha 3 de mayo) y la segunda *Inter cetera* (datada con fecha 4 del mismo mes y año). Y en este punto es donde la propia argumentación de García-Gallo permite mejor justificar mi aserto sobre el carácter genéricamente arbitral de las sucesivas actuaciones pontificias; pues, en efecto, en el parágrafo 110 de su estudio (págs. 428-429 de la edición citada) establece un paralelo, fundado en gran medida en la letra misma de los textos, entre estas tres primeras bulas alejandrinas a favor de Castilla y otras tantas bulas que él llama «portuguesas», esto es, la *Romanus Pontifex* de Nicolás V, la *Inter cetera* de Calixto III y la *Aeterni Regis* de Sixto IV. Si, tal como, por lo demás, resulta, *expressis uerbis*, de la letra misma de las bulas, la intención de Alejandro VI era, efectivamente, favorecer a la reina de Castilla con beneficios compensatorios equivalentes a los que esos tres papas anteriores se habían dignado conceder al rey de Portugal, no me parece impropio caracterizar como arbitral una actuación tendente, al fin, a mantener el equilibrio, y con éste la concordia, entre aquellos dos príncipes cristianos por entonces igualmente interesados en la navegación, exploración y dominio del Atlántico. Con todo, he de decir que García-Gallo fuerza tal vez un poco el paralelismo entre las dos ternas de bulas, según el orden por el que van citadas, pues, en efecto, si nada hay que objetar al que establece entre las dos primeras y las dos terceras de las ternas respectivas, calificando aquéllas como de *donación* y éstas como de *demarcación*, no parece tan claro que el rasgo común al par formado por las dos segundas, o sea por la *Inter cetera* calixtina y la *Eximiae deuotionis* de Alejandro VI, sea el de *concesión de privilegios*. La *Inter cetera* calixtina reproduce íntegramente la *Romanus Pontifex* de Nicolás V, pero respecto de ella se limita a añadirle, para dar más firmeza a su vigencia, su «confirmación apostólica» (texto latino: *pro illorum* [*Litterae*=bula] *subsistentia firmiori robur apostilic*[a]*e confirmationis adiicere*), pero de lo que Calixto III pone de verdaderamente suyo y añade como nuevo en esta bula, o sea, nada menos que de la concesión de la más plena y rigurosa de las exclusivas de *a spiritualidade* para la *Ordem de cavalaria de Jesu Christo*, nada hay en la *Eximiae deuotionis* de Alejandro VI que pueda, ni de lejos, considerarse como algo equivalente. En realidad, la única bula que podría tomarse, *mutatis mutandis*, por correlato de la *Inter cetera* de Calixto III sería, en cualquier caso, la *Piis fidelium* de Alejandro VI, de fecha 26 de junio de 1493. «En realidad esta bula —dice de ella García-Gallo— carece de interés directo para el problema de la concesión de las islas y tierras descubiertas a los Reyes Católicos, pues no alude para nada a la concesión ni a los derechos de cualquier clase que los citados príncipes pudiesen tener sobre ellas»; mas, comoquiera que lo que aquí, en cambio, interesa es la subordinación de la *causa fidei* al dominio temporal, ha de ser justamente la *Piis fidelium* la que pongamos en correlación e incluso, como veremos, en contraste, con la *Inter cetera* de Calixto III. En cuanto a la *Eximiae deuotionis*, por no dejarla atrás, tal vez la pista para dar razón de su motivo esté —naturalmente de entre lo que no es repetición de la *Inter cetera* del mismo día— en dos puntos precisos en que la variante respecto de ésta en el texto de la *Eximiae* consiste exclusivamente en introducir en medio de dos frases idénticas en todo lo demás una mención explícita de las bulas concedidas a los reyes de Portugal. Así, donde la *Inter cetera* del 3 dice: *huiusmodi omnibus et singulis gratiis, priuilegiis, exemptionibus, libertatibus, immunitatibus et indultis huiusmodi, quorum omnium tenores ac si de uerbo ad uerbum presentibus inseretur,* la variante de la *Eximiae* consiste en introducir entre *immunitatibus* y *et indultis* la palabra *litteris* (o sea «bulas», pues en este caso hay que entender que vale por plural), y entre *et indultis* y *huiusmodi* las palabras *Regibus Portugalliae consessae,* y donde la *Inter cetera* del 3, más adelante, dice: *non obstantibus constitutionibus et ordinationibus apostolicis, necnon omnibus illis quae in litteris desuper editis concessa sunt, non obstare caeterisque contrariis quibuscumque,* la variante de la *Eximiae* consiste en sustituir las palabras *desuper editis,* que siguen a *litteris* por las palabras *Portugalliae Regibus concessis huiusmodi.* En una palabra, basta con estas dos variantes para suponer, sin apenas temor a equivocarse, que la intención de la *Eximiae deuotionis* era completar la equiparación de los privilegios concedidos a Castilla con los que ya tenía, por sus propias bulas, Portugal y, sobre todo, hacer constar la no obstancia de la que éstas pudiesen contener en menoscabo de Castilla. Si la *Inter cetera* del 3 ya había comparado a ambas coronas, igualando elogiosamente los méritos de una y otra, para acabar expresando la voluntad de conceder a Castilla los mismos privilegios que había concedido a Portugal, había omitido, sin embargo, hacer mención explícita de las «bulas portuguesas», cosa que debía de haber encarecido expresamente, y sobre todo en cuanto a la no obstancia de lo que en el contenido de éstas pudiese disminuir el de las suyas, la reina de Castilla en sus instrucciones a sus procuradores ante la Santa Sede, pues, acaso con toda razón, debía de considerar jurídicamente más operante y determinativo que se dijese literalmente «todo cuanto contengan las bulas concedidas a los reyes de Portugal» a que se hiciese mención, todo lo descriptiva que se quiera, de los contenidos, pero sin remitirse de manera explícita a los documentos mismos, ni siquiera como *litteras desuper editas* («bulas anteriormente libradas»), o sea, así, vagamente, sin mención nominal de los destinatarios, es decir, de los reyes de Portugal. ¡Pues buena era la Trastamara para que aquellos borrachines mestureros de la curia vaticana tratasen de colarle vaguedades!

Volviendo ahora a la *Piis fidelium*, he dicho antes que ésta sería, en todo caso, la que pueda ponerse en relación con la *Inter cetera* calixtina, por cuanto una y otra conciernen a las cuestiones espirituales, pero tampoco es necesario hacerlo porque haya que empatar, como se empeña García-Gallo, con un tanteo de 3 a 3 el partido Castilla-Portugal; más bien creo que el interés de compararlas no está en las similitudes sino en las diferencias. El rasgo general de tales diferencias podría tal vez describirse diciendo que mientras el tono de la *Inter cetera* evoca todavía un ambiente de *Cruzada*, en el de la *Piis fidelium* ese ambiente se ha transfigurado en el de *Misión*.[36] En

---

36. Un amigo a quien he dado a leer estas páginas hasta donde termina el examen de las *Allegationes* de Alonso de Cartagena me ha sugerido que leyese dos breves comentarios, el uno del doctor Richard Konetzke y el otro del doctor Harold B. Johnson Jr. —ambos publicados como apéndices (1 y 2) en el libro de Lewis Hanke *La humanidad es una*, Fondo de Cultura Económica, traducción de Jorge Avendaño-Inestrillas y Margarita Sepúlveda de Baranda, México D.F., 1985, y que yo desconocía—, que me sirven para justificar y precisar el uso que aquí se hace de las palabras «Cruzada y Misión». En cuanto a la afirmación de Konetzke de que no debe confundirse la idea de «Reconquista con la idea de Cruzada», estoy sustancialmente de acuerdo (y aun yo mismo he señalado más arriba los peculiares rasgos de mutuo reconocimiento jurídico-político entre príncipes cristianos y príncipes mahometanos con los que, aun dentro del supuesto de una mutua enemistad prolongada *sine die*, las relaciones de la llamada «Reconquista» contradecían la ilegitimación del derecho temporal de los príncipes infieles característica de las Cruzadas); pero Konetzke olvida, en primer lugar, el gran cambio de esta actitud entre *moros* y *cristianos* cuando no se trataba ya de moros españoles,

efecto, mientras la *Inter cetera* calixtina aparece recorrida de parte a parte por un aliento de rigor y de severidad, tanto en el énfasis con que, como queriendo reforzar la autoridad otorgada, declara la total y absoluta exclusiva jurisdiccional de cuanto concierna a la gestión de *a spiritualidade* en favor de la *Ordem de cavalaria de Jesu Christo*, como en la índole de las atribuciones que más se esmera en detallar, cual si los propios cristianos recibiesen sobre sí mismos el reflejo del furor antisarraceno inherente a la idea, todavía predominante, de Cruzada («Así también pueda proferir excomuniones, suspensiones, privaciones e interdictos y otras censuras y penas eclesiásticas cuantas veces sea necesario y en cualquier momento que lo exija la situación de las cosas y la calidad de los negocios»), por el contrario, la *Piis fidelium*, expedida con la fecha de 26 de junio de 1493, y, por lo tanto, con la Cristiandad todavía

---

sino de invasiones africanas como la de los almorávides o la de los almohades (frente a la cual se formó una coalición cristiana integrada no sólo por los reyes de Castilla, Navarra y Aragón sino también por muchos caballeros europeos que acudieron de Francia y otros países, y para la cual el pontífice Inocencio III expidió una bula con los privilegios de Santa Cruzada) y, en segundo lugar, que las guerras portuguesas contra los sarracenos del Magreb, coronadas por la conquista de Ceuta en 1415 y proseguidas, aunque con más fracasos que éxitos, por bastantes años después, sí que tuvieron plenamente el carácter de Cruzada (y para comprobarlo basta leer las expresiones ferozmente antisarracenas de las bulas *Diuino amore communiti* y *Romanus Pontifex* del Papa Nicolás V). En cuanto a la conquista de Granada, tal vez fue de este precedente portugués de lo que supo hábilmente aprovecharse el conde de Tendilla para venderle a Inocencio VIII por Cruzada lo que no era, en verdad, sino el último episodio de la llamada Reconquista, aunque también pudo contribuir a ello un siempre escaso y vacilante apoyo a los moros granadinos por parte de los turcos. Hasta ahora tenemos, pues, sólo dos cosas, Cruzada y Reconquista, que aunque puedan interferirse en ocasiones, se distinguen bien. La tercera cosa que falta todavía es la que toma el nombre de Misión; para que ésta se dé en sentido propio son necesarios al menos dos factores: 1.º, que el infiel al que se refiere se halle, frente a los sarracenos —con un grado de institucionali-

arrobada por el desventuradamente efímero embeleso del «Sin-seta» del primer viaje colombino, otorgando respecto de las «tierras e islas» recién descubiertas por Colón, a petición de los reyes «de Castilla y de León, de Aragón y de Granada», y a favor de fray Bernando Boil, vicario de la Orden de los Mínimos «en los reinos de las Españas», atribuciones prácticamente tan omnímodas en la gestión de las cosas espirituales como las que la repetida bula de Calixto III había otorgado a la *Ordem de cavalaria de Jesu Christo*, aunque, a diferencia de ésta, sin tan siquiera preocuparse de hacer mención alguna de una exclusiva equivalente, se expresa en tonos que evocan un ambiente diametralmente opuesto: el que antes, por oposición al de «Cruzada», he llamado de «Misión»; baste para mostrarlo el pasaje que por referirse a las atribuciones respecto de los propios cristianos puede ponerse en correspondencia con el que acabo de citar entre paréntesis de la

---

zación jurídico-política en todo comparable al de los príncipes cristianos—, en una situación que antes he designado como de «insuficiencia jurídico-política» (de modo que la negación de personalidad jurídica de que sufrían por los cristianos nada tenía que ver con la ilegitimación, cargada de positiva hostilidad, con que éstos fulminaban todo poder temporal en manos sarracenas) y 2.º, en estrecha relación con el 1.º, que se trate de paganos «Sin-seta», como los lucayos y taínos que en su primer viaje quiso, tan imprudentemente, ver Colón, o, por lo menos, con pequeños cultos o «supersticiones» muy elementales (en una palabra, «religiones *sin libro*», por decirlo con la formulación mahometana, que aquí parece muy apropiada al caso), tal como, ante los ojos de los cristianos, aparecieron especialmente los guanches. Así, mientras las guerras de la llamada «Reconquista» eran —aunque pudiesen mezclarse en ocasiones con factores religiosos— fundamentalmente *guerras de derecho*, y por ende profanas, las Cruzadas —aunque muy a menudo comportasen ambiciones de poder político e intereses mercantiles—, eran, en cambio, al menos en principio, *guerras de religión*; y, por último, las Misiones, en cuanto tales misiones propiamente dichas, no eran guerras, aunque, según el principio *compelle eos intrare*, pudiesen servirse de la guerra como medio siquiera inicialmente necesario, o bien, como de hecho en su máxima parte sucedió, se convirtiesen en mero pretexto justificatorio de un insaciable furor de dominación.

Inter cetera calixtina, pues dice así: «Además, para que los fieles cristianos más fácilmente por razón de devoción acudan a dichas tierras e islas, esperando mejor la salvación de sus almas, a todos y a cada uno de dichos fieles cristianos de ambos sexos, que a las citadas tierras e islas personalmente se trasladen, aunque por mandato y voluntad de dichos Rey y Reyna, para que los mismos y cualquiera de ellos puedan elegir confesor idóneo secular o religioso, que los absuelva a ellos y cualquiera de ellos, de la forma dicha, de sus crímenes, pecados y delitos, aun de los reservados a dicha Sede, y también conmutar sus votos al igual que de sus pecados, de los que se hubiesen confesado con corazón contrito y oralmente, puedan conceder indulgencia y remisión de los mismos, en la sinceridad de la fe, unidad de la Santa Madre Iglesia y en nuestra obediencia y devoción y de nuestros sucesores los Romanos Pontífices canónicamente introducidos y existentes, una vez en vida y otra vez *in articulo mortis*, con dicha autoridad».

Por otra parte y ya respecto de los infieles, es lógico que en la *Piis fidelium* hayan desaparecido —por cuanto no ha lugar— las palabras de hostilidad antisarracena, pero también aparecen dulcificados los acentos respecto de los *otros infieles*, que ya habían asomado en la *Romanus Pontifex* (sin duda negros más meridionales que los del Senegal de los que ya no se podía en absoluto decir «profundamente influidos por la secta del nefandísimo Mahoma»), aunque la *Inter cetera* calixtina —salvo por transcribir el texto íntegro de la *Romanus Pontifex* de su predecesor—, preocupada tan sólo en remachar la exclusiva sobre *a spiritualidade* en favor de la repetida *Ordem*, no se digne siquiera hacer mención de ellos. Así, donde la *Romanus Pontifex* dice: «Después de ello, muchos guineos y otros negros, capturados por la fuerza o por cambio con cosas no prohibidas o por otro contrato legítimo de compra, fueron traídos a estos reinos citados; de los cuales, en ellos, un gran número se convirtió a la Fe católica, esperándose que con ayuda de la divina clemencia, si continúa con ellos el progreso de este modo, estos pueblos se convertirán a la Fe o al menos las almas de muchos de ellos se salvarán en Cristo», el lugar homólogo de la *Piis fidelium* dice: «Nos, esperando que lo que te encomendamos lo ejecutarás fiel y diligentemente, a ti, que eres presbítero, a las citadas islas y partes con otros compañeros de tu Orden *o de otra, elegidos por ti o por los mismos Reyes, sin necesitar para ello licencia de vuestros superiores o de cualquier otro* [subrayado mío, que será objeto de un comentario separado] [concedemos] predicar y sembrar la palabra de Dios y conducir a dichos naturales y habitantes a la fe católica y bautizarlos e instruirlos en nuestra fe, y, a su debido tiempo, administrarles los sacramentos eclesiásticos». Ya se ve que mientras en el primer caso el medio de la conversión pasa por la esclavitud, en el segundo, por el contrario, el tono suena ya franca y plenamente *misional*.

Las palabras subrayadas aquí arriba, o sea la concesión al padre Boil y a los reyes de que pudiesen enviar a las Indias misioneros aun sin licencia de sus superiores debió de ser objeto de grandes protestas y «suplicaciones» en especial por parte de los superiores de las órdenes regulares, que incluso obtuvieron probablemente en algún momento su derogación o por lo menos suspensión, pues todavía coleaba el asunto en 1532, ya que Clemente VII autorizó expresamente que cualquier misionero pudiese pasar a las Indias por orden del emperador incluso en contra de la voluntad de los superiores de su orden.

En cuanto a la segunda *Inter cetera* alejandrina, o sea la fechada el 4 de mayo de 1493, que estableció la «línea de demarcación» a 100 leguas de longitud oeste de los archipiélagos de las Azores y las Cabo Verde, debe ser mirada a la luz de la *Aeterni Regis* de Sixto IV (aunque en aquel caso fuesen ambas monarquías las que acudieron de común acuerdo al papa, para que simplemente ratificase y consagrase lo que ellas habían capitulado ya entre sí), ya que también ahora el papa se constituía en mediador de «paz y concordia entre príncipes cristianos» en cuanto a sus derechos de dominio temporal, pues nada hay en ella —en las partes que no son repetición de su homónima del 3— de contenido religioso; y, sin embargo, aun siendo por eso mismo una bula esencialmente profana, prefiguró, sin tan siquiera remotamente imaginarlo, el inmenso territorio sobre el que se extendería, con atribuciones cada vez mayores y excluyentes (hasta el extremo de que la propia Santa Sede llegaría a verse afectada por semejante exclusión), el patronato regio castellano y más tarde español sobre todas las cosas concernientes a la religión y a la difusión del Cristianismo en Ultramar. El propio Alejandro VI, en 1499 y en 1501, como enseguida se verá, y especialmente los pontífices siguientes serían los que otorgasen, imprudentemente, privilegios sucesivos, ampliando cada vez más la autonomía del patronato regio en las Indias, hasta que llegasen a ser los propios monarcas los que, aunque salvando superficialmente las apariencias, se tomasen de hecho por su propia cuenta las máximas atribuciones al respecto. Por otra parte, con tal *línea de demarcación* (que enseguida sería desplazada hasta 370 leguas de longitud oeste de las Cabo Verde en el tratado castellano-portugués de Tordesillas, ratificado y consagrado a su vez por Julio II —Giuliano della Rovere, 1503-1513— con su bula *Ea quae pro bono* del 24 de enero de 1506), que, por lo demás, no dejaría de suscitar nuevas cuestiones litigiosas —y que empezarían a interesar ya a terceros países—, cuando al preverse el encuentro proa contra proa de naves castellanas rumbo a oeste y naves portuguesas rumbo a este despertase la imagen del antimeridiano que completaba en las antípodas la otra mitad del cíngulo prefigurado en Tordesillas; con tal *línea de demarcación* —venía diciendo—, el romano pontífice, al repartir, como entre buenos hermanos, las aguas y las islas y tierras del Atlántico entre los dos únicos países que en ese momento se las disputaban, estaba, aun quizá sin quererlo ni advertirlo, excluyendo implícitamente los derechos de cualquier posible tercero, que, por lo demás, no se preocupen ustedes, no dejaría, más pronto o más tarde, de hacer aparición.

En fin, para acabar con las cuatro bulas alejandrinas de 1493, diré que el reflejo del carácter genéricamente arbitral entre príncipes cristianos (en este caso, los de Castilla y Portugal, que fueron los que ya desde los tiempos de Alonso de Cartagena sentaron el precedente de acudir a Roma, ya sea para llorarle al papa en sus querellas, ya para ser bendecidos por él en sus concordias, y siempre, a la postre, en cuestiones de dominio temporal, por muy so color de religión que fuese en ocasiones) que, adquirido como mera resultante —según quedó ya dicho en su lugar—, convirtió las sucesivas intervenciones pontificias en una actuación mediadora interexcluyente sobre el reparto de áreas de dominación —ya que, evidentemente, ese carácter arbitral tan sólo podía serlo respecto de negocios de orden temporal, por cuanto los de orden espiritual pertenecían, huelga decirlo, a la exclusiva jurisdicción de la libre potestad dispositiva del pontificado—, sobre todo desde que las *Allegationes* de don Alonso de Cartagena habían argumentado y asentado la necesidad de vincular —y, por lo tanto, aun sin desearlo, de *subordinar*— la *causa fidei* al dominio temporal, unido al hecho de que la anticipación abstractiva de derechos de dominación sobre lo «por descobrir» estuviese abarcando en su vigencia, y con tres cuartos de siglo de antelación, territorios de extensión por entonces todavía absolutamente inimaginable, fue causa, en primer lugar, de que el pontificado, incluso sin quererlo ni preverlo, acabase por transformar *de facto* —aunque no *de iure*, como pretendían los seguidores de la doctrina del Ostiense— su papel de mero *mediador* entre príncipes cristianos sobre querellas de derechos temporales en el de un auténtico *creador* de derechos, y, en segundo lugar, de que los castellanos y más tarde españoles que hicieron la Conquista de las Indias, al unir, en consecuencia, y especialmente tras la invención del *Requirimiento*, tan estrechamente como si de una sola y la misma cosa se tratase, la sumisión de los indios a la soberanía real y después imperial de la metrópoli con su conversión a la Fe de Jesucristo, diesen lugar a que prácticamente toda rebelión de aquellos nuevos súbditos contra el poder temporal de Castilla y más tarde España comportase de modo casi automático la simultánea abjuración del carisma bautismal y por ende la apostasía del Cristianismo; y así, en efecto, lo revela, todavía en la *Recopilación* de 1680, el tratamiento simultáneo de la rebeldía y la apostasía en una misma ley: «... y si haviendo recevido la Santa Fé, y dádonos la obediencia, la apostataren y negaren, se proceda como contra apóstatas y rebeldes...» (libro III, título IV, ley IX, folio 25 recto del Tomo Segundo de la edición de Julián de Paredes, Madrid, 1681).

Otras dos bulas de Alejandro VI referentes a las Indias interesan aquí todavía. Ambas fueron denominadas con las palabras ya usadas para una de las del 3 de mayo de 1493, esto es: *Eximiae deuotionis*. La primera de ellas de 1499 y cuyo texto no he podido conocer, concedía a la corona de Castilla, si es que no me equivoco, algo que ya le había sido concedido al menos por dos veces durante la conquista del reino de Granada, es a saber, la décima parte de las rentas eclesiásticas, limitada probablemente, como en aquella otra ocasión, a un solo año; lo que en aquel momento, no teniendo todavía los clérigos tal vez apenas otros ingresos que el diezmo que recibían de indios y castellanos, se reduciría más o menos a la décima parte del diezmo mismo. La segunda, de 1501, es mucho más importante; por ella Alejandro VI hacía a la corona de Castilla, más tarde de España, y a petición de los reyes mismos, beneficiaria perpetua de la totalidad de los diezmos correspondientes a la Iglesia en todos los territorios de Ultramar. La letra de la bula, tras consignar la petición real, dice como sigue:

> «Nos, pues, que con sumos afectos deseamos la exaltación y aumento de la misma Fé, y especialmente en nuestros tiempos, alabando y estimando mucho en el Señor vuestro piadoso y loable propósito, inclinándonos á semejantes suplicaciones, os concedemos a vosotros, y a los que por tiempo os fueren sucediendo, de autoridad Apostólica y don de especial gracia por el tenor de las presentes [plural por referirse al latín *litterae*, que denotaba invariablemente en plural una o más bulas], que podais percibir y llevar lícita y libremente los dichos diezmos en todas las dichas Islas y Provincias de todos sus vecinos, moradores, y habitadores que en ellas están, ó por tiempo estuvieren, después que como dicho es, las hayais adquirido, y recuperado, con que primero realmente, y con efecto por vosotros, y por vuestros succesores de vuestros bienes, y los suyos, se haya de dar y asignar dote suficiente á las Iglesias, que en las dichas Indias se hubieren de erigir, con la qual sus Prelados y Rectores se puedan sustentar congruamente, y llevar las cargas que por tiempo incumbieren á las dichas Iglesias, y exercitar cómodamente el culto divino á honra y gloria de Dios Omnipotente, y pagar los derechos Episcopales [...] no obstante las constituciones del Concilio Lateranense, y qualesquier otras ordenaciones Apostólicas, y cosas que á esto sean, ó puedan ser contrarias». (Transcripción y verosímilmente traducción de Juan de Solórzano y Pereyra en su *Política Indiana*

—publicada en 1648—, libro IV, capítulo I, n.º 7, páginas 7-8 del Tomo Tercero de la edición B.A.E. —tomo CCLIV de la colección—, Madrid, 1972)

El alcance extraordinario de esta bula estaba, si bien se mira, en que, al menos económicamente, *venía a convertir de hecho a todo el clero secular y regular de la Iglesia americana en funcionariado real.* Por lo demás, esto daría lugar, andando el tiempo, incluso a pleitos entre el clero secular y el regular, como el que cuenta Solórzano Pereyra, en el que al depender las Catedrales de la redistribución del diezmo por el fisco real, a quien ahora correspondía recogerlo, reclamaban ante éste de que cada vez fuese menor la cuantía de lo redistribuido, a causa de que las órdenes regulares, habiendo sabido hacer fructificar las asignaciones de ese mismo fisco recibidas, hasta comprar grandes haciendas a propietarios civiles, disminuían el monto general del diezmo, ya que tales haciendas convertidas ahora en bienes eclesiásticos quedaban, según los frailes, exentas de pagar diezmos a la Iglesia, por mucho que ahora fuese el fisco real el que lo percibía y asignaba, alegando, además, que ya no era de competencia de éste dirimir el pleito, «porque ya no tenía que ver en éstos [diezmos] el Fisco, ni el Fiscal, pues caso que lo tuviera quando eran del Rey, ya havía cesado eso por tenerlos cedidos y redonados á las Iglesias». Respecto de lo cual, el propio Solórzano, que fue fiscal en el pleito, dice, entre otras cosas: «También alegué, que en el caso presente era más cierto este conocimiento en el Real Consejo [que era al Real Consejo de Indias, instancia temporal y no espiritual, a quien competía conocer de tal querella], por estar embuelto y mezclado con él el derecho del Fisco Real, así por tratarse de diezmos suyos, como por la defensa de sus Iglesias, en que, como luego veremos, tiene y exerce tan gran patronato. Todo lo cual obra que pueda traer á sus Tribunales seculares qualesquier causas, y qualesquier personas, aunque sean Eclesiásticas, que contra él litigaren, ahora sea demandando, ahora sea defendiendo...». Y poco más abajo añade aún: «Porque aunque hay algunos Doctores que dán a entender, que en mudando persona, mudan el privilegio, son muchos más, y de más opinión, los que con muy sólidos fundamentos afirman, que en haviendo sido los diezmos una vez del Rey, *y por el consiguiente héchose con esto temporales y de su Real jurisdicción, aunque después los dé, y ceda á Iglesias, y Eclesiásticos, no pierden la primera naturaleza que tuvieran de la Regalía* [subrayado mío]». Luego se verá la importancia que daría el doctor Solórzano a esta cesión del diezmo para fundamentar su doctrina del «vicariato regio», pero no adelantemos el curso de los hechos.

Muerto el 18 de agosto de 1503 el gran *nepos* Borja, y no habiendo podido sostener la tiara en la cabeza más allá de tres semanas el *nepos* Piccolomini, Pío III, corrió el turno de la cola pasando al *nepos* de los Della Rovere, con el famoso Giuliano della Rovere, que, elegido papa el 19 de noviembre de 1503, y con el nombre de Julio II fue el que —dicho sea de paso—, al formar contra los franceses la Liga Santa en el penúltimo año de su pontificado, acabaría incitando la intervención de los siniestros españoles en Italia central, con la destrucción de la república de Florencia y las horrendas matanzas del saqueo de Prato por la soldadesca del Virrey Cardona... *ma questa é un altra storia,* y nosotros tenemos que volver a nuestras bulas. La primera que respecto de las Indias concedió Julio II, solicitada todavía en vida de doña Isabel de Trastamara, fue la *Illius fulciti pr*-[a]-*esidio,* de 1504, y, al parecer, no satisfizo en nada a Don Fernando, quien —aún en vida de Felipe el Hermoso, que ni siquiera había venido todavía a Castilla ni menos aun capitulado con el rey ya viudo que éste quedase por usufructuario vitalicio, en razón de gananciales, de la mitad de las rentas de las Indias—, con toda seguridad porque Cisneros no paraba de darle con la sandalia en el zapato por debajo de la mesa, protestó ante el papa —fuese por procuradores o por carta— el 13 de septiembre de 1505, por lo mísera que debía de haberle parecido aquella primera bula y apremiando con estas palabras: «Es necesario que Vuestra Santidad conceda todo el dicho patronato en perpetuidad a mí y a mis sucesores». (Citado por Lewis Hanke en *La lucha por la justicia en la conquista de América,* Ediciones Istmo, Madrid, 1988, pág. 115, de donde tomo también la fecha de 1505, especialmente chocante por las palabras «a mí y a mis sucesores», siendo así que a él personalmente —ni siquiera a la Corona de Aragón— le correspondía tan sólo la mitad de las rentas de las Indias, cosa que por añadidura —tal como he dicho— ni siquiera se había capitulado todavía con su hija y su yerno, los por entonces reyes de Castilla.) Con todo, para lo que vendrá, no deja de ser tan veraz como oportuno el comentario que el propio Hanke hace al respecto en la misma página citada en el paréntesis: «La historia ulterior de las relaciones hispano-papales muestra un paralelo excelente con la fábula del camello que pidió permiso para meter la cabeza en la tienda de un árabe durante una tempestad en el desierto y acabó por echarle del todo de la tienda».

La bula, tal como la quería Don Fernando, o sea con el patronato o patronazgo[37] regio a perpetuidad

37. Curiosamente, en la primera edición de la «Recopilación de las leyes de los Reynos de las Indias», hecha por Julián de Paredes, Madrid, 1681, entre los encabezamientos que en el recto de cada folio enuncian el contenido del título correspondiente, de los nueve que llevan el del título VI del libro I, mientras ocho de ellos dicen «Del Patronazgo Real», uno, concretamente el del recto del folio 26 del Tomo Primero, dice «Del Patronato Real».

y, como dice Solórzano, «plenísimo y *ad instar* del que se les havía concedido de próximo para todo lo Eclesiástico del Reyno de Granada, de suerte que pudiese también elegir y presentar Prelados, y que se admitiesen y recibiesen los así nombrados y presentados», fue la *Uniuersalis Ecclesi*[a] *e* de fecha 28 de julio de 1508. Esta era indudablemente, por usar la comparación de Hanke, la cabeza del camello, si es que no lo había sido ya la cesión del diezmo por Alejandro VI en 1501. Adelantemos que la paulatina introducción del resto del cuerpo del camello serían las sucesivas bulas con que los tres subsiguientes papas fueron enriqueciendo el patronato concedido por Julio II, hasta que en 1538, con Paulo III, sobrevino la violenta expulsión del propio árabe, dueño de la tienda.

León X (el primer papa Medici, Giovanni, hijo de Lorenzo el Magnífico, y que verosímilmente debió a la restauración de la oligarquía medicea en la güelfa Florencia por las armas de Fernando de Aragón, regente de Castilla, su elevación al Solio de San Pedro, en el que permaneció de 1513 a 1521), al conceder, en 1518, al todavía-no-pero-ya-muy-pronto-emperador Carlos de Augsburgo la facultad de modificar los territorios de las diócesis americanas, o incluso echar la raya de la entera circunscripción afecta a cada nueva diócesis que se fundase, traspasó, según Konetzke, todo precedente de las atribuciones tradicionalmente comprendidas por el *ius patronatus*. Para los territorios en los que aún no se

---

¿Significará esta anomalía que hubo, para ese título VI, algún añadido de última hora y que el tipógrafo de turno cambió inadvertidamente la forma «patronazgo» por la de «patronato»? O, más bien, tal vez ni siquiera quepa asegurar que tal posible añadido —o corrección—corresponda a ese título, ni aun menos a ese folio, y aun será imposible de buscar mientras no conozcamos la conformación del cuadernillo entero por la imprenta de Julián de Paredes, cuya edición no tengo yo más que en facsímil.

hubiese establecido diócesis alguna, fue Adriano VI (Adriano de Utrecht, 1522-1523) quien, en su bula *Omnímoda,* de 1522, proveyó de amplias facultades al emperador para que, a sus expensas y siempre con entera sujeción a las disposiciones del regio patronato, pudiesen pasar a las Indias, con licencia de sus superiores, misioneros de las órdenes regulares. Mas, comoquiera que algunos de estos superiores se resistiesen a dar tales licencias, por no ver despoblados de frailes los conventos metropolitanos, sería Clemente VII quien en 1532, autorizase que, siempre que mediase una orden del emperador —o del Real Consejo de Indias, que administraba, en su nombre, el regio patronato—, los misioneros pudiesen embarcar incluso saltándose la autorización de los superiores. En realidad, esto ya lo había concedido, según reza el texto (*superiorum uestrorum uel cuiusuis alterius super hoc licentia minime requisita*) la *Piis fidelium* de Alejandro VI, pero debía de haber sido suspendido o revocado en algún momento, probablemente a petición de los superiores de las órdenes regulares. Del mismo Clemente VII (el *nepos* de León X, Giulio de Medici, 1523-1534) Hanke cita una bula anterior, la *Intra Arcana,* del 8 de mayo de 1529, que se inclina decididamente por la consigna *compelle eos intrare,* al autorizar el empleo de la fuerza de las armas, si es preciso, para reducir a los indios a la Fe de Jesucristo.

Pero he aquí que sobrevino la larga peregrinación del dominico fray Bernardino de Minaya, que debió de empezar bajo el pontificado de Clemente VII, pues salió del Perú todavía en vida de Atabálipa (agarrotado en Cajamarca el 29 de agosto de 1533), aunque no llegaría a Roma más que ya entrado el año 1537. Probablemente a mediados del año anterior había llegado a Valladolid, donde —verosímilmente porque en Méjico había tenido noticia de una provisión reciente del Consejo de Indias en que se volvía a autorizar la esclavización y venta de los indios— se presentó a fray Francisco García de Loaysa, superior de los dominicos en España, confesor del emperador, cardenal de Osma desde 1530 y, sobre todo, a efectos de lo que aquí interesa, presidente del Real Consejo de Indias desde 1524 hasta 1546, a quien, al parecer, trató de convencer de que las cosas que sobre la incapacidad de los indios había escrito fray Domingo de Betanzos no se correspondían con su propia experiencia. Loaysa le replicó que se engañaba y que él, por su parte, daba entero crédito a las opiniones de Betanzos, de quien —al menos según el testimonio escrito de Minaya— dijo que «hablaba por espíritu profético». De lo que al presidente del Real Consejo de Indias podía importarle si los indios eran hombres perrunos o más bien perros humanos podemos tal vez sacar alguna conjetura a partir de lo que, a propósito de los protestantes, aconsejaba al emperador en una carta del 18 de noviembre de 1530: «Si quisieran ser perros, séanlo, y cierre Vuestra Majestad los ojos, pues no tenéis fuerzas para el castigo. Conténtese Vuestra Majestad con que os sirvan y os sean fieles, aunque a Dios sean peores que diablos [...] Vuestra conciencia es segura: trabajad como vuestro Estado no se pierda [...] Piense vuestra Majestad que todos os obedezcan y sirvan cuando los hobiéredes menester, y no os deis un clavo que ellos lleven sus almas al infierno; de manera, Señor, que entretanto se viene al Concilio, y cuando actualmente vinieren y en él estuvieren, desde agora procureis que todos se llamen vuestros y así lo sean en las obras, y os reconozcan por su verdadero señor, y las conciencias sean de turcos [...] De forma, Señor, que es mi voto que pues no hay fuerzas para corregir, que hagais del juego maña, y os holgueis con el hereje como con el católico, y le hagais merced si se igualara con el cristiano en serviros. Quite ya Vuestra Majestad fantasía de salvar almas a Dios; ocupaos de aquí adelante en convertir cuerpos a vuestra obediencia». La carta, que se conserva, al parecer autógrafa, en el archivo de Simancas, es buena muestra, al menos, de hasta qué punto toda posible religiosidad había sido subsumida en la mente y en la conciencia de Loaysa por los intereses de la dominación temporal. Poca cosa, así pues, podía esperar de él fray Bernardino de Minaya, quien, no cejando, sin embargo, en su demanda y decidido a proseguir con ella hasta la misma Roma, logró que un vocal del propio Consejo de Indias le consiguiese una carta de la emperatriz, regente de España por ausencia del marido, para el embajador español ante la Santa Sede. En la fecha de esta carta, 5 de octubre de 1536, fundo mi presunción de que, puesto que no disponía de más carruaje o cabalgadura que los de sus sandalias y de cara al invierno por añadidura, no debió de llegar a Roma más que a principios de 1537 o a finales de 1536 como lo más pronto; lo cual importa por cuanto su llegada hubo de coincidir o de ser precedida por muy pocas fechas por una carta, de 1536, según Solórzano, dirigida al papa por el dominico fray Julián Garcés, obispo de Tlaxcala, en la que defendía las mismas opiniones que Minaya y hacía grandes elogios de la actuación de éste entre los indios; lo cual, junto con las gestiones del embajador, debió de servirle mucho para ser recibido por Paulo III (Alessandro Farnese, 1534-1549, y, por cierto, el que se dio el capricho de que Michelangelo Buonarroti le rematase el palacio, empezado por Sangallo, con la monstruosa cornisa «*di braccia sei*», según Vasari, y por ende, tal como el papa había exigido, la más voladiza de Roma), que, impresionado sin duda por los informes de fray Bernardino, expidió el 9 de junio de 1537 la célebre bula *Sublimis Deus*, totalmente contraria a las opiniones de Betanzos y, consiguientemente, a la reciente provisión de Loaysa en cuanto a la esclavización y venta de los indios. Minaya, al encargarse por su cuenta y riesgo de hacer llegar lo más pronto posible hasta las Indias tan venerable documento, no debió de pensar ni aun remotamente que estaba haciendo nada malo. Pero sí que estaba haciendo algo muy malo y no podía figurarse hasta qué punto: no bien cayó la bula ante los ojos del emperador, la quijada debió de salírsele para adelante dos dedos más de lo que ya de nacimiento la tenía, y no digamos cuando se enteró de que varios ejemplares de la bula navegaban ya por las aguas del Atlántico camino de Ultramar. Y nada tendría de extraño que el cardenal Loaysa, en cuanto presidente del Real Consejo de Indias, además de superior de los dominicos en España, encizañase aun más los ánimos contra aquel fraile de su propia orden; de modo que, informado el provincial, fray Bernardino resultó castigado con la prohibición de no volver a las Indias nunca más, y además con dos años de retiro, al cabo de los cuales el general de la O.P. lo destinó a la cárcel de Valladolid, al parecer como capellán o auxiliar de capellán de los encarcelados (los datos concretos, no las suposiciones, acerca de Minaya están tomados de Lewis Hanke, en la obra citada más arriba, págs. 117-121). Este, pues, fue el momento en que el camello la emprendió ya definitivamente a cabezadas con el árabe hasta echarlo del todo de la tienda.

En efecto, el monumental cabreo que con la *Sublimis Deus* se agarró el emperador no paró en castigar al temerario frailecillo, que eso sería más bien cosa de Loaysa, sino que puso en marcha gestiones con el papa, protestándole la bula, hasta que logró que éste la revocara mediante un breve del 19 de junio de 1538, de tal suerte que la vigencia de la *Sublimis Deus* fue exactamente de un año y diez días; así mismo, a don Antonio de Mendoza, primer virrey de Nueva España, le permitió dar prueba de su celo gibelino, mandándole buscar y retirar cuantas bulas hubiesen llegado a repartirse por el virreinato; ítem, instituyó el llamado «pase regio», que quedaría incorporado a la *Recopilación* de 1680, tal como en referencia marginal consigna la citada edición de Julián de Paredes («El Empe/rador D./Carlos/en Valla/dolid/á 6 de Se/tiembre/de 1538»), en la ley 2.ª del título IX del libro I, Tomo Primero, folio 44, recto, cuyo texto —con probables modificaciones de Felipe II y de Felipe IV, también mentados en la referencia marginal— dice así:

> «Si Algunas Bulas, ó Breves se llevaren á nuestras Indias, que toquen en la governación de aquellas Provincias, Patronazgo y jurisdición Real, materias de Indulgencias, Sedevacantes ó expolios, y otras qualesquier, de qualquier calidad que sean, si no constare que han sido presentados en nuestro consejo de las Indias, y passados por él. Mandamos á los Virreyes, Presidentes y Oidores de las Reales Audiencias, que los recojan todos originalmente de poder de cualesquier personas que los tuvieren, y haviendo suplicado de ellos para ante su Santidad, que esta calidad ha de preceder, nos los embien en la primera ocasión al dicho nuestro Consejo; y si vistos en él, fueren tales, que se devan executar, sean executados; y teniendo inconveniente, que obligue a suspender su execución, se suplique de ellos para ante nuestro muy Santo Padre, que siendo mejor informado, los mande revocar, y entre tanto provea el Consejo, que no se executen, ni se vse de ellos».

El único precedente —aunque no es inverosímil que haya habido otros— que he podido encontrar de este llamado «pase regio» es el de un decreto de 1075 de Guillermo I el Conquistador que, enfrentado con el papa Gregorio VII, disponía, entre otras cosas, que ningún documento venido de Roma pudiese ser difundido en su nuevo reino de Inglaterra sin el beneplácito real. Pero el emperador impuso también, en 1539, una especie de «pase regio» en sentido inverso, ordenando que todos los prelados de las Indias que quisiesen solicitar algo del pontífice le remitiesen a él —o, lo que viene a ser lo mismo, al Real Consejo de Indias— la petición, para que, una vez examinada, se tramitase ante el papa, como demanda real. En ese mismo año de 1539, con fecha de 10 de noviembre, las furias del emperador precipitaron sobre el convento de San Esteban, de Salamanca —donde escribía y enseñaba el propio fray Francisco de Vitoria, que justamente acababa de dar a conocer entre los frailes sus «Relecciones sobre los indios»—, mediante carta al padre prior, en la que le requería que confiscase y entregase todos los papeles privados de los frailes que tocasen cuestiones de las Indias y les prohibiese cualesquiera debates o sermones sobre el mismo asunto.

En cuanto a la forma de ejercer el «Patronazgo (o Patronato) Real» sobre las Indias, en la designación de arzobispos, obispos y visitadores eclesiásticos, el Consejo de Indias presentaba al rey una lista de candidatos, de entre los cuales éste elegía al que le gustase; una vez elegido, antes de que se despachasen las cartas de presentación a su favor, para que fuese consagrado en Roma, y se librase la llamada «ejecutorial» —por la que, so pretexto de tardanza, podía embarcar para las Indias y tomar posesión, sin esperar a la consagración papal— tenía que hacer «juramento solemne por ante Escrivano público y testigos de no contravenir en tiempo alguno, ni por ninguna manera á nuestro Patronazgo Real», etcétera (ley primera, título VII, libro I de la *Recopilación* de 1680, folio 30 vuelto de la edición citada). Puede observarse que la llamada «ejecutorial» permitía establecer ante el papa un hecho consumado con esa toma de posesión anticipada de la diócesis vacante, lo que, a la postre, venía de hecho a convertir la consagración papal en un trámite protocolario. La disposición correspondiente no está en forma de ley en la Recopilación de 1680, sino que figura como primera nota al final del título VI del libro I («Del Patronazgo Real»), folio 30 recto del Tomo Primero de la Edición citada: *Su magestad en virtud del Patronazgo está en possesión de que se despache su Cedula Real, dirigida á las Iglesias Catedrales Sedevacantes, para que entre tanto que llegan las Bulas de su Santidad y los presentados a las Prelacías son consagrados, les dén poder para governar los Arçobispados y Obispados de las Indias, y assí se executa.*

Solórzano Pereyra, que fue tal vez el más activo e importante asesor de don Antonio de León Pinelo en la confección de la *Recopilación* de 1680, aunque ninguno de los dos llegase a verla publicada en vida, pretendió dar al patronato o patronazgo real sobre las Indias una cierta fundamentación o justificación doctrinal en los primeros capítulos del libro IV de su «Política Indiana» y, acompañando en esto a otros autores, que no deja de citar, formó la doctrina o cuasi-doctrina del «Vicariato real», cuya formulación más atrevida la encontramos en el n.º 26 del capítulo II del dicho libro IV de su obra, que, en justicia del contexto, conviene citar precedido del 25; allá van, pues:

> 25. Y hablando en lo individual de nuestras Indias, y que el Papa en virtud de esta potestad hizo sus Delegados en ellas a nuestros Reyes, concediéndoles no sólo lo temporal, sino lo espiritual, y que así antiguamente ellos solos en virtud de esta Comisión, o delegación, proveían de Ministros, y lo demás que juzgaban convenir a lo Eclesiástico, lo dice expresamente fray Manuel Rodríguez. De este propio modo de sentir y de hablar usa fray Juan Focher, Veracruz, Bautista, Miranda, Freytas y otros Autores.
>
> 26. Los quales (aunque no los citan), pudieron aprender esta doctrina de la de Juan Andrés, referida por Estafileo, que hablando de otro indulto semejante que tienen nuestros Reyes, dice, que así ellos, como los de-

más que los tuvieren tales, «son Delegados, ó por mejor decir nudos Ministros del Papa; porque todas las veces que el Papa transfiere los derechos espirituales en algún lego, no los hace temporales, ni son fundados en el lego, como fundados en él, sino como en un Ministro y Agente en nombre del Papa». *Y aun podemos añadir, que en el de Dios, cuyos Vicarios pueden ser llamados* [subrayado mío] en esta parte, según doctrina de Gregorio López, á quien refieren Gabriel Pereyra y Don Francisco Salgado.

He puesto por delante esa cláusula 25, porque contiene la argumentación que halla su conclusión en la frase subrayada, donde se contiene la segunda subrogación, esto es, la que dando al Papa por subrogado en Dios, permite al fin la subrogación concomitante de quien es Vicario del Papa en Vicario de Dios, y salta, por ende, el posible equívoco anafórico de a quién se designa como *Vice-Dios* en el número 19 del capítulo X del libro I de la misma obra. (Véase la Nota 1 de este mismo texto.) Con todo, quien no esté versado en las sutilezas de la logomaquia jurídica, podría tomar como una contradicción el que, habiendo dicho en este citado número 26 del capítulo II del libro IV: «Todas las veces que el Papa transfiere los derechos espirituales en algún lego, *no los hace temporales, ni son fundados en el lego, como fundados en él* [debe de querer decir "en él en cuanto lego"], *sino como en un Ministro y Agente en nombre del Papa* [subrayado mío], más abajo, en el capítulo III del mismo libro IV de la "Política indiana", tras haber distinguido dos especies de patronato, en el número 1 del dicho capítulo: «que la una llaman *patronato Eclesiástico* y la otra *Laycal* ó de *Legos* [subrayado de Solórzano]», se pronuncie decididamente en el número 4 por el «laycal» con estas palabras:

> 4. Pero yo, si no me engaño, tengo por más cierta la contraria [opinión]: conviene á saber, que deben ser tenidos y juzgados [«los patronatos Reales y derechos

> de presentar que tienen nuestros Reyes de España en las Iglesias de ella»] por de Legos. Porque el privilegio que el Pontífice les concede para ampliar y promover su jurisdicción y autoridad, no muda su naturaleza secular y supuesto que ellos son legos, *como á legos ó como laycal* [subrayado mío], es visto haverles querido conceder el dicho patronato.

No merecería la pena divertirse aquí con el hecho de que sólo una sutileza sofística, un ardid de logomaquia, parece que podría deshacer la aparente contradicción entre lo aquí subrayado y la afirmación, ya citada, del número 26 del capítulo II, en el sentido de que los derechos espirituales transferidos por el papa en algún lego no se convierten por eso en temporales «ni son fundados en el lego, como fundados en él, sino como en un Ministro y Agente en nombre del Papa», si no fuese porque al decantarse por interpretar como «patronato laycal» el de los reyes de España sobre la Iglesia de las Indias, el doctor Solórzano sabe muy bien a lo que va, y que, a la postre, redunda en la defensa cerrada de la supeditación de la jurisdicción eclesiástica a los derechos de la dominación temporal. Así, el convalidar como «laycal» el patronazgo real sobre las Indias le permite, en el número 9 del mismo capítulo III, hacerlo inderogable aun por el pontífice mismo: «... el patronato Eclesiástico suele ser fácil de derogar y aún se tiene por derogado, con solo que el Papa quiera hacer colación [=conferir un beneficio], eso no procede en el Laycal ni en el mixto y mucho menos en el Real, que es más poderoso y eficaz que el de los inferiores y no cae debaxo de las reservaciones y derogaciones generales, como se colige del mismo Concilio Tridentino...», y en el número 14 del mismo capítulo y libro le proporciona argumento para considerar el patronato Real sobre las Indias como «incorporado en [la] Real Corona, como los demás bienes de ella», lo que, finalmente en el número 17 ibídem, autorizará lo que, según lo que hasta el menos malicioso puede sospechar, realmente le importaba: «... esta incorporación obra, que como de las demás Regalías y bienes de la Corona del Príncipe, las causas y dudas que se ofrecen, *se han de juzgar y declarar por Jueces Seglares, sus Consejos ó Chancellerías diputadas para esto, segun lo dispone el derecho comun y del Reyno* [subrayado mío]». Por lo demás, la irreversibilidad del patronazgo real sobre la Iglesia en las Indias, ya se había dejado asentada en el número 15 del capítulo II del mismo libro IV de la obra en cuestión:

> 15. Y esto procederá aun con más llaneza quando en el privilegio de la concesión del derecho de patronato se puso cláusula anulativa, y decreto irritante [=que deja «irrita», o sea *sin efecto,* cualquier disposición jurídica *ulterior*] de qualquier acto que en contrario se intentare; porque este *liga al Papa* [subrayado mío], según la comun doctrina de todos los Canonistas.

Se me perdonará que me haya detenido tanto en la obra de Solórzano Pereyra, pero me interesaba mostrar hasta qué punto quien, como él, es comúnmente tenido por la máxima autoridad jurídica en el último impulso que logró recoger y refundir el infinito y más que babilónico desorden secularmente acumulativo de los «cedularios» (que si se hubiese de juzgar por papeleo la calidad de los imperios, ninguno se hallaría en condiciones de medirse con el Caroli-filipino, también llamado «Imperio Español») hasta formar la *Recopilación* de 1680, con su particular aportación a la doctrina del «vicariato Regio», dio, por así decirlo, fundamentación teórica a una tan total subordinación de la Iglesia americana al poder temporal de la metrópoli, que, en principio (y digo «en principio», puesto que también esto, igual que todo lo demás, se burló, se allanó y se pisoteó cuanto se quiso, en medio de aquel furor descontrolado de rebatiña, abandono e incompetencia), ni tan siquiera una mísera sacristanía vacante podía cubrirse sin conocimiento del poder civil. Y para muestra basten estos párrafos entresacados del informe que al final de su mandato dio don Francisco de Toledo, virrey del Perú de 1569 a 1581: «En cuanto al gobierno espiritual de aquel reino, católica majestad, hallé cuando llegué a él que los clérigos y frailes, obispos y prelados de las órdenes, eran señores absolutos de todo lo espiritual y en lo temporal casi no conocían ni tenían superior [...] Tenían los obispos y prelados la mano y nombramiento de los curas para las doctrinas y el removerlos de unas partes a otras cuando querían y por las causas que querían, sin que el virrey y gobernador tuviese con ellos mano, ni aun superintendencia porque el sínodo que les estaba sentado les pagaban los encomenderos lo que había de ser en plata y la comida y camarico cobraban ellos mismos de los caciques de indios con mucha vejación y molestia de los naturales. [...] lo primero que hice fue sacar de poder de dichos obispos y prelados la presentación y nombramiento de los clérigos y curas para la doctrina *y restituyendo a S.M. en el real patronazgo que tenían usurpado* [subrayado mío], hacer por vuestros ministros se presentasen en vuestro real nombre y se les diesen sus provisiones y presentaciones sin las cuales no se les pagase ninguna cosa de su salario...».

Así es como, al fin, desde los remotos años de la vinculación —e inevitable subordinación— de la *causa fidei* al dominio temporal establecida por don Alonso de Cartagena en sus *Allegationes,* se terminó en la total integración de la jurisdicción eclesiástica en la administración real; del Arzobispo al último sacristán de la parroquia más remota eran ahora —al menos de derecho, por supuesto, que de hecho acaso ni siquiera se pudiese averiguar—, puros y pintos, mondos y lirondos, funcionarios del Estado.

Si en tiempos de Mendoza, o mucho más especialmente en tiempos de Cisneros, pudo hablarse de una poderosísima influencia de la Iglesia, o más bien de la religión —del modo peculiar en que aquí ha de entenderse esta palabra—, en el Estado, hasta el punto de ser tal vez la componente más activa en la fuerza impulsora de su nueva configuración, sesenta o setenta años más tarde bien podía decirse, por lo menos respecto de las Indias, que la Iglesia no era ya sino una de tantas dependencias administrativas en el seno del Estado. O bien, si es que —como no es en modo alguno incompatible— quieren verse las cosas desde una perspectiva casi opuesta, cabe también decir que Isabel de Trastamara se sirvió sin duda, y «a todo su beneplácito» —por decirlo en palabras cervantinas— de la Iglesia Católica como de un instrumento político, o, en una palabra, de dominación, pero, en cualquier caso, como de un instrumento vivo, al menos para ella, un instrumento en el que creía —a su manera, claro está, ya que creer siempre es creer cada uno a su manera— y del que participaba (y, por comparación, basten aquí las más arriba citadas palabras de la carta de Loaysa), mientras que bajo los Augsburgo la religión y la Iglesia pasaron a ser un ingrediente en la compacta y estólida masa del Estado, un ingrediente todo lo omnipresente que se quiera, pero totalmente muerto, y no creo pecar de malicioso si añado que tan muerto como el Imperio mismo. Pero vivos o muertos, en cualquier época que sea, y vistos desde el punto de vista que se quiera, lo que no cambia desde luego en ningún caso es que la religión fue, como nunca, un instrumento de dominación. Sería un error pensar que la dominación necesita, en alguna forma, de la vida; o, por lo menos, eso es lo que uno saca en conclusión tras haber respirado, aunque nada más sea unas cuantas noches, el aire absolutamente sepulcral que asciende de cada una de las páginas de la *Reco-*

pilación de 1680. Dudo que pueda haber otro código en el mundo que acierte a cumplir tan obstinada, tan sesuda, tan grave, tan severa y tan profundamente como este la función de verdadero cementerio escrito de la vida. ¡Cuánta muerte, Señor, no cabe en ese punto que en medio del enunciado de cada ley corta la prótasis, para iniciar a renglón seguido con mayúscula la primera palabra de la apódosis: «Mandamos...»!

Post sccriptum. Terminado este apéndice, en el diario *El País* del 30 de noviembre de 1991 leo un artículo de don Octavio Paz que, bajo el título «Democracia: lo absoluto y lo relativo», empieza con estas palabras: «En la Edad Moderna cambia la vieja relación entre religión y política: en la conquista de América, la política vive en función de la religión, es un instrumento de la idea religiosa...» Pues bien, si la interpretación de hechos y palabras y la forma en que han sido argumentados en este APÉNDICE, desde las propias *Allegationes* de Alonso de Cartagena, son mínimamente plausibles, la conclusión a la que llevarían, en lo que toca a América, —siempre dentro de la relativa validez de toda afirmación unilateral en un tan general orden de cosas— sería la diametralmente contraria a la de la citada apreciación de Don Octavio.

APÉNDICE IV. Réplica a Julián Marías y a José María García Escudero y defensa de Vitoria contra sus apologetas

Nuestro querido, benemérito y siempre inefable diario monárquico de la mañana nos regaló el 12 de agosto de 1988 con un artículo del no menos querido, benemérito y cada vez más inefable don Julián Marías, titulado «Una forma de antiespañolismo». No seré yo tan fatuo que me dé por personalmente aludido por el eximio Don Julián, pues no puedo imaginármelo ocupándose de mis tímidos e ignorantes, aunque atrevidos escritos, pero sí que, a causa de mi antiespañolismo mental, no puedo por menos de darme por comprendido, *lata sententia,* en su anatema. Por el contrario, don José María García Escudero se dignó ocuparse, y elegantemente, de algo escrito por mí, si bien para impugnarlo totalmente, pues, aunque no me nombre, determinadas citas literales quitan cualquier equívoco a la referencia, en un artículo del diario *Ya* del 31 de julio de 1988 titulado «La nueva izquierda, Salamanca y el V Centerario».

A García Escudero le alabo sin reservas el gusto

de complacerse en el venerable convento de San Esteban, de Salamanca, lo mismo que si lo hiciese en el de San Gregorio, de Valladolid, y de recordar al gran dominico Francisco de Vitoria, con discípulos tan admirables como su predilecto Melchor Cano, de percepción sorprendentemente moderna —en el buen sentido de la palabra, claro está—, pero lamento que hable del caso como si lo que se cocinó en el siglo XVI en San Esteban no hubiese sido, a la postre, y a despecho de algunos logros siempre limitados en el espacio y en el tiempo, la causa derrotada por la prepotencia de la historia, que ya en 1539 le dio un primer aviso, y en el propio convento de San Esteban, al mandar el emperador la recogida y confiscación de todos los papeles privados de los frailes que tuviesen por asunto la cuestión americana, al tiempo que prohibía toda clase de sermones sobre el tema, y que en 1545 —con la derogación de los puntos decisivos de las Leyes Nuevas— parece haber inclinado definitivamente la balanza hacia la victoria final de los derechos de guerra de los ex combatientes y del principio de dominación; y en tal sentido, lamento también que, frente a equívocos mestureros y apologías ambivalentes jugadas a dos paños, no reivindique al Vitoria de la carta al padre Arcos; carta miserablemente manipulada —tal como puede demostrarse texto en mano, que es lo que voy a hacer más adelante— de una manera tan sólo comprensible por una vigencia del principio de autoridad rayana en la abyección, ante las narices de los propios frailes de San Esteban, que se la sabrían sin duda de memoria, precisamente por don Ramón Menéndez Pidal (al que el mismo García Escudero enumera, junto con Ortega, como uno de los «gigantes» con quienes yo me atrevo: «después de atreverse con gigantes como Ortega y Menéndez Pidal»), sobre todo al pasar en silencio —con la irresponsabilidad de un erudito provinciano ansioso de ensalzar a cualquier costo la gloria local— la frase decisiva para el entendimiento de la carta y que confuta rotundamente las falsarias intenciones de la fraudulenta tesis pidaliana —excogitada *ad hoc*, para demoler a Las Casas, dejándolo en solitario frente a sus hermanos de orden— de que Vitoria no tenía juicios hechos, dudaba en su conciencia, *no osaba* juzgar, etcétera. Pero Vitoria osaba juzgar y, al menos en privado, juzgaba, y con toda la drástica e inequívoca energía que expresa la metáfora tomada del salmo *Super flumina Babiloniae*, el más tremendo del salterio. Y si en público optó por guardar más discreción, ello probablemente se debió a un último escrúpulo de conciencia de no poner en aprietos insalvables la conciencia de aquel a quien, a pesar de todo, seguía reputando, en sus luchas de Alemania, como el defensor de la Cristiandad frente al protestantismo. Por eso mismo tal vez, dejó la salida de poner en el primer lugar de los *justos títulos* —escogido, sin duda, por el criterio de la mayor inocuidad— el del derecho de comunicación y comercio, extraído del pagano *ius gentium*, con arreglo a la más alta tradición dominica: la del iusnaturalismo de Tomás de Aquino, el verdadero gigante de esta historia, de quien, siendo un joven gordo y taciturno y habiendo recibido por ello, en la Sorbona, el sobrenombre de «el buey silencioso», su maestro Alberto Magno había profetizado: «Los mugidos de este buey resonarán en toda la Cristiandad».

Pero si al señalar como principio de legitimación el del derecho de comercio, Vitoria pensaba, como yo creo, en relaciones, si es que no idílicas, al menos de las mejores conocidas entre pueblos étnica y culturalmente distintos, como la que por varios siglos perduró, con pacíficos y profundos intercambios, entre galos y helenos, en la fundación focense de Massalia (la actual Marsella, donde hoy se odian y matan moros y franceses) y en las ulteriores fundaciones massaliotas desde la actual Ampurias a la desaparecida *Hemeroscopeion*, «Mirador del día», tal vez sobre el paralelo de Alicante; si en esa forma de relaciones en las que se había visto el comercio actuar como mediador de paz, colocando los intereses de las partes, no ya en oposición, sino en simbiosis, había puesto, como yo oso pensar, Vitoria su esperanza,[1] al elegir por justo título el derecho de comercio, ningún error pudo haber cometido más fatídico ni de consecuencias más patéticamente contrarias a la buena voluntad de su intención y su mejor deseo. Muchas veces me he preguntado qué horror no sentiría el padre Vitoria si levantara la cabeza y extendiera la vista sobre la infinitud de prepotencias, crímenes y depredaciones que, esgrimiendo el derecho de comercio bajo el sutil pero decisivo *quid pro quo* que lo invierte de título de legitimación en patente de corso y en coartada de designios anteriores,[2] ha perpetrado desde entonces el colonialismo europeo, empezando por las compañías comerciales inglesas y holandesas, que, pronto —inmediatamnte después de la fundación de Batavia y unos 40 años antes de las de Nueva Amsterdam (hoy Nueva York) y Ciudad del Cabo, holandesas también, como Batavia— recibirían el refrendo teórico del *Mare Liberum* (1604), de Hugo Grocio, que es casi el manifiesto fundacional del liberalismo, y que, por cierto, no deja de citar, aunque reorientando y per-

1. Fundo esta presunción en una de las últimas frases, del n.º 18 y último de la III parte de sus *Relecciones*: «Téngase en cuenta que los portugueses tienen mucho comercio con pueblos semejantes a estos, *sin haberse enseñoreado de ellos* [subrayado mío], y sacan, en verdad, grandes provechos».

2. Todavía Bismarck, en la segunda mitad del siglo XIX, dará expresión a la doctrina en su célebre consigna respecto de las colonias: *Die Flagge folgt dem Handel* («Al comercio sigue la bandera»); esto es, primero los hacemos clientes y luego ya los haremos súbditos.

virtiendo *ad hoc* la intención propia de los argumentos, a Vitoria y a Vázquez de Menchaca. ¡Con qué infinita amargura y repugnancia el buen padre Vitoria arrojaría lejos de sí, como una condecoración del mismo Satanás, los entorchados de benemérito «padre del derecho internacional moderno» con que toda la piratesca canalla blanquirrubia del colonialismo y del liberal-capitalismo ha querido pagarle, agradecida, los favores recibidos, sin pararse a considerar hasta qué punto tal forma de recibirlos y aplicarlos era totalmente inopinable, ajena y hasta diametralmente contraria a las intenciones del autor!

Sin duda, para una forma de patriotismo, para un españolismo que, como el de Menéndez Pidal o de Marías, adolece de manías de grandeza, la sola idea de devolver una condecoración internacional otorgada a un español, incluso por las manos más ensangrentadas y sobre todo si son blancas y de vello rubio, no puede responder más que a un arrebato de «histeria» antiespañola, con «secreción de bilis»[3] por parte de intelectuales resentidos que querrían rebajar «la talla internacional» de un teólogo jurista sólo por la inquina que les inspira el que sea español. Obedientes al sistema de «peer en botija para que retumbe», propio de todo apologeta profesional, no conciben que haya quien examine y seleccione las condecoraciones y las alabanzas y devuelva las que huelen a sangre y hieden a bandido; no conciben que haya quien, tal vez equivocadamente, pero con toda buena fe, no crea que se pueda echar sobre las espaldas de Vitoria toda la infamia secular que con la coartada de su justo título del derecho de comercio han perpetrado después sobre otros pueblos las naciones blancas. Como para el sistema de «peer en botija para que retumbe» todas las condecoraciones buenas son, pero sobre todo las que vienen de la

3. Expresiones de Julián Marías en el artículo citado.

Europa rubia, no pueden imaginar que su rechazo pueda proceder del deseo, tal vez ya inútil y desesperado, de restaurar la memoria y el buen nombre del malcondecorado. Quien ha leído la carta de Vitoria al padre Arcos, no en busca de algo de que poder servirse en una apologética ya preestablecida, sino tratando de escuchar, con tanto afecto como condescendencia, alguna palpitación de la bondad, por muy encubierta que esté por toda suerte de factores contextuales, o mucho me he engañado o llega realmente a escuchar esa palpitación. ¿He leído yo con demasiada buena voluntad y me equivoco al pensar que nada podría ser más ajeno al ánimo y a los sentimientos de Vitoria que la infame función que su derecho de comercio llegó a cobrar en el colonialismo europeo posterior, o he leído bien y el honor de Vitoria está en mis manos y no en las de quienes, como Menéndez Pidal, tratan de degradarlo con una «talla internacional» que no es sino un baldón de iniquidad, con tal de enaltecerlo socialmente, dado que en los salones europeos es de mal tono recurrir a los peristas para averiguar la procedencia y la buena ley de las condecoraciones?

Más abajo, resulta chocante que, respecto de la celebración de un centenario, García Escudero diga que, a su juicio, «la celebración más eficaz del acontecimiento habría sido dejar la Historia a los historiadores». Pero tal proposición no tendría más respuesta apropiada que la de dejar a los historiadores la propia celebración del centenario, pues no sé cómo éste podría ser otra cosa que una celebración histórica, en la que los historiadores nos invitarían a todos los demás a participar en la efeméride. Me temo, pues, que lo que con tal frase quiere decir García Escudero es que los profanos no nos metamos a escudriñar en los documentos originales del ayer y confiemos esa tarea a sus sacerdotes, que son los acreditados y consagrados para establecer la verdad canónica y oficial. El Centenario impondría el conocimiento histórico ya masticado, como por una especie de función trofaláctica de los historiadores respecto de las masas retroanalfabetizadas por los *media*, proporcionando a los boquiabiertos visitantes de la gran Disneylandia sevillana un conocimiento histórico ya armado en forma de férula ortopédica capaz de hacerlos encajar en un ya prefigurado e ineluctable porvenir, ya que, si se celebra, es que alguna función se le atribuye. ¿O es sólo un pretexto promotor de incalculables inversiones económicas que aumentarían la riqueza de la nación, no importa si incluidos o excluidos los propios visitantes?[4] Pero, en tal caso, ¿qué más da el pasado tal como nos lo cuenten o dejen de contar? Bien es verdad que lo que propone García Escudero a cambio de «meternos en historias», como más eficaz celebración, tiene, aunque sólo por encima, cierta apariencia positiva: «Examinar cuáles son las posibilidades del mundo hispanoparlante cara al futuro, y cuáles las de España como eslabón o bisagra entre ese mundo y Europa». Pero él sabe muy bien que estas no son más que palabras de una vieja jerga, estéril y hasta vacía, de funcionarios que necesitan justificar un sueldo, y en los que la falta de convicción se delata sin más por el hecho de tener que auparse ilusoriamente en los fastos puramente propagandísticos de un centenario. Hacen antes la propaganda que la cosa, para ver si la propaganda los sugestiona y los convence para hacer la cosa.

A quienes nos obstinamos, en cambio, «en desenterrar el pasado para destruirlo en un insensato arrebato patológico» nos acusa de que nada parece

4. Pues hoy ya sabemos que lo que un triste día se llamó, aunque con las mejores intenciones, «la riqueza de las naciones» apenas tiene que ver con el bienestar generalizado de los particulares, salvo como un efecto secundario cuando a la «riqueza» en abstracto le van las cosas excepcionalmente bien.

importarnos la América actual y su porvenir o su presente. Y aquí disiento de él, pues creo que nada renueva y perpetúa mejor el pasado que la constante apelación al futuro, la eterna e inalcanzable zanahoria que la cabrita lleva colgando de una cuerda delante de su boca.

Pero él mismo ha dicho, en una apreciación, por lo demás exagerada, por infravalorar tal vez las diferencias: «¿Qué es el problema actual del Tercer Mundo sino el problema que el mundo del Descubrimiento de América planteó a los españoles?». Lo cual no entiendo bien de qué modo se concilia con su desdén implícito por quienes pretenderían «hacer lo que Pereña llama el *proceso a la conquista*».

No se trata exactamente de un «proceso a la conquista» por sí misma y en sí misma, sino de un proceso a la Historia Universal, para el cual el proceso al descubrimiento, la conquista y la colonización de América tiene especial interés por afectar al primer movimiento del último despertar de la gran bestia; la experiencia de los hechos españoles tiene particularísimo interés por situarse en el mismo umbral del despertar, entre el sueño y la vigilia.[5] Sólo los españoles recibieron de lleno en sus sentidos el golpe anonadador de una novedad inconmensurable para su experiencia. Por eso sólo ellos necesitaron potenciar las reservas existentes; un inglés o un holandés, que ya habían aprendido de españoles y portugueses lo que era un indio, un indígena, un nativo, ¿qué necesidad tenían de averiguar si en la *Summa Theológica* había alguna previsión que hiciese al caso? Por eso, sólo en España se dejaron oír por algún tiempo los mugidos del Buey Silencioso, y el iusnaturalismo de Tomás de Aquino fue, justamente en

5. O más bien entre el oscuro pero cada vez más esclareciente sueño de la Edad Media y la deslumbradora pero terrorífica pesadilla de la Edad Moderna.

virtud de su propia discronía con respecto al signo de los tiempos, el verdadero soplo del espíritu, la resistencia enfrentada a la arrolladora galerna de la Historia Universal. Que esta última fue la que venció y que el espíritu fue el derrotado nada podría refrendarlo más rotundamente que el que llegase a demostrarse como cierta la hipótesis implícita en la ya citada frase de García Escudero: «¿Pero qué es el problema actual del Tercer Mundo sino el problema del mundo que el Descubrimiento de América planteó a los españoles?».

Sea, si queréis, el iusnaturalismo, ontológica y acaso también antropológicamente, una ilusión, una ficción piadosa, pero nadie puede negar que es cuando menos una hipótesis ética milenariamente resistente. Basta considerar que lo que dice «humanidad» en su sentido intensional, esto es, como categoría cualitativa, no recubre en modo alguno la experiencia empírica de lo que dice «Humanidad» en su sentido extensional, esto es como nombre colectivo del conjunto de los hombres dados, pues admitimos que esta Humanidad comprenda o pueda comprender a muchos hombres a los que tacharíamos de «inhumanos». Y aun podría decirse que la palabra «humanidad» no es sólo el nombre de la hipótesis ética del iusnaturalismo, sino que implica, inevitablemente, una utopía. Campanella resolvía su utopía con el expediente *ad hoc* de que quien no se intregrase en su Ciudad del Sol había de ser reputado por *no humano.* ¿Por qué necesitaba recurrir a tan artificiosa componenda, sin que le satisficiese otra opción menos problemática, como la de llamarlos «hombres malos»? Simplemente porque la utopía no está en el concepto de virtud ni en ningún otro semejante, sino tan sólo en el de humanidad. No hay cumplimiento utópico parcial; por eso Campanella, para que los hombres integrados en su Ciudad del Sol fuesen «todos los hombres» y no una parte de ellos, conforme a la exigencia de cumplimiento total inherente a la utopía, recurría al expediente de reducir a «no hombres» a los que hiciesen defección a la realización de la utopía. El cumplimiento de la utopía implícita en la palabra «humanidad» y que haría verdadera la hipótesis ética del iusnaturalismo consistiría en que la categoría cualitativa, o sea, la que designa en sentido intensional la cualidad humana, conviniese, sin excepción, a la facticidad del conjunto empírico denotado por el sentido extensional de la palabra Humanidad.

La doctrina del iusnaturalismo tomista partía de la frase evangélica «Mi reino no es de este mundo». Si Cristo había negado ser rey de la Tierra (o, por mal nombre, «Príncipe de este Mundo»), el pontífice, en cuanto Vicario de Cristo, carecía de soberanía y jurisdicción secular universal (aunque, como hombre, pudiese gozar de un principado territorial), y tanto menos sobre pueblos paganos o infieles, que, a diferencia de los cristianos, ni siquiera habían recibido o aceptado la Revelación; los cristianos, habiéndola aceptado, le estaban al menos espiritualmente —pero sólo espiritualmente— sujetos. De esta manera, para Santo Tomás, los príncipes infieles o paganos tenían una soberanía tan legítima como la de los cristianos, pues el poder temporal no se fundaba *ni* para unos *ni* para otros en un derecho divino relacionado con la Revelación, sino en un *derecho natural*, ajeno y anterior a ésta, y respecto del cual todos los poderes terrenales eran igualmente legítimos (por mucho que incluso este *derecho natural* fuese también, en última instancia, de origen divino, salvo que solamente por dimanar de la Creación, pero no de la Revelación). Así el iusnaturalismo tomista había dejado impugnada, con decenios de anticipación, la doctrina de los dos poderes, el Pontificado y el Imperio, *igualmente divinos*, particularmente defendida, como es notorio, por Dante

Alighieri; no habrían de tener, sin embargo, la misma fortuna los sucesores de Tomás de Aquino, cuando los «intelectuales orgánicos» —como hoy se diría—[6] del emperador Carlos V quisieron remozar la doctrina dantesca bajo el lema «Un Monarca, un Imperio y una Espada»,[7] que si tal vez tuvo poco éxito teórico, triunfó, no obstante, en toda la línea, y extralimitándose incluso de las meras atribuciones temporales, en el plano de los hechos, pues el emperador hizo y deshizo «a todo su beneplácito» —por decirlo con palabras cervantinas— no sólo en lo temporal o profano, que le correspondía, sino también en lo espiritual o religioso frente a todos los papas, al menos por cuanto a las Indias se refiere.

El cardenal Cayetano —general de la O.P. desde 1508— fue quien, estudiando la *Secunda Secundae* de Tomás de Aquino e informado hacia 1517, por frailes de su propia orden, de los hechos de las Antillas, recurrió al iusnaturalismo tomista para cuestionar las atribuciones pontificias para la donación al rey de España sobre las nuevas islas y tierras descubiertas «e por descobrir», y de él sacaría Vitoria en 1532 el fundamento para impugnar en sus relecciones *De Indiis* la legitimidad de la famosa bula *Inter Caetera* otorgada en 1493 por Alejandro VI, en la que transfería a los Reyes Católicos el poder secular sobre las islas nuevamente descubiertas «e por descobrir», y a partir de ello, en el capítulo de los *títulos no legítimos*, recusaría el primero con la conclusión: «El emperador no es señor de todo el orbe». Todo lo cual es sobradamente conocido y sólo se recuerda aquí para devolver al iusnaturalismo de San-

6. Al menos el canciller Mercurino Gattinara —expresamente conocedor y propulsor del *De Monarchia* de Dante— y el secretario de cartas latinas Alfonso de Valdés, por lo que yo pueda recordar ahora.

7. De los versos de Hernando de Acuña: «Una grey y un pastor sólo en el suelo/Un monarca, un imperio y una espada».

to Tomás el lugar que se merece. Contra lo que Vitoria no parece haber encontrado, en cambio, ningún argumento de Santo Tomás es contra la tan debatida doctrina aristotélica respecto de los llamados «amentes», o sea, los pueblos que, por su capacidad mental «se hallan en la necesidad de ser gobernados y regidos por otros» (*De Indiis prior*, 1.ª parte, n.º 23, epígrafe *Respuesta a otro argumento contrario*); tal vez de ello se deriva el hecho de que encontremos una cierta incongruencia o, al menos, vacilación entre ciertos pasajes de ese epígrafe y una frase del número 18 de la 3.ª parte de la misma relección; citaré de ellas lo estrictamente necesario:

I, 23. «... la mente de Aristóteles no ha sido, ciertamente, que los que sean de escaso ingenio sean por naturaleza siervos y no tengan dominio ni de sí ni de sus cosas. Él trataba de la servidumbre civil y legítima porque reconoce que nadie es esclavo por naturaleza.»

III, 18. (Donde es preciso advertir que sólo muy condicionalmente trata de un posible octavo título legítimo —habiendo llamado al anterior «séptimo y *último* [subrayado mío]»— con estas palabras: «Otro título podría, no ciertamente afirmarse, pero sí discutirse...») «Hay que apuntar también que en esta argumentación puede aprovecharse lo antes afirmado: de que hay quienes son siervos por naturaleza, y como tales parecen ser estos bárbaros, podrían por lo tanto ser gobernados como siervos.»

Por lo demás, tampoco Las Casas, respecto de esta misma cuestión de los «amentes» —al menos a tenor del resumen que de su controversia, de 1550, con el doctor Sepúlveda hizo fray Domingo de Soto—, parece que encontró nada en las doctrinas de Santo Tomás que poder esgrimir contra Aristóteles en cuanto a que los «amentes» sean «siervos por naturaleza», y sólo acertó a distinguir «tres maneras o linajes» de bárbaros, de los cuales sólo a los últimos habría querido, según él, referirse el filósofo al decir que son «siervos por naturaleza» («Y por aventura —comenta, siempre según el resumen de Soto— lo dijo por algunas gentes que eran en la conquista de Alejandro», aunque, por cuanto yo pueda saber o recordar, el siniestro conquistador macedonio, pese a haber tenido tal maestro y un baño superficial de cultura helénica, se movió siempre —diga lo que dijere fray Bartolomé— entre la flor y nata de las culturas orientales, mucho menos bárbaras sin duda —salvo alguna reserva que pudiese caber respecto de los tracios y los escitas— que los propios macedonios), para acabar con el mero argumento de hecho de que los indios no encajaban en absoluto en la tercera «manera o linaje» de bárbaros, «mostrando —dice el resumen de Soto— que aunque tengan algunas costumbres de gente no tan política [...] no son en este grado bárbaros; antes son gente gregátil y civil, que tienen pueblos grandes, y casas, y leyes, y artes, y señores, y gobernación...»; argumento de hecho, que, por cierto, se lee ya en Vitoria, en el mismo lugar I, 23 de *De indiis prior,* poco más arriba del pasaje antes citado, *casi con las mismas palabras*: «Es manifiesto que tienen cierto orden en sus cosas, puesto que tienen ciudades debidamente elegidas, matrimonios reglamentados, magistrados, señores, leyes, artesanos, mercados, todo lo cual requiere uso de razón», cosa que induce a sospechar que, tal como, siquiera en esto, reconoce el propio Don Ramón, Las Casas estaba tan cerca de Vitoria que hasta se permitía abrevarse en su venero, no menos que Vitoria se había abrevado en el de Vío (comúnmente mentado por el sobrenombre toponímico de «Cayetano», por ser natural de Gaeta), y éste, a su vez, finalmente, en Santo Tomás de Aquino. Comoquiera que sea, en este punto de los «amentes» fueron los argumentos de hecho los que dominaron del todo en la disputa (que fue, por interferir del modo más directo en la buena conciencia necesaria para justificar los atropellos cometidos con los indios, o, inversamente, en las acusaciones contra sus fautores, la más apasionada), tanto por parte de los «detractores» —desde fray Tomás Ortiz, el más feroz de todos, pasando por Fernández de Oviedo (aunque éste no, por cierto, para justificar infamias que fue más duro que nadie en denunciar), hasta fray Domingo de Betanzos, que, sin embargo, a la hora de la muerte, se retractaría por escrito ante testigos de lo que realmente dijo y de lo que se le atribuyó— como por parte de los «defensores».

Pero, antes de entrar en el escabroso asunto de la carta de Vitoria al padre Arcos, me detendré brevemente en otra componenda que el siempre idílico Menéndez Pidal arregla en el mismo texto («Vitoria y Las Casas», conferencia leída en San Esteban, de Salamanca, el 19 de octubre de 1956) entre su amado Vitoria[8] y su admirado emperador. Hablando de la

8. Amado más que por Vitoria mismo, por aversión a Las Casas, al igual que éste —y aquí coincido con la opinión de Don Ramón— parece haber amado a los indios más bien como un reflejo de la aversión que sentía por las obras de los españoles. Salvo que —aunque menos virtuoso y menos útil para la propia salvación personal— ese odio se me antoja mucho más idóneo en cuanto crítica de la historia y del poder —aunque en Las Casas todavía en el estadio de intuición— que las pías teatralidades de los compadecedores profesionales de pueblos oprimidos, que a veces rayan en grados de indecencia como el de Bertrand Russell, cuando proclama como uno de los sentimientos capitales que han gobernado su vida «una insoportable compasión por los sufrimientos de la Humanidad». En cuanto al amor de Las Casas por los indios, no se trata, por consiguiente, de pedir a nadie un sentimiento tan difícil, y forzosamente ficticio, a causa de su propia inconcreción, sino de la sospecha de una positiva frialdad que salta de pronto de un pasaje de su propia *Historia de las Indias*, cuando hablando de sí mismo —en tercera persona como suele—, a propósito de la decisión de dejar *vacos* a los indios de su encomienda, dice: «No porque no estaban mejor en su poder, porqué él los trataba con más piedad y lo hiciera con mayor desde allí adelante y sabía que dejándolos él los habían de dar a quien los

carta de éste al prior de San Esteban, del 10 de noviembre de 1539, encargándole que prohibiese todo debate o sermón público sobre cuestiones de las Indias por parte de los frailes y que confiscase todos los papeles privados de los dichos frailes que tocasen al asunto «así en limpio como en minutas y memoriales» y que se los remitiese para examinarlos, amén de ordenarles que no volviesen a hablar más de la cuestión, don Ramón Ménendez Pidal alega que el emperador lo hace por celo de que ello pueda ir «en desacato del Vicario de Cristo», para añadir más adelante: «Si hubiese quedado la menor desconfian-

---

había de oprimir e fatigar hasta matallos, como al cabo los mataron, pero porque, aunque les hiciera todo el buen tractamiento que padre pudiera facer a hijos, como él predicara no poderse tener con buena conciencia, nunca le faltaran calumnias diciendo: "Al fin tiene indios; ¿por qué no los deja, pues afirma ser tiránico?", acordó totalmente dejallos». Tal despreocupación por los concretos indios conocidos cuyo destino estaba todavía en sus manos, sólo por no menoscabar su autoridad en la misión que había tomado a cargo, contrasta vivamente con la actitud de Vasco de Quiroga, el obispo de Michoacán, que aun haciendo las denuncias más terribles en cartas al emperador y al Consejo de Indias, especialmente sobre la esclavitud, donde al oído del lector resalta una particular sensibilidad cuando a propósito de cómo se marcaban a fuego (con la G de «guerra», como se solía) incluso «a niños de teta de tres o cuatro meses», hace esta precisa observación: «herrados con el dicho hierro tan grande que apenas les cabe en los carrillos», no se preocupó de conservar esclavos y esclavas de su propiedad, ya sea en la casa como en el obispado, pero sí, en cambio, de hacerlos libres a todos en su testamento. Volviendo a Las Casas, es curiosa la opinión de Alfonso García-Gallo, a quien, pareciéndole exagerado «que defendiera a los indios por odio a los españoles» («yo no diría tanto», es su expresión), le atribuye, sin embargo, la parcialidad de un abogado defensor, que, como tal, no tiene porqué considerar los derechos de la otra parte, esto es, aquí la de los españoles: «Éstos —escribe— vinieron al Nuevo Mundo con la esperanza de hacer fortuna, y al mismo tiempo con la idea misional de convertir a los indios. Muchos de estos españoles se pagaron el viaje desde España, lucharon contra los indios a su costa, se jugaron la vida, sufriendo la enfermedad y esperaron obtener una recompensa que a veces llegaba y otras no. Sin embargo, Las Casas vio únicamente los derechos de

za respecto a la doctrina sostenida por los profesores de San Esteban en los papeles requisados seis meses antes, no pretendería Carlos encomendar la dirección espiritual de todo el clero de Nueva España al recién elegido prior de San Esteban, fray Domingo de Soto, y a sus frailes». El arreglo de Don Ramón es aquí conciliatorio hasta lo sonrosado: el golpe de mano de Carlos V de 1539 sobre el convento de San Esteban no responde en absoluto a ninguna sincera preocupación imperial por un posible «desacato del Vicario de Cristo», sino todo lo contrario; responde a la furia del emperador por las gestiones de fray Bernardino de Minaya que, a sus espaldas y con una carta de presentación de la emperatriz, ha conseguido trasladarse desde las Indias hasta Roma y presentarse al pontífice Paulo III hasta lograr de él que promulgue la famosa bula *Sublimis Deus*, de 9 de junio de 1537, las más favorable a los indios de cuantas se han dictado, proclamando entre otras cosas que «tales indios y todos los que más tarde se descubran por los cristianos no pueden ser privados de su libertad por medio alguno, ni de sus propiedades, aunque no estén en la fe de

---

los indios». No se comprende que un jurista como él no se dé cuenta de que la imparcialidad que pide —y que a Las Casas, en su papel de «abogado defensor», dispensa de tener— no sería sino la que considerase al mismo nivel de todos los demás derechos el más parcial y unilateral de todos ellos: el derecho de guerra del vencedor, que en este caso es, por añadidura, en un grado absoluto, agresor no provocado y conquistador definitivo. El derecho de guerra es, sin duda, el aborigen prehistórico de la concepción misma del Derecho (según la tesis de Walter Benjamin sobre «la violencia creadora de derecho» —véase: *La policía y el Estado de derecho*, «*Ensayos y artículos*», Vol. I, p. 639—), pero por eso mismo está *antes y fuera* de todos los demás derechos. Lo que los españoles pudiesen reclamar como derecho para sí frente a los indios, o más bien *sobre* ellos, era ni más ni menos que el derecho de guerra y de conquista que como *ex combatientes* consideraban de justicia les fuese concedido. Pero ya incluso en el siglo XVI Vázquez de Menchaca, alega al respecto muy graciosa-

Jesucristo; y podrán libre y legítimamente gozar de su libertad y de sus propiedades, y no serán esclavos...». Pero más que al contenido mismo de la bula (que, por lo demás Carlos V logró que el papa se la comiese con patatas fritas apenas un año y 10 días después de su promulgación, mediante un breve que la revocaba el 19 de junio de 1538) la furia del emperador respondía al hecho de que algo, incluso de índole estrictamente espiritual, pudiese ir de las Indias hasta Roma, sin pasar por su supervisión. Tan insincero era, en todo caso, el celo que le atribuye Don Ramón por evitar un «desacato del Vicario de Cristo» que, por real orden de 6 de septiembre del mismo 1538, introdujo el llamado «pase regio», por el cual nada podía salir de Roma hacia las Indias sin pasar por las manos del Consejo de Indias y haber obtenido, tras minucioso examen, la debida aprobación o, en caso de no obtenerla, debía volver a Roma para que «se suplique de ellos [bulas o breves] para ante nuestro muy Santo Padre, que siendo mejor informado, los mande revocar» y en 1539 aún carga más la mano, con una especie de «pase regio» a la inversa, según el cual los obispos que solicitasen alguna merced al papa tendrían que enviarla antes a la corte, para que, una vez examinada, siguiese hacia Roma como demanda del propio emperador. De

---

mente en su *Controversiarum Illustrium* (libro I, cap. X, números 8 y 9): «Muy a propósito de todo esto es la respuesta del Rey Antígono caudillo de los Lacedemonios [...]; como cierto sofista le presentase un libro acerca de la justicia, no estás en tu juicio, le respondió Antígono, si viéndome destruir con mis armas ciudades ajenas, te atreves a disertar en mi presencia sobre la justicia. Porque sabía en verdad que cuantos hacen guerra ni pueden, ni tienen voluntad de proteger las leyes de la justicia; sino que la mayor parte de las veces se guerrea por el ansia de agrandar el poderío y la gloria, aunque pretextando más noble causa, como sería en nuestro caso si (siguiendo el ejemplo de Aristóteles, maestro y en esta materia adulador bien poco dismulado de Alejandro) quisiéramos decir que aquel príncipe, que llevaba la guerra a regiones extrañas, lo hacía solamente para procurar el bien de aquellas regiones y habitantes, a fin de que en lo sucesivo pudieran llevar una vida más civilizada [*ob utilitatem facere quo ma-*

modo que este era el verdadero ambiente entre el emperador y el papa, y si en 1540 Carlos V encarga a fray Domingo de Soto «la dirección espiritual de todo el clero de Nueva España» la razón de ello no es, como dice Menéndez Pidal, que, en efecto, ya no quedaba «la menor desconfianza respecto a la doctrina sostenida por los profesores de San Esteban», sino que, entretanto, el emperador ha logrado cortar drásticamente cualquier posibilidad de contacto directo entre las Indias y Roma y viceversa, de manera que en 1540, como dirían los americanos, «todo está bajo control», bajo el control del emperador, naturalmente.

Vengamos, pues, de una vez, a la famosa carta de Vitoria al padre Arcos, de cuya data no me consta más que el año: 1534, esto es, dos años después de haber redactado, conforme se supone, sus «relecciones»*De indis*, y habiendo ocurrido entremedias *Lo de Cajamarca*, por llamarlo así.

«Muy reverendo Padre: Cuanto al caso del Perú, digo a V.P. [Vuestra Paternidad] que ya, *tam diuturnis studiis, tam multo usu* [con tan continuos desvelos, con tan asidua aplicación], no me espantan ni me embarazan las cosas que vienen a mis manos, excepto trampas de beneficios y cosas de Indias, que se me hiela la sangre en el cuerpo en mentándomelas.» Así empieza la carta. Menéndez Pidal piensa que

---

gis in posterum cultiorem uitam agerent —en el original latino]. Oh dulce, humano y caritativo amor que no se avergüenza de violar los derechos del natural parentesco que liga a los hombres, sino que se apresura a ello y que con multitud desenfrenada, que el furor y la locura arrastran, se apresura por medio de todo género de exterminios, de tormentos, de muertes y de incendios, a lanzar a las sombras del Erebo, como heridos por un rayo, a innumerables millares de hombres, a incendiar ciudades, a arrasar campos, a violar doncellas y a dar cruel muerte a ancianos, niños y mujeres sin avergonzarse de dar el nombre de beneficio a todos estos crímenes y a otros aun mucho peores, más nefandos y dignos de execración». Menchaca se refería aquí a las guerras de Antígono, pero el texto no precisaría muchas variaciones para ser aplicado a la Conquista de las Indias por los españoles.

las «trampas de beneficios» pertenecen también a las «cosas de Indias», quizá fundándose en el arranque del texto («Cuanto al caso del Perú»), pero, como entre la tercera frase —aunque sea de una oscuridad sibilina— y el comienzo de la cuarta («Lo mismo procuro hacer con los peruleros») parece separar nítidamente lo uno de lo otro, yo tiendo a creer que con los «beneficios» se refiere a problemas eclesiásticos, y aunque «beneficios» suena más bien a cosa propia del clero secular y no del regular, al que pertenecía Vitoria, ello no obsta para que éste, aunque fraile, pudiese ser consultado en negocios de curas; con todo, esto, en sí mismo, es una minucia, y sólo importa para interpretar la cláusula «que se me hiela la sangre en el cuerpo en mentándomelas».

En efecto, la ambivalencia contextual abierta por la presencia de tres antecedentes en femenino plural («trampas», «cosas» e «Indias») nos impide decidir de modo taxativo si la anáfora en femenino plural de «mentándome*las*» debe ser remitida a «trampas» y «cosas» o sola y expresamente a «Indias», aunque por el hecho de que el verbo «mentar» pida más bien un nombre propio o un nombre común con artículo determinado (del que «trampas» y «cosas» no van precedidas en el texto), el lector de la carta oye más espontáneamente que son las «Indias» —que, por añadidura ocupan el lugar inmediatamente anterior al «que»— las que hacen que a Vitoria se le hiele la sangre en el cuerpo en mentándoselas. Las «trampas de beneficios» —a menos que Don Ramón tenga razón al incluirlas entre las «cosas de Indias»— quedarían, entonces, como algo sólo incidentalmente sacado a relucir, a título de ejemplo, como la otra cosa de las que le «estorban y embarazan».

Hay que decir de paso que Vitoria, sin duda acostumbrado, *tam multo usu*, a escribir en latín, escribía, al menos a juzgar por esta carta, muy mal castellano, no sólo constantemente entreverado de latinajos (que no siempre tienen la función de expresar la confidencialidad, por lo vidrioso del asunto, como quien baja la voz, sino que a veces parecen gratuitos, o pretendidos tecnicismos, o tal vez expresiones recogidas de autores clásicos y aprovechadas *pro domo sua*) sino también de latinismos sintácticos, como «*timeo* que no sean de aquellos», donde, a pesar del «que», el verbo latino le obliga a escribir con negación: «no sean», sobre el modelo latino *timeo ne* + subjuntivo, largándonos así un híbrido latino-castellano, que podría inducir al error de entender «temo que no sean» en lugar de lo correcto, que es «temo que sean».

Pero lo importante de la tergiversación de Menéndez Pidal reside en la interpretación de las inhibiciones y vacilaciones de Vitoria como verdaderas dudas de conciencia, que, como hombre moralmente escrupuloso, lo opondrían diametralmente a las arrogantes certidumbres morales de Las Casas. Lo que la carta demuestra, por el contrario, es que las dudas de Vitoria no son, en modo alguno, salvo en algún aspecto secundario, dudas sobre la índole moral de la cuestión o el juicio que merezcan las acciones de los peruleros, sino vacilaciones sobre la conveniencia —y tal vez incluso lo contraproducente de la dureza de ánimo que ello supondría— de incriminarlos claramente y sin ambages en su propia cara. Léase con atención:

«Lo mismo [o sea *fugere ab illis,* "rehuirlos"] procuro hacer con los peruleros, que aunque no muchos, pero algunos acuden por acá. No exclamo, *nec excito tragoedias* [ni provoco dramatismos] contra los unos y contra los otros *sino que ya no puedo disimular* [subrayado mío], ni digo más sino que no lo entiendo, y que no veo bien la seguridad y justicia que hay en ello, que lo consulten con otros que lo entiendan mejor. Si lo condenáis así ásperamente, escandalízanse; y los unos allegan al Papa y dicen que sois cismático porque ponéis en duda lo que el Papa hace; y los otros allegan al Emperador, que condenáis a Su Majestat y que condenáis la conquista de las Indias, *y hallan quien los oiga y favorezca* [subrayado mío]. *Itaque fateor infirmatatem meam* [*así que confieso mi flaqueza de ánimo* —subrayado mío], que huyo cuanto puedo de no romper con esta gente. Pero si *omnino cogor* [*me veo completamente forzado* —subrayado mío] a responder categóricamente, al cabo digo lo que siento».

Veamos, pues, los cuatro subrayados míos:

1.º: *sino que ya no puedo disimular*, esto es, «a menos que me exasperen hasta el punto de que no aguante más comedimientos»; primera manifestación de que Vitoria no es que tuviese dudas de conciencia, ni le faltase una opinión segura del asunto; sus medias palabras sólo se deben a la prudencia y al comedimiento que cree más conveniente —o quizá hasta más cómodo— guardar con los que van a consultarle; pero si acaban sacándolo de quicio, ¡vaya si tiene algo que decir! ¡Vaya si tiene una opinión formada! Y tan dura y tan grave que la reacción de los otros es escandalizarse y contraatacar acusándolo incluso de atentar contra el papa y el emperador y condenar la conquista de las Indias (lo que, a su vez, es dar a las palabras de Vitoria un alcance que rebasa, ahora sí, su auténtica opinión). Lo mismo vale para la frase de mi cuarto subrayado: «Pero si *me veo completamente forzado* a responder categóricamente, al cabo digo lo que siento». Tampoco aquí hay fundamento alguno, sino todo lo contrario, para pensar en *dudas* íntimas de conciencia; Vitoria sabe hasta demasiado bien lo que siente y lo que piensa de lo que pasa en las Indias, y lo sabe con tan apasionado horror «que se [le] hiela la sangre en el cuerpo en mentándose [las]». Por eso mismo no quiere verse forzado a tener que decirlo abiertamente. Su vacilación no responde, por tanto, en modo alguno, a la falta de una opinión segura sobre el caso, sino a la reluctancia de someter al otro a la extrema dureza de su contestación. Lo que habría que deducir de todo esto es más bien que Vitoria quería ser un estudioso y se sentía muy poco llamado a la función de consejero o director de almas y que en las ocasiones en que no tenía más remedio que avenirse a esa función tenía la sabiduría, la nobleza y la elegancia espiritual de sentir verdadera repugnancia por el papelón de fulminador de pecadores (en esto sí que Don Ramón podría haberlo comparado muy ventajosamente con el dramático fray Bartolomé), tal como él mismo dice: «No exclamo, *nec excito tragoedias*»; latinajo que describe muy bien esa clase de trances de confesonario en que el clamor incriminatorio del director de almas provoca en el penitente bien sea una reacción de soberbia y rebeldía, bien una abyecta escena de arrodillamientos con golpes de cabeza contra el suelo, reiterados sollozos *de profundis*, sobreabundante desbordar de lágrimas y profusión general de toda suerte de mucosidades. ¡Hasta ahí podíamos llegar! Su horror y su consternación ante las «cosas de Indias» eran tan verdaderos que, aunque se le helase la sangre en el cuerpo en oyéndolas mentar, prefería guardarlos para sus adentros antes que caer en la indignidad de usarlos para cargarse de razón frente a terceros. Sea como fuere, consideraba inútil ponerse a ejercer de director de almas, ya por lo grave del asunto, lo exacerbado de la situación y de las pasiones concitadas, ya por sus propias limitaciones, de las que él mismo humildemente se culpaba, a tenor del tercero de mis subrayados: «así que confieso mi flaqueza de ánimo» (*itaque fateor infirmitatem meam*), y tal vez injustamente según he conjeturado más arriba. En lo que toca al segundo subrayado mío («y hallan quien los oiga y favorezca»), quede por el momento de retén, para cuando toque comentar la ulterior referencia a la Orden de Predicadores.

Sigamos pues, con los otros dos pasajes entresacados de la carta que me tengo propuesto comentar. El primero de ellos dice como sigue:

«Primum omnium [ante todo], yo no entiendo la justicia de aquella guerra. *Nec disputo* [tampoco discuto] si el Emperador puede conquistar las Indias, que *praesuppono* [¿doy por supuesto?] que lo puede hacer estrictísimamente. Pero, a lo que yo he entendido de los mismos que estuvieron en la próxima [reciente] batalla con Tabalipa [Atahualpa], nunca Tabalipa ni los suyos habían hecho ningund agravio a los cristianos, ni cosa por donde los debiesen hacer la guerra. / *Sed* [pero], responden los defensores de los peruleros que los soldados no eran obligados a examinar eso, sino a seguir y hacer lo que mandaban los capitanes. / *Accipio responsum* [admito la respuesta] para los que no sabían que no había ninguna causa más de guerra, más de para roballos, *que eran todos o los mas* [subrayado mío]. I creo que más ruines han sido las otras conquistas después acá. / Pero no quiero parar aquí. Yo doy todas las batallas y conquistas por buenas y santas. Pero hase de considerar que esta guerra *ex confessione* [según declaración] de los peruleros, es no contra extraños, sino contra verdaderos vasallos del Emperador, como si fuesen naturales de Sevilla, *et praeterea ignorantes revera justitiam belli* [y por otra parte realmente ignorantes en cuanto a la justicia de la guerra]; sino que verdaderamente piensan que los españoles los tiranizan y les hacen guerra injustamente. I aunque el Emperador tenga justos títulos de conquistarlos, los indios no lo saben ni lo pueden saber...».

El subrayado mío: «que eran todos o los más», interpretado con arreglo a la estricta congruencia sintáctica, debe entenderse referido a los que *no* sabían que no había ninguna causa más de guerra que la de robar a los indios, y por ende a los que iban de buena fe. Pero tanto el sentido de la frase que inmediatamente sigue, como el trenzado de la triple negación («no sabían», «no había», «ninguna»), con el enrevesamiento sintáctico que comporta, podría justificar la sospecha de que «eran todos o los más» tal vez quiera decirse de los que *sí* sabían que sólo se trataba de robar. Pero esto tómelo el lector como un simple exceso de malicia por mi parte. Me importa mucho más la interpretación que me propongo dar a todo el párrafo, y que, si bien parecerá, al principio, completamente extraña y arbitraria, resultará bastante menos atrevida cuando, al final, la apoye en un pasaje de las *Relecciones* del propio Vitoria. Pues bien, creo que el conflicto implícitamente latente en el desconcierto de Vitoria en este pasaje de la carta podría enunciarse, con bastante aproximación, en los siguientes términos:

«Incluso dando por estrictísimamente legítimos —según la mejor doctrina— en cuanto al *ius ad bellum* los títulos del Emperador para las guerras de las Indias, tal es la escandalosa magnitud de las infracciones cometidas, al menos en el Perú, contra el *ius in bello*, y tan contrarios a todo derecho de guerra los fines manifiestos de tales infracciones, que los propios justos títulos que legitimaban estas guerras ante el *ius ad bellum* quedan hasta tal punto desmentidos por los fines de los hechos perpetrados contra el *ius in bello* que el mismo *ius ad bellum* resulta vulnerado y puesto en cuestión. O, dicho en otras palabras, si las injurias de los peruleros contra el *ius in bello* no lo violan solamente por ser *medios* desproporcionadamente crueles con respecto a los fines que se han presupuesto como justos títulos ante la instancia del *ius ad bellum*, sino que lo violan por responder a fines propios, ajenos y distintos a los *fines* constitutivos de dichos justos títulos, el entredicho llega a afectar al propio *ius ad bellum*, borrando la justicia de tal guerra, al descalzarla —no de modo ocasional, sino clamorosamente sistemático, en los motivos dominantes en la conducta de los combatientes— de los fines que, como justos títulos, fundamentaban la presupuesta legitimidad».

El fundamento arriba referido capaz de convalidar esta aparentemente abstrusa interpretación del conflicto latente en el citado pasaje de la carta al padre Arcos, es el párrafo de las *Relecciones* de Vitoria, que según la versión castellana de Armando D. Pirotto (Espasa-Calpe Argentina, S.A., Buenos Aires, 1946), transcribo continuación.

De indiis prior, I, 3, [proposición] tercera, [epígrafe] *Duda principal*: «Tornando, pues, a nuestro tema, diremos que ni el asunto de los bárbaros es tan evidentemente injusto que no podamos discutir su legitimidad, ni tan notoriamente justo que no podamos dudar de su injusticia, habiendo en él aspectos que permiten sostener una y otra tesis. Porque primeramente, si consideramos que todo este asunto lo manejan hombres doctos y buenos, creeremos que todo se ha hecho con rectitud y justicia [o sea, según el *ius ad bellum*]. Pero luego oímos hablar de tantas hecatombes humanas, de tantas expoliaciones de hombres inofensivos, de tantos señores desposeídos de sus posesiones y riquezas [o sea contra el *ius in bello*], que hay mérito para dudar de si todo esto ha sido hecho con justicia o con injuria [conflicto entre ambos *iura*]».

Y henos aquí finalmente ante el párrafo de la carta al padre Arcos respecto del cual los designios apologéticos-detractores de don Ramón Menéndez Pidal llegan al punto de tergiversar, con artimañas de falsario, la letra y el espíritu de la dicha carta, sin detenerse en sacrificar el honor mismo de Vitoria en aras de la tesis que ha decidido defender: contraponerlo radicalmente a Las Casas, a fin de aniquilar a éste, con la llamada Leyenda Negra, y siempre para mayor gloria de España, de la empresa de América y del Imperio Carolino —también llamado Imperio Español. Extractaré, primero, los pasajes de Don Ramón que conciernen esencialmente a nuestro caso: «En cuanto a los hechos militares, explica Vitoria al padre Arcos los muchos y graves reparos que a esa guerra pudieran [*sic*, por "podrían"] oponerse, "no lo entiendo", dice, "yo doy todas las batallas y conquistas por buenas y santas", concede, pero no quiere opinar sobre el trato dado a los vencidos [sobre el sentido de este *no entender*, de este *dar por buenas y justas todas las batallas y conquistas* y de este *no querer opinar*, donde no sería cabal hablar de auténtica tergiversación, sino sólo, a lo sumo, de una descontextualización interesada, ya se ha hablado más arriba, sobre el propio texto de Vitoria, pero sigamos citando a Don Ramón], pues aunque le parece malo, *ve que no faltará, aun dentro de la orden de predicadores, quien apruebe matanzas y despojos hechos* [subrayado mío]». Y más abajo sigue así: «Toda esta carta revela cómo Vitoria, con su sentido moral sumamente escrupuloso, se halla en extremo preocupado por el pecado de los españoles en Indias, pero *ve dificilísimo el juicio en materia tan enrevesada* [subrayado mío], tan complicada en su aspecto moral abstracto y en su concreta realidad política y eclesiástica. *Por nada en este mundo osaría afirmar en redondo* [subrayado mío y doblemente para «en redondo»] la inocencia de esos peruleros que participaron en esa guerra, *pero duda, se abstiene de dar opinión* [subrayado mío]». Pues bien, el pasaje de la carta al padre Arcos del que nuestro Menéndez entresaca la alusión a la Orden de Predicadores y al que se refiere con la frase: «Por nada en este mundo osaría afirmar *en redondo* [vuelvo a subrayarlo] la inocencia de esos peruleros...» dice literalmente como sigue:

> «Si yo desease mucho el arzobispado de Toledo, que está vaco [vacante], y me lo hoviesen de dar porque

> yo firmase o afirmarse la inocencia destos peruleros, sin duda *no lo osara* [subrayado mío] hacer. ANTES SE ME SEQUE LA LENGUA Y LA MANO, QUE YO DIGA NI ESCRIBA COSA TAN INHUMANA Y FUERA DE TODA CRISTIANDAD [versales mías]. Allá se lo hayan, y déjennos en paz. I no faltará, *etiam intra Ordinem Predicatorum* [hasta dentro de la Orden de Predicadores], quien los dé por libres, *immo laudet et facta et caedes et spolia illorum* [e incluso llegue a alabar tanto sus hechos como sus matanzas y sus depredaciones]».

Como bien se echa de ver —y hasta resalta de modo clamoroso— la frase capital que domina el sentido de la carta entera, desde aquel inicial «que se me hiela la sangre en el cuerpo en mentándomelas», y determina la correcta interpretación de otros pasajes es la que me he permitido resaltar con versales: «Antes se me seque la lengua y la mano, que yo diga ni escriba cosa tan inhumana y fuera de toda cristiandad». La metáfora conjuratoria de que se le sequen la lengua y la mano está tomada nada menos que del salmo *Super flumina Babiloniae*, terrible salmo del destierro, de casi fanática añoranza y amor hacia Sión y de ensañadas ansias de venganza contra Edom, aliada de Babel. A la luz de tal frase la expresión «sin duda no lo osara hacer», que Don Ramón tergiversa en ese aguachinado «por nada en este mundo osaría afirmar en redondo» transfigura el *no osara* en *jamás cometería una osadía tan inaudita*; y en cuanto al *afirmar en redondo*, ¿cómo que «en redondo»? ¡Ni en redondo ni en cuadrado ni en triangular, ni en nada! Y en cuanto la versión menéndezpidalina de la frase sobre la Orden de Predicadores: «ve que no faltará aun dentro [de ella] quien apruebe matanzas y despojos hechos», primero maltraduce *laudet*, «alabe» por el atenuado «apruebe», pero sobre todo transforma —siempre gracias a la elusión de la frase capital— lo que es, evidentemente, un amargo y hasta condenatorio sarcasmo de Vitoria contra su propia orden[9] (donde sobre la formulación meramente descriptiva «no faltará [...] quien los dé por libres» se redobla inmediatamente con todo el énfasis del «*immo laudet et... et... et...*») en una especie de modesto y ponderado reconocimiento de que incluso entre sus propios hermanos de orden no han de faltar otras opiniones distintas pero igualmente respetables y dignas de ser consideradas, para acabar elogiando melifluamente a Vitoria (y, por supuesto, no por sincera estima, sino tan sólo en la medida en que mejor pueda servirse de él como mero instrumento en contra de Las Casas), que merced a la contraproducente impericia de Don Ramón incluso para sus propias intenciones, termina resultando retratado ante el lector como una especie de borreguito rinconero, más acoquinado que fortalecido por sus estudios y sabiduría, con tal cantidad de escrúpulos de conciencia que, como piedrecillas en las sandalias, le impiden dar un solo paso en firme y en seguro, que nunca *osa* juzgar *en redondo*, eternamente abrumado y casi anulado por la *duda*, etcétera. ¡Tal la imagen que, contra su propia voluntad, acaba dándonos, con su maldiestro abuso, Don Ramón, de su interesadamente encomiado Francisco de Vitoria! Cierto que era un hombre escrupuloso y sobre todo discreto y lleno de elegancia espiritual en la función —que al parecer no le gustaba nada— de consejero de almas, con tan alto sentido de la dignidad propia y ajena como para sentir verdadero repeluco ante la sola idea de las grandes escenas, cargadas de histrionismo, a que podían dar lugar las intimidades entre confesor y penitente; pero

9. Y aquí es donde encajaría, como una anticipación, el segundo subrayado mío del primer párrafo comentado: «y hallan quien los oiga y favorezca»; entre los tales estaba incluyendo tal vez a estos dominicos contra los que ahora se exacerba.

el hecho de que rehuyese el papelón de flagelo de pecadores no significaba, en modo alguno, que adoleciese de inseguridad alguna para formarse, con los datos en la mano, la más firme y más severa opinión sobre el pecado mismo. Hablando de los propios peruleros, sólo unas líneas más arriba del último párrafo citado, dice: «... *non video quomodo* [no veo manera de] excusar a estos conquistadores de última impiedad y tiranía...», lo que sería en verdad una extraña forma de *dudar*, de *no osar afirmar en redondo*, sobre culpas o inocencias. Defectos tendría Vitoria, pero no ciertamente esa casi total incertidumbre de conciencia con que Ménendez Pidal quiere pintarlo. No, no se merecía Vitoria semejante falsificación de su figura, ni creo que nadie, por el sólo interés de defender a ultranza una argumentación preconcebida, se haya permitido arrastrar tan indecentemente por los suelos el honor de un hombre, como don Ramón Menéndez Pidal llegó a arrastrar, con sus tergiversaciones, el honor de fray Francisco.

Y con esto creo que queda bastante contestada la acusación de García Escudero sobre mi «atreverme con gigantes». Muchas y muy extensas son las obras de Don Ramón, y las más de ellas seguramente meritorias; de modo que dudo mucho de que esta casi mínima invectiva pueda hacerle la más pequeña mella. Con todo, he de añadir que si hay un vicio específico y característico que estropea a menudo ciertas obras hasta de los más sabios autores españoles es la predisposición hacia la actitud apologética con respecto a la historia de su patria; y es este vicio el que ha torcido muchas veces los trabajos históricos del «gigante» Don Ramón. Y casi me atrevería a decir que tal vez ellos tengan parte de culpa en el hecho de que los enanos nos veamos, al parecer, torcidos por el vicio inverso. Pero ¿para qué mentir?: este acto de modestia es totalmente sincero por cuanto pueda referirse a mis conocimientos y saberes, pero no lo es en absoluto en lo que atañe a mi esmero y mi buen juicio.

El propio García Escudero, en el artículo citado, llega casi a ponerme en los labios la palabra «genocidio» en relación con la conquista de las Indias por los españoles. De paso, quiero indicar, antes que nada, que, a mi entender, la palabra «genocidio» ha concitado sobre sí un recargo de valor peyorativo excesivamente desproporcionado con respecto a lo que podríamos designar como «homicidio múltiple general e indiscriminado»; por ejemplo, ante acciones de exterminio como las de Tamerlán, con la pirámide de 70 000 cabezas que levantó, si no recuerdo mal, tras la toma de Damasco, uno empieza a dudar de si el factor intencional de la voluntad de *aniquilación total de una etnia concreta en tanto que tal etnia* (que es la diferencia específica por la que se distingue una matanza total de la población de una ciudad —como las que hicieron de Tamerlán el hombre más sanguinario de la historia— de un «genocidio» propiamente dicho), y en vista de la especial carga afectiva con que de hecho se oye esta palabra, no comporta un añadido de valor peyorativo desproporcionado con el *tanto de maldad* —si es que tiene sentido hablar de esta manera, que desde luego no tiene sentido— que la diferencia del dicho factor de intención étnica efectivamente (al menos ante la decisiva instancia de la sensibilidad) parece que le añade. Por decirlo a la inversa: ¿no hay un cierto terrorismo verbal en el empleo de la palabra «genocidio» que —por mucho que su sobrecarga de valor peyorativo esté justificada por el añadido del momento étnico— comporta, de rechazo y sin quererlo, un descargo excesivo y hasta una cierta lenidad para matanzas físicamente no menos totales e indiscriminadas pero que no entran, en sentido propio, en la noción de «genocidio»?

Como a uno, no sé por qué inescrutables designios del Altísimo, siempre le tocan causas —como la del pacifismo o esta misma del Anticentenario— que suelen coincidir con las que defiende la vocinglera grey de los *naïfs* (y aquí no se me alegren de pronto los sensatos, porque la *naïveté* a menudo tiene cura, pero la *sagesse* jamás), grey que está lejos de cuidar la precisión de términos, más bien tendiendo a sopesarlos como piedras, y siendo así que la palabra «genocidio» parece que resulta ser, tomada a peso, justamente una de las más pesadas, no podría tan siquiera imaginar García Escudero mi pelea —las contadísimas veces, creo que dos, que me he visto invitado en alguno de esos, siempre juveniles, grupos— por tratar de descastar, con toda suerte de razones, el empleo de tal palabra, insistiendo una y otra vez en la total improcedencia de su aplicación a las guerras de conquista y a la colonización de América por parte de los españoles. Nada qué hacer: ni matanzas, ni escabechinas, ni masacres, ni «hecatombes humanas» —como dice Vitoria—, les bastaban ni les satisfacían; ellos querían «genocidio», porque esa era la piedra verdaderamente gorda. De nada servía insistir en que, a pesar de las muchas y muy crueles matanzas que hubo por todas partes, la tónica de los españoles —sobre todo a partir del momento en que empezaron a ver que los taínos se morían a chorros por la dispersión y el desarraigo, por las asoladoras epidemias y por la más inhumana explotación— fue, por el contrario, más bien la de procurar por su conservación, tal como leemos en la *Recopilación* de 1680, por ejemplo, respecto del servicio personal de mitayos en las minas del Perú,

Libro VI, Título XII, Ley 21 (tomo segundo, folio 244, recto y verso de la edición de Julián de Paredes, Madrid, 1681).

Por la mita, y repartimiento ordinario en el Perú,

no se pueda sacar de cada pueblo más que la septima parte de los vezinos, que huviere en aquel tiempo, considerando, que no se deve atender tanto á la mas, ó menos saca de plata, y oro, como *á la conservacion de los Indios, sin cuyo trabajo, y diligencia cessaria el beneficio, y labor de las minas* [subrayado mío]...».

Nada podría mostrar más palmariamente el disparate que habría sido toda decisión de genocidio; pues justamente de la supervivencia de los indios y de su explotación dependía completamente la manutención y el enriquecimiento de los españoles, que infinidad de veces han dejado explícitamente declarado depender del trabajo de los indios hasta el punto de que de llegarles a faltar no habrían tenido más opción que la de volverse a España. Algo así fue lo que pasó en las Grandes Antillas, y singularmente en Cuba, que, con la prácticamente total extinción de los taínos a mediados de los años cuarenta, se despoblaron casi del todo —salvo los grandes puertos, como Santo Domingo y La Habana, que se nutrían del tráfico marítimo— *también de españoles*, gran parte de los cuales pasaron, atraídos por las nuevas esperanzas de riqueza, al continente sudamericano y sobre todo al Perú, no quedando en las zonas rurales de las Grandes Antillas más que los empresarios dedicados a la entonces naciente industria azucarera, necesitada de poca mano de obra —y aun esa fue predominantemente negra. Por cuanto se me alcanza, el único caso de «genocidio» propiamente dicho de que tenga noticia en la América de lengua castellana fue el decretado en Uruguay, después de la independencia —tanto de España como de La Argentina—, contra los últimos, «inadaptables» grupos marginales de indios probablemente tupiguaranís, si es que no incluimos también en el capítulo ciertas actuaciones gubernativas mejicanas de la segunda mitad del siglo XIX, a las que me referiré en el Apéndice V.

En cuanto a la frase en que García Escudero parece incluirme bajo el dicterio de «necrófilos, obstinados en desenterrar el pasado para destruirlo en un insensato arrebato patológico» parece más bien dictada por el deseo de no ver desautorizada, por el recuerdo de las tragedias y las injusticias que la cimentaron, con arreglo al principio de la *violencia creadora de derecho* —por usar la expresión de Walter Benjamin—, la base de legitimación no sólo de la dominación española de Ultramar sino también de los otros imperios coloniales, lo que significaría poner en entredicho la propia Edad Moderna y aun la Contemporánea, tan acríticamente engreídas y autocomplacientes con las sumarísimas contabilidades macroeconómicas con que hacen el balance general de sus dividendos de progreso histórico. A quien sacase a colación el millón de galos que —sobre un censo estimado por alto en 10 millones— fueron, según Plutarco, muertos por las legiones del conquistador de las Galias, Julio César, ¿también lo tacharía García Escudero de necrófilo por no reparar más que en el millón de muertos, acordándose sólo de lo malo y olvidando lo bueno, al pasar en silencio nada menos que a los 9 millones de supervivientes? Un poco más y pronto veríamos a esos 9 millones de supervivientes acreditados en la cuenta de César, en la columna del HABER, como mérito suyo, talmente como si en vez de no matarlos, les hubiese dado la vida. La espada de César dejaría de ser la que ha matado un millón de galos para pasar a ser la que ha salvado la vida de los nueve millones que sobrevivieron. ¡Qué delicia las contabilidades de los apologetas de la historia! Y que me perdone Don José María, porque ahora soy yo quien, dejándose arrastrar por la retórica, comete la injusticia de forzar sus palabras hacia implicaciones que sé muy bien que él no aceptaría. Con todo, le encarezco que piense bien si esas implicaciones, aunque hiperbólicamente presentadas, no llevan algún punto de razón sobre la forma en que la siempre eufórica, globalizadora y hasta totalitaria idea del Progreso suele ajustar sus cuentas con el sufrimiento, o, en fin, si cree que realmente merece ser tachado de necrófilo quien se empecina en no querer ver tan claras y tan limpias esas cuentas, o, dicho en otras palabras, quien se resiste a aceptar la idea de que la historia humana —en el supuesto de que necesariamente tenga que haber tal cosa— haya de ser siempre quirúrgica.

A don Julián Marías me limitaré a protestarle sólo un par de letras del artículo mencionado al comienzo; dos letras que son dos breves párrafos, aunque la divisoria de mis protestos no coincide con la de los párrafos, sino que viene a cortar por la mitad del primero de ellos, tal como voy a indicar al transcribirlos. Helos aquí:

> «El Descubrimiento de América provoca particular secreción de bilis. *Con todos sus defectos, que fueron muchos* [subrayado mío] pero *incomparablemente menores* [subrayado mío] que en las empresas ultramarinas de todos los demás países en expansión —o terrestres en el caso de Rusia, extendidas desde la pequeña Moscovia hasta el océano Pacífico—, con *crueldades que no admiten comparación* [subrayado mío] con las cometidas en Irlanda o en las guerras de religión de Francia o en *las luchas entre las maravillosas ciudades italianas* [subrayado mío] o en la guerra de los Treinta Años, con todo eso, la empresa de América es algo prodigioso, comparable sólamente a la formación del Imperio Romano, de la Romanía... [aquí está la divisoria entre mis dos protestos]...: el injerto español en un continente que forma parte plena del mundo actual y tiene como lengua *propia y creadora* el español, con todo lo que lleva consigo.
>
> »Pues bien, el que existan veinte países hispánicos, que se encuentran mutuamente "en su casa", que se entienden y se leen íntegramente, saca de quicio a muchos españoles (y, por supuesto, a algunos hispanoamericanos)».

Empezaré, pues, con los pasajes de mis dos primeros subrayados: 1.º «Con todos sus defectos, que fueron muchos, pero incomparablemente menores que en las empresas ultramarinas de todos los demás países en expansión...» y 2.º «... crueldades que no admiten comparación...». Tan notable por su continua recurrencia como significativo por su contenido me ha parecido siempre este llamémosle «método» comparativo particularmente característico no tanto de los historiógrafos como de los amantes de la historia y, entre éstos, sobre todo de los apologetas. Realmente se diría que han de estar tan obcecados en su apasionamiento o tan absortos en un estado o casi trance de distracción e inadvertencia que no caen, ni de lejos, en la cuenta de lo que implica, ya de antemano y por sí mismo, el criterio tomado por baremo de tal operación comparativa. No me refiero tanto al simple comparar, a que, como bien dice el dicho, «Toda comparación es odiosa»; a lo que realmente quiero referirme es al terrible reconocimiento implícito que comporta, sin que ellos se den cuenta (que, si se diesen cuenta, ¡materia les mando para recapacitar!), la simple elección de la concreta sustancia (como quien dice plata o plomo o trigo o granos de cacao) que compone la unidad de medida usada en comparaciones semejantes. En efecto, la unidad de medida que aquí mismo vemos poner en cada uno de los platillos de la balanza imaginaria con que solemos representarnos toda comparación cuantitativa está compuesta por lo que Marías designa literalmente «defectos» en un caso y «crueldades» en el otro. Es decir que va a ser la pura diferencia en el vicio y la maldad lo que va a decidir en exclusiva la querella sobre quién es el mejor. Pero la bondad no puede ser pesada con pesas de maldad; la diferencia en maldad que hace subir a uno de los platillos e inclina el fiel de la balanza hacia el opuesto, que a su vez desciende, no puede ser computada y convalidada por bondad de lo que yace en el primero. Cuando, como se hace al decir «los hay peores», el vicio se pone por única medida de lo que quiere despacharse por virtud, todo se está, en realidad, reconociendo implícitamente como vicio. Por eso digo que los que, como don Julián Marías, hacen su evaluación de los hechos de la historia a partir de semejante «método» comparativo, confiando por entero sus dictámenes a la decisión del fiel de la balanza de esta no por frecuente menos irreflexiva *ars ponderandi*, están reconociendo de manera implícita —y por mucho que no acierten a advertirlo— que el mal es la sustancia genuina y decisiva de la historia, ya que es lo que, en definitiva, apremiados a la exigencia de la prueba, acaban siempre tomando por unidad de cuenta y por criterio. Y, verdaderamente, ¡qué gran ironía la de que justamente quienes menos parecen desearlo sean los que implícitamente nos están diciendo la mayor y más terrible verdad sobre la historia!

Por otra parte —y con esto entro al tercero de mis subrayados, que hace también el último de mi primer protesto (el segundo de éstos puede darse por subrayado todo él)—, ¡hay que ver qué regateo de comparaciones nos arma don Julián! Por lo de Italia lo digo, y a propósito de ese subrayado «en las luchas entre las maravillosas ciudades italianas». ¿Es que desde la Baja Edad Media puede hablarse de una historia de Italia que no sea al mismo tiempo historia de España, con la más sanguinaria compañía de mercenarios, anterior a la época clásica de los condottieros, enviada al sur de Italia por la Corona de Aragón, más de dos siglos antes de que ésta se uniese con Castilla? ¿Es que, ya en las guerras italianas del siglo XV, no era precisamente el Duca Valentino, el valenciano César Borgia —hijo del papa Alejandro VI, que donó todo un imperio todavía encubierto a la reina de Castilla— el más conspicuo asesino de aquellas mismas «luchas entre las maravillosas ciudades italianas»? O, finalmente, ¿no fue la misma Águila Bicéfala que proyectó sobre Ultramar su mala sombra de ave carnicera, la que lanzó sobre la propia pontificia Roma la más cruenta, sacrílega y rapaz de todas las empresas militares sufridas por Italia? No puede, pues, Don Julián hacer la partición de los hechos de la historia imitando la fórmula abstracta y arbitraria del Tratado de Tordesillas (que creyendo haber puesto la demarcación toda ella sólo por las aguas pronto daría lugar a la sorpresa, desagradable para los castellanos, de que el gran saliente oriental brasileño que hace punta en el cabo de San Roque entraba todo él en la marca portuguesa) y echar la raya *ad hoc*, vale a decir, por donde le conviene; respecto de lo cual se me viene a las mientes un pasaje de Las Casas (libro III, capítulo CXIV; página 221 del III tomo de la edición del Fondo de Cultura Económica, México, 1951), en que, a propósito de un tal Amador de Lares que había servido 22 años en Italia con el Gran Capitán y ahora estaba en Cuba, de contador, bajo el gobernador Diego Velázquez, el autor dice de sí mismo: «Solía yo decir a Diego Velázquez, por sentir lo que de Amador de Lares yo sentía: "Señor, guardaos de veintidós años de Italia"».

A mi segundo y último protesto contra Julián Marías, sobre lo mucho que le asombra, complace y anonada de entusiasmo la difusión del castellano, viene a cuento una cita de Elías Canetti, referida también a la hazaña del conquistador Julio César en las Galias, que dice así:

> «No hay ningún historiador que, por lo menos, no ponga en la cuenta de César, como mérito, esto: que los franceses de hoy hablen francés. ¡Como si, de no haber matado César a un millón de ellos, hubieran sido mudos!».

Muchas cosas tendría yo que decir acerca de estos irreflexivos entusiasmos por la multiplicación del número de hablantes de una lengua como un bien indiscutible y evidente por sí mismo, pero me limitaré a comentarlo recordando ciertos datos históricos que pueden dar materia para reflexionar.

Como apasionado de la casa de Borbón y del despotismo ilustrado, Marías encarece la expansión, en realidad nunca completada, del castellano en América, pues no hay que olvidar que, a despecho de la tan cacareada dedicatoria de Nebrija,[10] no fue sino casi tres siglos después del descubrimiento, en pleno despotismo ilustrado, y con el luminoso Carlos III, cuando, a instancias del arzobispo de México, Lorenzana, se formuló por primera vez el monolingüismo obligatorio en América. Curiosamente, todavía en 1769, Lorenzana habla de «conquista», como si los dos siglos y medio transcurridos desde Cortés no hubiesen bastado para hacer prescribir los derechos de guerra y para diluir siquiera en parte la dualidad de poblaciones, con sus enormes disparidades jurídico-económicas: «No ha habido nación culta en el mundo —decía Lorenzana— que cuando extendía sus conquistas no intentase hacer lo mismo con su lengua». El Consejo de Indias rechazó por unanimidad la propuesta de Lorenzana en cuanto a la imposición obligatoria del castellano. Pero el ilustrado y absoluto rey Carlos III, aconsejado por su confesor —un vasco, para mayor sarcasmo—, contradijo el parecer del Consejo de Indias y ordenó en una Real Cédula la obligatoriedad del castellano, «para que de

10. Con quien, por cierto, siempre se ha cometido la injusticia de malinterpretarle la dedicatoria de su gramática, pues, como latinista que era, usó la palabra «imperio» según la acepción latina de «mando», «autoridad», que es la más común de *imperium*, y no en la de «imperio» como institución, pues Fernando e Isabel siempre pensaron en términos de reyes y sólo su nieto sería emperador.

una vez se llegue a conseguir que se extingan los diferentes idiomas de que se usan en los mismos dominios y sólo se hable el castellano», como literalmente dice la Real Cédula. Diez años más tarde, la gran rebelión de Túpac Amaru, en el Perú, volvió a hacer sensible el peligro que para el rico, holgazán y autosatisfecho criollaje limeño representaban los aborígenes marginados y abandonados a sí mismos, y el visitador Areche volvió a ver en la enseñanza de la lengua un medio de sumisión de los posibles rebeldes, proponiendo que se impusiese el castellano a los indios, «bajo las penas más rigurosas y justas contra los que no lo usen después de pasado algún tiempo en que lo puedan haber aprendido». Por fortuna, el virrey se negó a imponer tales castigos.[11]

Si tales son los hechos del luminoso Carlos III, veamos cómo, por el contrario, el sombrío Felipe II, con superior y verdadero sentido de universalismo cristiano, pero, igualmente, en total oposición con el Consejo de Indias, que esta vez proponía la imposición del castellano, dispuso en 1580 que fuesen los misioneros los que aprendiesen las lenguas de los indios, para aplicarlas en la predicación del Evangelio y ordenó que en las universidades de Lima y de Méjico se instituyesen cátedras para la enseñanza del quechua y del náhuatl. Las colecciones de documentos de García Icazbalceta recogen todavía traducciones nahua de oraciones y de doctrina cristiana.

El entusiasmo de Marías por la difusión del castellano, como un bien en sí mismo, se halla en con-

---

11. Véanse las notas a pie de página, nos 14 y 15 de la pág. 127, APÉNDICE III de este mismo texto. Actitud bien distinta de la que había tenido en el reino de Granada, al renovar en 1566 la pragmática del emperador su padre, del 7 de diciembre de 1526, que había quedado en suspenso por apelaciones sucesivas, y en la que se prohibía a los moriscos el habla y el vestido; «obligáronlos a vestir castellano», dice expresivamente don Diego Hurtado de Mendoza. (Véase APÉNDICE III, pág. 127).

sonancia con su fervor borbónico y absolutista, pues achaque propio de todo absolutismo o totalitarismo es el de violentar y reducir ortopédicamente la noción de «universalidad» con el coselete de la «unidad» (en nuestro caso, fetichización abstractiva de un país en su integridad territorial) y la férula de la «univocidad» (en nuestro caso, homogeneización lingüística coactiva). La afición tan típica como involuntaria e inadvertidamente comunista de nuestro Don Julián por los todos integrados y homogeneizados, en los que cada célula es indiferentemente fungible y reemplazable por cualquier otra (tal como para Napoleón, otro entusiasta de los puros números, lo eran los franceses cuando, contemplando los cadáveres de los suyos que yacían en el campo de batalla de Eylau, dijo: «Todo esto lo remedia una noche de París»), podría curársela él mismo, fácilmente, volviendo sobre las espléndidas páginas de «La idea de principio en Leibniz» en las que su tan cacareado maestro Ortega, a través de la reflexión etimológica sobre la palabra «católico»,[12] encarece, si no recuerdo mal, el momento distributivo, inseparable de toda concepción de «universalidad» humanamente aceptable, o sea, precisamente el momento allanado y machacado por su fusión y confusión con las nociones de «unidad» y «univocidad».

12. En la que, a decir verdad, fuerza un poco el primer componente griego, reflejando sobre él, abusivamente según acreditados helenistas, el valor inequívocamente distributivo que ha venido a tener su descendiente «cadá» en castellano: prueba: «todos los días lo mismo»/«cada día algo distinto». «Cada día dices lo mismo» es un error típico de los catalanes cuando pretenden hablar en castellano.

APÉNDICE V

Hace ya muchos años que vengo escribiendo toda suerte de reflexiones muy ramificadas sobre el fenómeno del farisaísmo, entendido como nombre común de una determinada inclinación moral humana general, y sin más relación con la secta judía de los Fariseos que la puramente etimológica, esto es, la que motiva la acepción común que me interesa a partir de la parábola evangélica del fariseo y el publicano. Ateniéndome, pues, a la parábola, redefiní hace años el farisaísmo —en el único texto publicado hasta hoy de entre todos mis apuntes sobre el caso[1] sobre la frase: «Te doy gracias, Señor, porque no soy como los otros hombres..., porque no soy como ese publicano», a tenor de la cual, el farisaísmo propiamente dicho venía a resultarme, de manera precisa y específica, la conocida actitud moral de *construir la propia bondad con la maldad ajena.*

Viene esto a cuento de que el *farisaísmo,* así redefinido y rescatado de sus comúnmente más vagas y desviadas aplicaciones en el habla cotidiana (que,

1. Véase *Ensayos y artículos,* volumen I, pág. 131.

apoyándose en otros denuestos evangélicos, llegan incluso a hacer equivalente «fariseo» con «hipócrita»), se ha constituido, por una especie de inercia cerebral, en el método característico de los apologetas de «su propia» historia.[2] Una de las aplicaciones más recurrentes de este método es la de la doctrina oficial española que aparta de la conquista y la colonización españolas de Ultramar la acusación del «genocidio»,[3] no falta fundamento para ello: en la conquista y la colonización españolas hubo sin duda toda suerte de matanzas, pero, por cuanto yo pueda saber, no hubo nunca un genocidio propiamente dicho. Lo cual, salvo el dudoso y casi sólo semántico lenitivo de quitarse de encima una palabra tal vez sobrecargada de peyoración respecto de otras clases de ferocísimas escabechinas que sería impropio, no obstante, tachar de «genocidios»,[4] tampoco comporta mucha mejoría. La diferencia no dimanó de un mayor o menor grado de humanidad o de capacidad de comprensión y de respeto hacia la extrañeza étnica y cultural de las gentes descubiertas, sino de la diversa combinación de circunstancias entre lo que cada grupo de colonizadores fue a buscar allende Atlántico y lo que efectivamente se encontró. Separemos, antes que nada, al Colón del primer viaje, ya que éste no dio con lo que fue a buscar y se topó con lo que no buscaba. Pero, a partir de ahí, el metal precioso con que los españoles se toparon «de manos a boca», por así decirlo, desde el primer instante en la isla que bautizaron como La Española fue la señal que marcó decisivamente para en adelante al Imperio Carolino —también llamado «Imperio Español»— como un imperio fundamentalmente minero,

2. Véase el APÉNDICE IV de este mismo texto, págs. 276-277.

3. Véase *ibídem*, pág. 272.

4. Véase el APÉNDICE I de este mismo texto.

condicionando a tenor de ese sentido, y de una vez por todas, la relación de los españoles con los indios. Así, dejando aparte ahora las terribles matanzas de la conquista y las vesanias del expolio, el *desideratum* permanente de los poderes metropolitanos, comprendido y compartido en mayor o menor medida por los sectores más conscientes del criollaje tanto de nacimiento como de elección (incluido el propio Cortés, aunque, a despecho de su marquesado, acabase muriendo en la metrópoli, pero siempre dejando bien heredada en ultramar su descendencia), consistió, de manera precisa y demostrable ley en mano, en encontrar el equilibrio justo entre el máximo grado de explotación de los indígenas y el grado mínimo de disminución del censo demográfico de las poblaciones explotadas, propósito que ya sea el incontenible empuje maximizador connatural a cualquier forma de furor del lucro individual, ya sea el imprevisible y asolador azote de las recurrentes epidemias, ya, en fin, la casi siempre catastrófica incompetencia y confusión política y social de las administraciones sucesivas, hicieron fracasar estrepitosamente en los tres siglos de dominación. Tal relación entre la preocupación por la conservación del indio y el interés concreto vinculado a la necesidad de su reproducción puede encontrarse en infinidad de escritos y de leyes, pero baste por muestra la ley 21 del título XII del libro VI de la *Recopilación* de 1680 (Tomo segundo de la edición de Julián de Paredes, Madrid, 1681, folio 244 recto y verso): «*Por la mita, y repartimiento ordinario en el Perú, no se pueda sacar de cada Pueblo más q[ue] la séptima parte de los vezinos, q[ue] huviere en aquel tie[m]po, considerando, que no se deve atender tanto a la más, o menos saca de plata, y oro, como la conservación de los indios, sin cuyo trabajo, y diligencia cessaría el beneficio, y labor de las minas: y si todavía pareciere necessario aumentar este número a cada vezindad, suspéndase el efecto desta ley, informándonos el Virrey con expressión de las causas, que le obligaren* [acentuación actualizada por mí]». Dejando aparte a los «protectores de los indios», movidos por impulsos religiosos, que fracasaron en su empeño aun más, si cabe, que la administración política metropolitana, ésta tuvo por mira y por preocupación capital en todo tiempo la de velar por la reproducción demográfica de las poblaciones explotadas, aunque con la clamorosa falta de éxito por todos conocida. El genocidio propiamente dicho ni entró nunca en sus miras ni en sus hechos ni podría haber cuadrado con sus intereses.

El cariz inicial de la colonización anglosajona, tanto por lo que ya de partida iban buscando los colonos como por lo que hallaron, de hecho, en Ultramar, aparece totalmente distinto. La fórmula española de colonización, esto es, la de un empresario individual que, mediante contrato con el soberano, se convierte en concesionario de una determinada zona «descubierta o por descobrir» y en general más o menos vagamente delimitada ya sea por una franja de costa definida de modo negativo por su dos extremos, ya en ocasiones por puntos cardinales definidos en grados o más comúnmente en leguas por un solo extremo (como la que dio lugar a la querella entre Cortés y Francisco de Garay sobre el río Panuco o la que fue pretexto de la sangrienta guerra entre Almagros y Pizarros a propósito de El Cuzco), ofrece, por cuanto yo pueda saber, un único ejemplo importante en la colonización anglosajona: la fundación de Virginia por Walter Raleigh en 1584; y aun en este caso se vio pronto sustituida por uno de los modelos clásicos tanto británico como holandés, o sea el de las compañías comerciales, puesto que en 1607 la concesión de Raleigh había sido absorbida por la Compañía de Virginia, que fundó Jamestown. Pero más peculiar y sobre todo más relevante para lo que aquí me importa es el otro modelo de establecimiento colonial anglosajón: el de una secta religiosa minoritaria perseguida o mal vista en la metrópoli, cuyo paradigma o arquetipo es el de los 102 puritanos que, de entre los huidos a Holanda en 1608, regresaron en 1620 a Southampton sólo para embarcar en el *Mayflower* con rumbo a Jamestown. Si las corrientes marinas y los imponderables de la navegación les hicieron surtir en realidad bastante más al norte, su idiosincrasia religiosa debió de hacerles atribuir esta deriva de unos 5 grados de latitud norte a los designios de la Providencia, pues el caso es que allí donde arribaron allí mismo se quedaron. Más de 20 000 correligionarios fueron a reunirse con ellos hacia 1633, y así quedó formado el núcleo demográficamente suficiente de Nueva Inglaterra. Pues bien, las inclinaciones veterotestamentarias del puritanismo, reforzadas en estos emigrantes por una suerte de identificación con el pueblo del Éxodo mosaico, unidas, por una parte, a la gran diferencia de las tribus indígenas con las que se toparon, por cuanto más indómitas y más «primitivas», con respecto a los taínos de La Española y no digamos con respecto a las gentes del Imperio Azteca o del Imperio Inca, y, por otra, a las condiciones de la tierra, sin muestras aparentes de metales preciosos —que de todos modos aquellos piadosos *pilgrims* se habrían resistido a beneficiar— hicieron que tales establecimientos pusieran inicialmente la colonización anglosajona bajo un signo predominantemente agrícola, predisponiendo además a los colonos, de modo aun más voluntario que obligado, a la autosuficiencia. Mientras al colono español jamás se le pasó por las mientes ir a labrar la tierra con sus manos, sino ser señor de labradores indios que arasen para él, o, aun mejor, patrono de mineros que lavasen la arena de los ríos o bajasen al infierno de las minas para poner en sus manos el oro o la plata así obtenidos, en cambio, ya desde el mismo instante de zarpar de Europa, los puritanos iban dispuestos a labrar la tierra con sus propias manos, a levantar sus casas y su iglesia y a vivir a solas, en una comunidad homogénea y casi teocrática, en sus poblamientos. De esta manera, salvo como expertos guías individuales de tramperos cazadores de pieles, más típicamente franceses (Quebec fue fundada en 1608) que ingleses u holandeses, los indios del Norte eran ya por lo pronto, en el mejor de los casos, una gente perfectamente innecesaria, y, en el peor, unos fantasmas inoportunos y obstinados que era preciso ahuyentar, expulsar y dispersar. Otra colonización religiosa —harto efímera por lo que yo haya podido averiguar— fue la de un grupo de hugonotes franceses en la costa de Florida unos 30 años antes del Edicto de Nantes.

En cuanto al modelo de colonización holandés, que, salvo por la Guayana y Curaçao, fue poco duradero en América, pues tras haberse establecido en 1616 poco por bajo de donde cuatro años después arribaría el *Mayflower* apenas tuvo tiempo de fundar, en 1652 y bajo el nombre de Nueva Amsterdam, la que sólo 15 años más tarde, habiendo caído en poder de los ingleses, sería rebautizada como Nueva York, fue un modelo que llegó a mezclar, al menos en un punto particularmente sensible, el rasgo de compañía de navegación comercial con el de asentamiento de comunidad religiosa de inspiración veterotestamentaria. Aquel mismo año de 1652 de la primera fundación de Nueva York, la Compañía Holandesa de las Indias Orientales fundó, como dependencia no ya de la metrópoli, sino de su propia central de Batavia, la Ciudad del Cabo. Las exigencias impuestas a los colonos por la Compañía prefiguraron la religiosidad patriarcal y en ciertos trances casi neo-mosaica de los futuros boers: una moralidad intachable en el sentido de la iglesia reformada, una autosuficiencia económica total con prohibición de relaciones tanto con los no holandeses como con los indígenas y, finalmente, la lectura de la Biblia en familia, que sólo al padre, erigido en patriarca, competía comentar. Cuando en 1685 la revocación del Edicto de Nantes, o «de Tolerancia», por el rey Luis XIV provocó la desbandada de los hugonotes sobre todo hacia Holanda y Alemania, 550 de ellos decidieron embarcarse en los galeones de la Compañía y fueron amorosamente recibidos y acogidos en la comunidad de los que ya empezaban a llamarse *boers*, «boyeros».

Y permítaseme aquí intercalar la observación de que tanto los rasgos de minoría religiosa blanca segregada en la metrópoli comunes a los *pilgrims* puritanos del *Mayflower*, a los boyeros holandeses llevados por la Compañía Holandesa de las Indias Orientales a la Ciudad del Cabo —y, en un principio, sólo como criadores de reses destinadas al aprovisionamiento de los navíos que hacían la carrera de la especiería— y a los hugonotes que se les unieron, como determinadas coincidencias en el tiempo con la ulterior historia de los boers, sugieren una particular interpretación del sionismo y especialmente de su corriente extremista «Eretz Yishraël». En 1838, un año después de que los boers, ya sometidos desde 1806 a la dominación británica, descontentos con ciertas exigencias de la administración, emprenden, en número de 2000 familias, el «Gran Trek» (*id est* «gran éxodo»), saliéndose, con sus carretas y sus ganados del territorio colonial, Moisés Montefiore propone la creación de un Estado para los judíos. En 1881, tras la derrota de los británicos por los boers de la reciente República de Transvaal, presidida por Paul Krüger, la Corona acepta la independencia del Transvaal, pero reservándose el control de la política exterior, por lo que algunos grupos de boers descontentos emprenden un nuevo éxodo y fundan otras dos repúblicas: «Stellalandia» la una, y la otra con el significativo nombre de *Goshen* (es el nombre de la región de la península del Sinaí, lindera con Egipto, en la que el Faraón permitió establecerse con toda su familia y sus haciendas a Jacob-Israel, el padre de José, su gran ministro e intendente del Alto y Bajo Imperio), y en 1882 León Pinsker, con su libro *Autoemancipación* —en el que se propone como solución del antisemitismo el asentamiento de los judíos en Palestina— da impulsos al comienzo de la primera *Aliá* (inmigración de judíos en Tierra Santa). Por otra parte, nada hay más ajeno a la benigna y pacífica religiosidad judía de la sinagoga europea medieval y moderna —surgida del triunfo exclusivo de la secta de los Fariseos— que el yaveísmo o el éxodo mosaico y la belicosa invasión de Canaán, ni nada más extraño a la sociedad urbana y burguesa de las juderías de la diáspora y a sus ocupaciones mercantiles, artesanas o de profesiones liberales y con una media de nivel cultural siempre muy superior a la de todo su entorno, que la dedicación a la agricultura o la ganadería. Surge así la fortísima sospecha de que el sionismo no es algo reflorecido en el seno de las propias comunidades judías, a partir de una tradición autóctonamente conservada, sino una artificiosa reinvención secundaria rebotada del veterotestamentarismo rehabilitado *ad hoc* por ciertas sectas cristianas reformadas, como comunidades religiosas minoritarias perseguidas, especialmente inglesas y holandesas. «Eretz Yishraël» no sería, así pues, sino el último caso de arreglo mediante emigración y establecimiento colonial de una comunidad blanca minoritaria discriminada y perseguida, como en el caso de los *pilgrims* del *Mayflower*. Una ya un tanto rancia superproducción norteamericana en tecnicolor sobre el éxodo mosaico se recreaba precisamente en todos los detalles capaces de establecer, sin reparar demasiado —siempre que fuese «por exigencias del guión»— en algún que otro anacronismo, una explícita identificación del pueblo de Israel esta vez no con los *pilgrims* del *Mayflower*, sino con sus feroces sucesores los *pyoneers* del Destino Manifiesto, con sus carretas de toldo redondo, sus niños con gatitos en los brazos, sus vigorosas mujeres de pañoleta atada a la barbilla y de holgadas y largas sayas remendadas, y hasta un Charlton Heston que encarnando a toda barba al mismísimo Moisés daba con estas palabras la salida: «¡Partamos hacia la tierra de la Libertad!».[5] De hecho, las discusiones sobre un arreglo mediante asentamiento colonial para la comunidad judía llegaron a enfocar las cosas, al menos al principio, como si se tratase de cualquier otra minoría social blanca segregada, supuesto que, como territorios idóneos para ello, se barajaron, que yo sepa, por lo menos Uganda, Madagascar y el Canadá, incluso después de haberse propuesto Palestina. Para el propio Herzl estaba claro el papel del judío como el del blanco que por su superior civilización está capacitado para colonizar y dominar: «Para Europa constituiríamos allí un trozo de muralla contra Asia; seríamos el centinela avanzado de la civilización contra la barbarie» (*Der Judenstaat*, 1895). ¡Nada, pues, para él, de idílicas comedias pastoriles, de agropecuarias ficciones patriarcales! ¡Poder tan sólo, puro y duro poder territorial, como es propio de todo colonialismo blanco! Pero yo digo: entonces, ¿por qué precisamente Canaán? ¡2000 años de consanguinidad desparramada —y sin embargo, conservada— por cinco continentes no pueden ser realmente más que un caso muy grave de histrionismo historicista! ¡Habiéndosenos perdido, al que más y al que menos, casi todo o aun todo —y a veces hasta la sombra— en todas partes, aún seguimos andando por el mundo como el que no ha perdido nada, como el que todo

5. Véase *Ensayos y artículos*, volumen I, pág. 377.

lo tiene bien guardado en sí mismo y en la que se le antoja decir que es su tierra! A tenor de lo cual, el éxodo sionista sería una *expatriación* colonizadora, urdida sobre el precedente de la de las ya referidas minorías cristianas reformadas y sugestivamente maquillado con los alegóricos colores, miméticamente asimilados, de un neoveterotestamentarismo remasticado *ad hoc* por dichas sectas cristianas protestantes. Al retomar, de este modo, la tradición mosaica de una ya artificiosa rehabilitación cristiana, Eretz Yishraël sería como *repatriación*, desde el punto de vista de móvil ideológico, algo aun más gratuito y fantasmal de cuanto podría llegar a serlo un pretendido «retorno» de los sefardís a Sefarad.

Volviendo ahora a los boers, pronto, a despecho de sus pretensiones de autosuficiencia, se vieron apremiados a importar esclavos negros, ya sea traídos por su propia Compañía, ya por la otra compañía holandesa, dedicada al tráfico negrero transatlántico desde el África occidental, porque, de los aborígenes no negros que encontraron en África del sur, los hotentotes les eran utilizables sólamente como ayudantes en el pastoreo, y los bosquimanos se demostraron absolutamente hostiles e indomesticables. Si ya respecto de los otros pueblos los boers tenían por tentaciones del Demonio las ideas de tolerancia religiosa y de igualdad racial, la total extrañeza e inaccesibilidad de los bosquimanos —que, según las palabras de una viajero del siglo XVIII, eran «unos salvajes que han preferido la libertad a la esclavitud y que prefieren llevar una vida miserable en la espesura de los bosques y en lo más inalcanzable de las montañas antes que dejarse subyugar por extranjeros dispuestos a no perdonar sus fechorías»— ofreció a los boers la circunstancia más idónea para hacer de los bosquimanos tal vez el primer caso colonial de un *genocidio* propiamente dicho. La cacería fue tan tenaz y sistemática que se calcula que entre 1785 y 1795 fueron muertos unos 10 000 individuos.

En cuanto a América, parece ser que las acciones de exterminio étnico deliberado se produjeron tan sólo mucho después de las independencias. En Uruguay, contra las tribus fronterizas probablemente tupi-guaranís que se resistieron a la domesticación, y en Norteamérica especialmente contra los apaches y comanches. Pero es pintoresco cómo algunas repúblicas criollas de habla castellana, o por lo menos la de Méjico, comparten la doctrina oficial española según la cual los genocidas fueron tan sólo los anglosajones. Y a este repecto permítaseme contar cómo, en cierta ocasión, habiéndome pedido una entrevista un corresponsal de la televisión estatal mejicana que andaba viajando, con su equipo, por España, al salir ocasionalmente la cuestión del «genocidio» de los indios por los norteamericanos y tras haberle replicado por mi parte: «Pero no olvide usted que en 1868, cuando muchos apaches y comanches perseguidos por la expedición militar de Sheridan empezaron a pasarse a Méjico, el gobierno de Chihuahua lanzó contra ellos cazadores de recompensas, ofreciendo primero hasta 250 pesos por cada cabellera de indio presentada, y más tarde sólo 150 tal vez por la proliferación de cazadores o por la abundancia de la caza; y que en 1882 los gobiernos de Estados Unidos y de Méjico hicieron un convenio recíproco de lo que suele llamarse "derecho de persecución", para que las tropas de uno u otro país pudiesen pasar las fronteras del opuesto en los casos en que el respeto de las leyes fronterizas comportase tener que frustrar cualquier persecución de aquellos indios iniciada en territorio propio», el corresponsal me requirió el micrófono y arrimándolo a su boca improvisó velozmente una refutación un tanto emborronada y cantinflesca, pero por eso mismo tal vez más eficaz. Luego, cuando, acabada la entrevista, y dirigiéndonos ya hacia la furgoneta del equipo, le dije: «Pero mire, que lo que he dicho sobre los apaches y comanches no es ninguna invención», me replicó con la más cordial desenvoltura: «¡Si ya lo sé, profesooor! —se empeñaba, a pesar de mis protestas, en llamarme "profesor"—. ¡Pero eso no se lo podía yo dejar pasar así ante mis oyentes!», y abría ambas manos hacia afuera sonriéndome como totalmente seguro de mi comprensión.

Para el texto, Madrid, febrero-junio de 1988,
para las notas y los apéndices,
Madrid, mayo-octubre de 1991